大学教学论基础

马开剑　主编

山 东 大 学 出 版 社

图书在版编目(CIP)数据

大学教学论基础/马开剑主编．—济南：山东大学出版社，2011.8(2018.8重印)
ISBN 978-7-5607-4394-3

Ⅰ.①大...
Ⅱ.①马...
Ⅲ.①高等学校—教学研究
Ⅳ.①G642.0

中国版本图书馆CIP数据核字(2011)第156439号

山东大学出版社出版发行
(山东省济南市山大南路20号 邮政编码:250100)
山 东 省 新 华 书 店 经 销
山东省英华印刷厂印刷
720毫米×1000毫米 1/16 12.5印张 228千字
2011年8月第1版 2018年8月第4次印刷
定价：20.00元

前 言

编写《大学教学论基础》的主要目的，在于给高校新入职教师提供一本入门性教材。本书力图让读者掌握有关大学教学的基本概念、基础知识和基本理论，了解大学教学的基本要求和规范，为大学教师即将开始或刚刚开始的教学工作提供初步的理论指导，对大学教师自发形成的零散的、潜在的、模糊的乃至不正确的教学观念提供理论提升和理念引领。

本书立足教学基础理论，但不是简单地移植以普通中小学教学为对象建构起来的教学论体系，力图贴近大学教师教学工作的实际，兼顾近期重大教育教学政策和导向，做到理论性、针对性和政策性统一。作为教材，本书重“述”而不重“论”，力求观点鲜明、层次清晰、论述简明，力避冗言寡要。以大学教师教学工作实际为逻辑起点，致力于解决高校新入职教师有关教学的认识问题和理念问题。

本书是在山东省教育厅人事处的统一组织下，是在李剑萍教授任主编、马开剑教授等任副主编的《大学教学论》(山东大学出版社 2008 年版)基础上修订、重编而成的。按照省厅关于进一步精缩教材内容和进一步贴近大学教师教学需要的指示要求，本次修订、重编删去了原版与教师教学活动距离较远和纯粹属于教育哲学的内容部分，重新梳理了原版与大学教学实际不太吻合的个别概念，进一步理顺了内容体系。本书当属集体智慧的结晶，依章节次序，分别是潘庆玉(第一章)、柳士彬(第二章部分)、马开剑(第三章)、韩登亮(第二章部分、第四章)、马勇军(第五章)和韩延伦(第六章)。本书由马开剑教授任主编,负责修订、拟定本书的目录体系,并统稿、定稿。本书得以和读者见面,要特别感谢天津城市建设学院常务副院长李剑萍教授/博士,他给本书提出了许多见解独到的指导意见。

本书的主要研究对象为普通高等学校本科教学活动、问题与规律,适当兼顾研究生教学、高职高专教学。本书主要作为高校教师岗前培训教材之用,亦可作为高校教师、相关研究人员和管理人员了解大学课程与教学的参考用书。本书力求内容的入门性与读者的高端性之间的平衡,高校教师岗前培训所要求的基础性与未来岗位培训所要求的发展性之间的平衡。

由于我们的水平和编撰时间所限,本书或存在不少舛误之处,期盼读者垂告批评意见和改进建议。

编 者

2011 年 6 月

目 录

第一章

大学教学导论

【内容提要】

● 大学教学是高等学校的中心工作，集中体现了大学的育人功能与服务功能。

● 大学教学具有悠久的历史，同时也存在着中西差别。

第一节　大学教学的含义与意义

教学是教学论学科中的一个核心概念，大学教学不但具备一般教学的性质，而且还有自身的特点。大学教学作为高等学校的中心工作，具有多方面的意义和价值，是大学育人功能与服务功能的集中体现。

一、教学与大学教学的含义

教学是由教师的教和学生的学所组成的一种人类特有的意义建构活动。大学教学属于教学活动的高端阶段，具有从正式的学校教育向终身学习和学习社会化阶段过渡的性质，大学教学具有十分丰富的内涵。

大学教学是教学活动的一种特殊形态，我们拟从理解一般教学概念入手把握大学教学的特殊性质与特点。

(一)一般教学的含义

对教学概念的理解是我们理解现代教学论的逻辑起点，准确把握教学的内涵是进行教学论研究的理论基础。可以从以下几个角度理解教学的含义：

1. 教学是教育活动发展到一定历史阶段的高级形态表现，是人类传承自身文明成果的一种特殊的社会实践活动。人类早期的教育活动主要是生活与生存经验的口耳传递,缺乏明确的目的和完善的载体,随意性、自发性较强。文字的产生不仅使人类的经验有了稳定的、可以长久保存的物质载体,而且为教材的出现创造了条件。体力劳动与脑力劳动的分工使专门从事教学活动的教师出现了,这也就使教育在其早期具有了专门性,教育的目的性、计划性与组织性越来越强。由此可见,教学是教育发展到一定阶段的高级形态。

2. 教学是一种人类重要的公益性活动,是促进个体发展与社会进步的根本力量。在现代社会,随着各国义务教育的普遍实行,几乎人人都有接受学校教育和教学活动影响的义务。个人通过教学活动所产生的学习行为具有很强的社会性。因此,教学是提高人口素质最重要的手段,其目的就是为了实现人与社会的共同和谐发展。

3. 教学是教师与学生通过以传递和发展人类经验为己任的专门性社会交往活动,生成生命意义与社会价值的协同过程。现代教学非常强调在教学过程中的师生良性的双边互动与积极交往。没有学生的参与,教师的教就会失去意义;没有教师直接或间接的指导与参与,学生的学习就会陷入盲目与低效,同样也构不成有效教学。因此,现代教学意味着教师与学生通过对人类知识经验的交流与共享而获得共在性。

4. 教学从一个侧面说是一种认识活动,从另外一个侧面看则是一种实践活动。传统教学论过多地把教学作为一种认识活动,不甚重视学生的实践,这容易导致学生高分低能,不利于学生动手实践能力的提高。现代教学论十分重视学生的实践活动,把培养学生的实践能力与创新精神作为一项重要的教学目标。

5. 教学是一种促进学生身心和谐发展的活动,也是教师专业发展的过程。教学是教师与学生通过课程的共同建构实现共同发展的活动。教学过程的实践离不开教师、学生、课程三要素。现代教学论认为,课程不是预先形成的,而是师生为了实现教学目的,共同建构的意义过程,在这个过程中教师与学生都会得到一定的发展。

总之,教学是由教师的教和学生的学所组成的一种人类特有的意义建构活动。通过这种活动,教师有目的、有计划、有组织地引导学生积极主动地学习和有效地掌握科学文化基础知识,形成一定的技能,养成良好的人格,实现身心的和谐发展。

(二)大学教学的含义

一般来讲,大学教学具有一般教学的基本性质。此外,它还具有自身的特殊含义。我们认为,大学教学工作是高等学校的中心工作,它是由大学教师的教与大学生的学所构成的意义建构活动。在这个过程中,大学生在通识教育的基础上掌握一定的专业知识和技能，参与一定的科学研究和学术活动，养成一定的专业素养和文化品格，形成一定的思想品德与价值观念。

大学教学属于教学活动的高端阶段，具有从正式的学校教育向终身学习和学习社会化阶段过渡的性质，是学校这一特定环境下的认识过程转入社会实践中的认识活动前的最后一个阶段。因此，它是一个具有过渡性质的中间过程。整个学校教学过程的运动发展正是通过这一阶段而有效地、合理地过渡到实践中的某种认识过程中去的。可见，大学教学活动在学校教学全过程中是一个包含有部分质变的过程，是为形成全部质变做准备的阶段。因此，大学教学具有十分丰富的含义。

1. 大学教学是基于通识教育的专业教学

大学教学首先是一种通识教育，通识教育以“学生”为本位，使学生具有统整的知识与学识，其教育目的是以宏观、远大、有器识的基本认识为基础，使学生充分了解人类文化与历史、世界环境与人文素养，建立人文的科学实证与科学的人文关怀价值体系，建立良好的人际关系，促进社会的和谐发展。因而，通识教育的主要功能是要促进不同学识领域的专家或不同职业的人士具有相互沟通与了解的心态，成为“完整的人”。大学教学更是一种专门教育，目的是培养高级专门人才。因而，大学教学具有一定的专业性特点，即要在通识教育的基础上向学生传授某一专业领域的知识和技能，促进学生的专业化发展。因此，从这种意义上说，大学是一个研究高深学问、培养高级专家的地方，专业化是大学教学的生命线。

2. 大学教学不仅传递知识与技能，而且还具有研究性、开放性、创新性的特点

传递既有的知识与技能只是大学教学的基础部分，高水平的大学教学还要站在科学研究的前沿，面向未知世界的挑战，把科学研究的最新问题与成果引入课堂的讨论与研究中，以开放的姿态、创新的精神促进科研与教学的良性结合。把科学研究引入教学过程，能给学生创造出全面发展智能的环境和重要条件。学生通过参加科研，可以在老师的指导下，有选择地、有步骤地努力学习所需要的理论知识，并且把已知理论同研究需要紧密结合，进行积极的思维。参加科学研究时，学生各方面的能力将处于积极的发展状态之中，自学能力也在为完成研究工作任务而向理论和实际求教的过程中得到锻炼。《中国教育报》2008 年 1 月 5 日第 1 版曾发表了《拔尖创新人才如何脱颖而出——从一项调查探寻众多院士的成长轨迹》的文章，充分肯定了高等院校在学术研究领域培养拔尖创新人才中所发挥的重要作用。文章称，2007 年，中国科学院、中国工程院院士增选结果表明，29 名中科院增选院士中 18 人来自高校，33 名中国工程院新增院士中

17 人来自高校。这充分说明，高校已经成为知识创新和技术创新的生力军、创新人才和领军人才成长的摇篮。现在，世界各国高等学校都普遍重视学生的科研能力，某些大学甚至把学生参加科学研究作为一门必修课而要求所有学生全部参加。

3. 大学教学过程实际上是一个学习和发现相结合的过程

引导学生独立地探索知识，培养其创造精神也是大学教学的一个显著特点。大学生逻辑思维高度发展，辩证思维逐渐成熟，独立性、自主性、自信心等趋向稳定，独立学习风格初步形成。从教学方法本身来看，它有两方面的特征：第一，由教师直接控制转变为教师和学生共同控制信息传递。教师的教和学生的学共同制约着教学过程，只有当两者和谐一致、相互促进，才能获得最佳的传递效果。作为信息"受体"的大学生，由于自主性增强，他们对教师提供的各种信息不再是全盘接受，而总是按照自己的某种标准进行选择，或接受，或忽视，或排斥。教师对学生的指导作用首先在于这种指导是能够激发学生达到最佳的"感受状态"、具备较高的处理信息的"能量"，并能引导他们独立地去获取各种信息。第二，教学的双方在整个体系中的比重发生较大变化，教师教的成分逐渐减少，学生的自学成分随着年级的升高而递增。与此同时，教师教的概念也发生了变化，即由简单的传授、灌输知识转化为对学生学习的指导与启发，由教"书"向教"学"转化，出现了课堂讲授时数大幅度下降，课堂讨论、质疑、实验等则显著增加。

4. 大学教学具有实践性和社会性

理论联系实际，是各级各类学校教学过程都应遵循的原则。因此，各高等学校的教学活动就必然要使学生接触社会、深入实际，从中了解社会实际，培养大学生的应用技能和改造世界的意识。一方面，社会主义市场经济的建立带来了整个社会结构转型，对大学生学习的内容及专业结构、课程体系必将带来一系列的变化，必然要求大学生不能封闭地学习，而应该放眼社会，不仅要了解本专业的学习要求，而且还应了解社会对大学生的要求。另一方面，实践出真知，实践是检验真理的唯一标准。课堂上所学的知识若不与实践紧密联系，不能解决现实生活中的具体问题，那也是毫无意义的。因此，高等学校都普遍要求学生参加广泛的社会实践、调查研究、实习考察等。

二、大学教学的意义

教学是高等学校的中心工作，是实现大学教育功能的主渠道。一般认为，大学的职能主要包括：人才培养、科学研究和社会服务等。大学教学主要从学生发展与服务社会两个方面促进各项大学教育功能的实现。长期以来，我们对大学教学价值的理解是比较偏颇的，只强调教学的知识传授价值，而忽视了从学生身心和谐发展的角度研究教学的价值;同时过去的研究只重视从大学教学产生的直接影响上考虑教学的价值,而忽视了教学所隐含的间接价值,即只重视大学教学的内部价值,而忽视了大学教学的社会价值。因此,我们应当从个体发展与社会服务两个方面去理解教学的价值与意义。教学的发展价值是其社会价值的前提,没有教学的发展价值就没有其社会价值,同时教学的社会价值是教学发展价值的归宿。

(一)大学教学的发展价值

大学教学的最主要目的就是培养各种高级专门人才。在历史发展的不同阶段,社会对专门人才的要求是不同的。在今天国际政治多极化、经济全球化、文化多元化的历史背景下,现代社会所需要的高级专门人才的标准较之以前已经发生了很大的变化。现代社会所需要的高级专门人才,不仅要具有扎实的专业基础知识与技能,而且还要具有开放的意识、进取的精神与健全的人格。美国学者阿历克斯·英格尔斯针对人的现代化提出12条现代人的特征:现代人准备和乐于接受他未经历过的新的生活经验、新的思想观念、新的行为方式;准备接受社会的改革和变化;思路广阔,头脑开放,尊重并愿意考虑各方面的不同意见、看法;注重现在与未来,守时惜时;强烈的个人效能感,对人和社会的能力充满信心,办事讲求效率;在公众生活和个人生活中趋向于制定长期计划;注重知识;形成个人对世界的看法与意见时,注意对事实的考察,尽可能去获得知识,探索未知领域;可依赖性和信任感;重视专门技术,有愿意根据技术水平高低来领取不同报酬的心理基础;乐于让自己和他的后代选择离开传统所尊敬的职业,对教育的内容和传统智慧敢于挑战;相互了解、尊重和自尊;了解生产及过程。① 英格尔斯对现代人格的研究对大学教学具有深刻的启发意义。大学教学不仅要致力于培养某一领域的专业人士,而且更着眼于培养一个身心健康、与时俱进、乐观进取的现代人。大学教学的现代发展价值表现在以下几个方面:

1. 大学教学积极引导学生按照一定的逻辑顺序在较短的时间内系统地学习并掌握人类在漫长的历史过程中积累起来的科学与文化成果,同时受到科学与人文精神的熏陶,养成一定的学术研究兴趣和志向。通过大学教学使学生增长知识和技能,能用语言和文字清楚表达自己的想法,理解抽象的概念和理论,增加对社会和世界的认识,这是对大学教学功能的一种共识。但大学教学的功能不止于此。英国哲学家阿尔弗莱德·诺斯·怀特海德认为,大学是教育和科研的场所,但是大学存在的根本原因不在于课堂上传授给学生的知识或者为教

---

① 参见[美]阿历克斯·英格尔斯著,殷陆君译《人的现代化》,四川人民出版社1985年版,第22~36页。

师提供的科研机会。这些功能都可以在更便宜的情况下实现，比如书本便宜多了，师徒传授模式也是人人都知道的常识。大学存在的理由不是传授知识，而是因为保存了知识追求和生活热情之间的联系，把不分老少的求知者聚集到充满想象力的学习中。如果做不到这一点，大学就没有必要存在下去。年轻人求知欲强烈，想象力丰富，如果经过适当的训练就可能终生保存这个能量。遗憾的是，我们如今的现实是有想象力的人没有经验，而有经验的人没有想象力。没有知识武装的情况下光凭想象力行动是傻瓜，没有想象力的情况下光凭知识行动是书呆子，大学的责任就是将想象力和经验结合起来。

2. 大学教学通过对社会问题与学术问题的广泛讨论与交流，有利于培养学生的现代意识与人格特征，把课堂建构成联系知识与社会、学术与思想、学习与生活的桥梁。现代大学教学重视在教师的指导下让学生发挥主观能动性、注重引导学生积极活泼地发展。在教学过程中，现代大学教学增加了课程内容的选择性，鼓励学生主动地在解决问题的过程中获取知识，十分重视培养学生的创造性品质的培养，强调学生是教学情景中学习的真正主体。学生的主体性品质只有在富有主体性的活动中才能得到培养，现代大学教学与传统教学相比，在培养、发展学生主体性方面具有独特的价值。为培养学生学习的主体性、养成现代人格特征，现代大学都在积极推进课程体系、教学内容、教学方法和手段的改革：立足社会多样化需要，构建新的课程结构，加大了选修课程开设比例，普遍实施弹性学习制度建设；大力改变课堂讲授所占学时过多的状况，为学生提供了更多的自主学习的时间和空间；有的高校已经积极推行导师制，努力为学生全面发展提供优质和个性化的服务。

3. 大学教学通过对班级文化、校园文化、社团活动与社会实践活动的辐射、指导和引领，有利于培养学生良好的社会性品质。现代大学教学十分重视校园文化建设与社会服务服务工作，强调大学生在丰富多彩的社团活动、社会实践与社区服务过程中，通过对实际问题的接触和思考、对所学理论知识的具体运用和实践，培养良好的社会责任感和社会交往能力。据共青团中央和中国青少年研究中心进行的一项调查结果显示，有 80％以上的大学生参加过校内社团、跨校社团或网络社团，平均每人参加社团数为 1.5 个以上。[①] 学生社团种类繁多，社团成员几十人、上百人甚至上千人不等。学生社团具有自我服务、自我教育、自我管理、自我发展和重要的社会教化功能，其作用和影响力日益扩大，已经成为高校教育工作中重要的一部分。可见，大学生社团是有效凝聚青年学生、培养学生社会性人格的重要方式。要充分利用高校学生社团，坚持建设和管理并重，积

① 参见田桂蓉《学生社团——大学生成长的重要课堂》，载 2005 年 6 月 10 日《中国教育报》。

极支持学生社团开展活动，加强指导、加大投入，规范完善管理办法，进行工作创新，推动学生社团在活跃校园文化、服务社会工作、促进学生全面发展等方面发挥更大的作用。

(二)大学教学的社会价值

经济全球化以迅猛速度席卷世界，从实物经济到虚拟经济，从物质资源到人才资源，都呈现出全球高度融合的趋势。没有一个国家能够摆脱外部经济的影响而独立生存与发展。这就需要我们以全球化的视野来理解当代大学教学的社会功能。大学教学对社会的影响是多方面的，包括文化传播与创新价值、经济增长价值、社会和谐价值。

1. 大学教学具有文化传播、文化创新价值。大学开设的每一门课程都是人类文化的一个重要方面，浓缩了人类知识与文化的精华。大学通过各门课程的开设和教学实现了人类文化的传播。这种传播具有强烈的开放性和生产性，不仅是人类知识的代际传递，更是人类科学思想与文化精神的延续和发展。在现代大学教学中，教师对作为教学内容的文化素材，不是机械照搬，而是根据时代需要和学科发展态势对文化素材进行再创造。现代教学理念中的学生不仅是学习者，而且还是研究者和探索者，因此现代大学教学要承担培养学生文化创新的重任。大学教学就是人生冒险的训练，从事学术研究就是思想的冒险，成功的大学教学必须总是产生和传播新鲜的东西。知识就像鱼一样很容易发臭。或许你传授的知识是过去的东西，但是提供给学生的时候，它必须像刚从水里捞出的鱼一样新鲜。我们决不能认为大学的原创性思想只能体现在标明作者姓名的论文或者著作上。在任何一个学院和系部你都会发现一些思想深刻的教授，发表的东西未必很多。他们的创造性要求他们直接与学生在课堂上交流，或者是进行个人间的讨论。这样的教学往往能产生深远的影响。在他们的学生离开之后，他们就成为人类思想发展中默默无闻的功臣。因此，单纯根据著作评价一个教授是一个极其片面的错误，这样做导致人们丧失学术研究的激情和抛开利益的纯粹兴趣，也导致了大学教学失去了自由开放、淡定从容的精神。

2. 大学教学具有经济增长价值。大学教学可以为经济发展的各个部门培养专门人才。经济增长的重要条件是高素质的劳动者。1995 年，世界银行公布国家财富的新的统计方法，将国家财富分为三项：人力资源、创造的资产和自然资源。人力资源就是人们的生产能力所代表的价值，它与教育程度、营养程度、医疗保健水平相联系。它主要包括：适应于现代社会生产的管理人才；一支掌握了先进生产技术的队伍；一支具有革新精神、设计能力的队伍。他们的培养主要是通过大学的专门教学和培养。通过各类高等教育的教学，可以培养大量的较为高级的劳动者和具有一定技术的专业生产者。大学教学可以提高学生对人际关系、现代职业、自主创业等经济内容的理解;可以拓展学生从事产品研发、经济企划、生产技术革新方面的经验与技能;还可以提高学生的创业意识与创业能力……这些都是经济效率提高的重要因素。以美国麻省理工学院为例,目前,麻省理工一共有4000多家学生创办的公司,而且这个数目还在以每年150多家的速度递增。这些公司所从事的生产活动占了马塞诸塞州的25%。再如,牛津大学所在的牛津郡19世纪60年代还是以农业为主,工业只处于辅助地位。但最近的一项研究表明,英国所有的高科技公司当中,有80%是牛津毕业生创办的。

3. 教学有利于促进社会和谐发展。现代大学教学担负着青年大学生政治社会化的任务。政治社会化包含观念与行为两个层面。现代政治越来越代表大众利益,提高大学生的政治素养是大学教学的重要任务。现代大学教学十分重视培养学生的主体人格,这是民主政治的重要基础。民主政治需仰仗全民众的主体性精神。大学教学可以培养各种各样的社会所需人才,可以促进人才进行合理的流动,可以调整和控制社会人才结构、人才类型,使每个人根据自己的兴趣、特长发展,同时又使他们人尽其才。大学教学可以提高人的素质,是加强人与人之间理解、民族与民族之间沟通与理解的前提。因此,大学教学有利于社会的和谐发展和稳定进步。爱因斯坦通过自身的体验和长期的观察,形成了自己独特的教育观点,他反对把学校仅仅看作是传授知识的工具,更反对把学生"当作死的工具来对待"。他认为:"学校的目的始终应当是:青年人在离开学校时,是作为一个和谐的人,而不是作为一个专家。"①而所谓"和谐的人",按照他的思路,也就是既富有个性又有益于社会的人。

第二节　大学教学的传统与演进

大学教学具有悠久的历史,也存在着中西文化的差别。了解中外大学教学传统的演变,把握大学教学发展的历史趋势,是大学教学论研究的一个基本任务。

一、西方大学教学传统的演变及其影响

现代意义的大学起源于欧洲,她是中世纪留给后世最可称赞的文化遗产。文艺复兴之后西方大学的发展先后经历了英国大学传统、德国大学传统、美国大学传统和苏联大学传统,西方大学的教学传统也经历了相对应的递变过程。②

---

① 马小兵等选编:《科学大师思想随笔:理性中的灵感》,四川人民出版社1997年版,第129页。

② 参见贾宝余《西方大学的传统及其对我国大学发展的影响》,载《中国大学教学》2005年第3期。

(一)中世纪大学教学传统:自治与国际性

被称为人类文化史上的“智慧的花朵”的中世纪大学,与宗教有着千丝万缕的联系,12世纪曾依附于寺院和教堂,此后才形成教师与学生组合的学术性的“基尔特”——一种类似于今天行业协会性质的组织。据有关史料,1200年的牛津学生文件证明,他们自称“牛津教师和学生大学”,这表明大学实际上是教师和学生的团体。这种行会组织在当时主要是满足志趣相投的学者们追求知识的需要,期望通过这一组织寻求对其教学与学术活动的保护。这一性质决定了大学从一开始就拥有相对于政府和宗教的独立管理权,而这种独立权又为大学的思想自由和言论自由提供了保障。

大学在创办伊始就表现出了教学上的自治性、国际性、综合性等特点。大学教学的自治性,表现为当时的大学在政府与教会之间取得了一定的自治权,学者们可以自由教授,自由地发表言论,自己管理大学教学事务;大学教学的国际性,是指教师和学生随意云游,教师可以随学生的变动移至另一城市,大学聚集着来自世界各地的学者,由于宗教和语言的统一,这种对知识的探求是没有国界的。大学教学的综合性,体现在中世纪大学的教学内容的多学科上,学生只有学完了文法、修辞、辩证法、算术、几何、天文和音乐“七艺”并获得文科硕士学位以后,才有资格进入神学、医学、法学学科学习。不管是西方的现代大学,还是中国的现代大学,都继承了中世纪大学的建制,中世纪大学传统奠定了现代大学的基本框架。

(二)英国大学教学传统:自由教育与心灵训练

中世纪大学的传统在英国得到了完美的继承,两所古老的大学牛津和剑桥是自11世纪以来长期按照自身逻辑发展起来的。由牛津和剑桥大学所奠定的英国大学教学传统具有浓郁的人文教育理想。牛津学者纽曼(1801～1890)在牛津大学生活了长达20余年,他于1852年写的《大学的理想》(*The Idea of University*)一书,反映了当时牛津大学的思想。纽曼认为,大学乃是一切知识和科学、事实和原理、探索和发现、实验和思索的高级保护力量,大学教育要达到提高社会理智格调、培养大众的心智、净化民族的情趣等目的,为此,大学应该为自由教育(Liberal Education)而设,大学应该提供普遍性的和完整性的知识教育,而不是狭隘的专门化教育。因此,大学是一个“教学机构”和“和心灵的训练”的场所,其目的在于培养具有“自由、公平、沉着、稳健和智能”生活习惯的绅士。基于这一理想,英国的大学传统中,职业教育和技术教育被视为低于人文教育的一种活动,是在多科技术学院等非大学机构中进行的。

(三)德国大学教学传统:研究和发展知识

在18世纪末19世纪初,人文主义逐渐蜕变成一种烦琐的经院哲学,大学越来越远离社会现实的需要，成为落后保守的机构。在此情况下，人们不断地审视大学的变革和发展问题，并最终导致了德国学者洪堡的大学改革。1809 年，洪堡建立了柏林大学，并系统地形成和提出了自己的大学观。他提出了“大学自治”、“学术自由”、“教学与科研相结合”的主张，认为“大学是科学工作者无所不包的广阔天地，科学无禁区，科学无权威，科学自由”[①]。大学不仅仅是传授知识的场所，更是研究和发展知识的场所。如果说在柏林大学以前的大学以培养学生为重任的话，那么，柏林大学则把大学的功能进一步拓展为科学研究。在 19 世纪，德国通过制度创新，逐步成为世界大学的中心。这种理念变革背后的机理是，自工业革命初始以来，由手工业者、工匠、技师等生产第一线的实践者所主导的科技发明，无法满足开始于 19 世纪 70 年代的第二次工业革命对科技的巨大需求，这就迫切需要一种层次更高、组织程度更强的机构来弥补。于是，以传授知识为主要职能的大学，开始承担起“发展”知识的职能——在知识供应链上的向前整合。更深层的文化背景是 18～19 世纪在德国占主导地位的理性主义文化。这种文化强调，大学以探求自然法则、培养遵循这一法则的人才为首要任务。与此同时，德国为平衡传统大学理念和社会需求之间的矛盾，在传统大学系统之外建立了以职业教育为方向的高等技术学院。

德国的大学制度是中国现代大学的初始模版。1902～1903 年，作为清朝政府“新政”的重要内容，“壬寅·癸卯学制”便是以日本为中介对欧洲教育制度的全面引进。而 1912～1913 年民国政府教育部通过的“壬子·癸丑学制”及随后的修订，吸取了德国高等教育制度的特点。学制基本确立了我国大学制度的框架，直接影响了此后我国的大学制度。1917 年，蔡元培执掌北大，由他主导的北大改革具有德国大学的烙印，这为中国打开了一个盛况空前的学术局面，“思想自由，兼容并包”的理念成为中国大学的精神标尺。

（四）美国大学教学传统：从象牙塔到服务站

与英国和德国不同，美国“没有中世纪的废墟挡路，而且在一开始有历史的时候已经有了 17 世纪形成的现代资产阶级社会的因素”[②]，后发型和没有自身传统制约是美国社会的基本特点。这一社会背景使得经过几百年发展起来的欧洲大学传统直接为美国所借鉴。20 世纪 30 年代，在美国大学的先驱者佛兰斯纳的努力下，英国和德国大学的传统在美国得到了系统的阐扬，这为美国大学在 20 世纪下半叶的崛起奠定了思想基础。伴随着世界经济中心的转移，发端于欧洲的大学传统在佛兰斯纳、吉尔曼、艾略特的努力下，在美国开始得以快速发展，

---

① 参见李工真《德意志道路——现代化进程研究》，武汉大学出版社 1997 年版，第 58 页。

② 《马克思恩格斯全集》第 21 卷，人民出版社 1965 年版，第 385 页。

此后的美国大学在数量和质量上皆为世界之冠。1825 年,美国著名政治家、教育家杰弗逊创办了弗吉尼亚大学,强调“州立大学应成为建设各州的智囊团和人才的策源地”。1862 年,《莫里尔法案》的颁布进一步推动了美国高等教育与社会的融合,威斯康星大学首倡大学要为农业、工业服务,为经济发展服务的办学理念,提出州的边界就是大学的边界,这一思想得到了其他大学的响应,大学正式与社会主动结合,形成了大学直接为社会服务的职能,大学也由具有教育和科研的“象牙塔”,逐渐变为涵盖教育、科研和社会服务的“服务站”。第二次世界大战后,美国成为继德国之后世界大学发展的中心,美国大学引领着整个世界大学发展的潮流。从 1921 年到 1949 年,中国的高等教育主要以美国大学为榜样进行了改革。改革开放以来,美国大学样式再次成为我国高等教育改革的重要借鉴。

(五)苏联大学教学传统:培养“高级专门人才”

苏联的大学传统与其计划经济体制和高等教育历史紧密相关,也机械地模仿了德国建设专业技术学院的做法。这导致苏联大学直接以国家经济体制和发展战略为转移,成为政府的附属机构而不是行为主体。国家办学的单一体制、以单科性院校为主体的高等教育结构、以人才培养为中心的单一大学职能、培养“高级专门人才”的人才培养理念,以及政府主导、统一计划和科层化成为苏联大学传统的基本特点。建国之后,我国在继承原有大学制度的同时,以解放区高等学校管理为基础,借鉴苏联经验,建立了高等教育体系,苏联大学传统在中国得到全面推行。在大学职能方面,强调人才培养的单一职能,在大学之外成立科研机构专司研究;人才培养理念方面,强调为工业建设培养“专门人才”。在这一理念指导下,1952 年下半年开始院系调整。总体来看,全面学习苏联大学教育经验的改革的过程贯穿着一种以大学为工具的精神:国家需要建设人才,大学就要求为国家建设培养专门人才。显然,这一改革忽视了大学教学的相对独立性和自主性。

二、中国大学教学的古代传统与现代探索①

我国古代的大学教学在漫长的历史发展过程中,形成了富有民族特色的人文传统。但晚清以来的社会剧变在改变中国命运的同时也导致了古代大学传统的断裂和嬗变,随着国子监、书院等传统大学形式的消失,更多的现代意义上的大学逐步建立起来。这些仿照日本、欧美等先进国家陆续建立起来的各级各类

---

① 参见程为民、李名家《中国古代高等教育的特点及其启示》,[EB/OL].http://www.pep.com.cn/xgjy/gdjy/gjyj/200508/t20050815_222474.htm.

高等学校，其实质是学习和模仿西方大学教育的产物，中国古代大学自身所形成的传统逐步在现代化的历史潮流中湮没无闻。

若我们溯流而上，纵向考察中国古代的教育，我们会发现，其虽没有大学之形，但却有大学之实。文献记载，春秋战国时期，在齐国出现了一所著名学府——“稷下学宫”，成为“百家争鸣”的思想重镇。公元前124年，汉武帝从大儒董仲舒之请，创立太学，设置五经博士，为中国古代最高学府。从汉代的太学，到其后历代的国子学（国子监），可以说是中国古代意义上的大学，都是当时的最高学府。宋代，书院的出现意味着中国民间高等学校的诞生。

（一）官学与私学：中国古代大学的两种形式

中国古代的高等教育事业起于朝廷，而在春秋战国时期，中国社会发生了巨大的变革，在奴隶主贵族的政治统治走向崩溃的时候，“天子失官，学在四夷”，原来由贵族垄断、官府掌管的文化也散失至民间，私人办学成为这个时期的一大景观。从此以后，整个古代社会的高等教育，就一直存在着官学和私学两种类型。

1. 官学中的高等教育

在官学类型中，太学和国子监是中国封建社会的最高学府。此外，东汉末出现了我国古代最早的艺术大学——鸿都门学；三国时曹魏建立的五经课试法，其中由“门人”升入“弟子”的制度具有大学预科的性质；南朝刘宋政权设立的儒学、史学、文学、玄学四个学馆的分馆授业制度是大学分科教学的开端；唐宋明三代分别创办的书学、算学、律学、医学、画学、武学等专科学校，拉开了大学按照专业设置进行专门化教学的历史帷幕。

2. 私学中的高等教育

私学自春秋时期诞生开始，绵延不绝，是封建社会学校的重要组成部分。按程度分，私学有蒙养教学和经师讲学，后者相当于大学。汉代以后，私学分为蒙馆之学和专家之学两个层次，基础教育通常在十五六岁以前完成，之后就必须进入私家经师的学馆去深造，私家经师多为当世的著名学者。唐宋时期，私家经馆发展为书院，书院是中国古代学者研究学问、聚徒讲学的教育场所。书院在宋、明、清时期继续存在和发展，出现了一些著名的书院，如白鹿洞书院、岳麓书院、石鼓书院、应天府书院等。到清朝时期，书院官学化越来越严重，绝大部分书院成为准备科举考试的场所。客观地讲，作为高等教育机构的书院为历朝学术的繁荣发展和人才的培养发挥了重要的作用。

（二）古代大学教学的特征

凝聚和遗存几千年来的中华民族精神的《大学》开宗明义地道出了我国大学教学的理念：“大学之道，在明明德，在亲民，在止于至善。”“明明德”是指通过教育发扬人性中本来的善，培养健全的人格；“亲民”是指通过教与学的统一，达到修己立人，推己及人，化民成俗，更新民众，改良社会风气；“止于至善”则是指教育的终极目标，即通过教育，使整个社会达到古之谓“至善”的理想境界。古代大学教学的传统具体体现在以下几个方面：

1. 学习儒家经典，注重修齐治平

中国古代的大学教学内容以儒家经典为主，注重修身与政治教育。自从董仲舒“罢黜百家，独尊儒术”以来，儒家学说的地位不断得到加强和巩固，从五经、七经、九经到十三经，儒家经典不断得到扩充和强化。汉代的五经、七经，唐代的九经、十二经，宋代的十三经，再加上《史记》、《汉书》、《昭明文选》等等，形成古代高等教育的教育内容。这些内容讲究文、行、忠、信；以三纲五常为行为规范，严君臣、尊卑、上下之分；明父子、长幼、亲疏之别。其共同特点就是泛道德主义。孔子眼中的“士”，孟子心中的“大丈夫”，首先是道德的典范。教育内容中的泛道德倾向，对培养中国人的道德情感与爱国精神有着重大的影响，是中国传统文化的宝贵遗产，反映了社会进步的普遍要求，但同时也造成了伪道学、伪道德的盛行，不利于民智开化，不利于自然科学的发展。

2. 注重辩难讲会，提倡学术交流

教学与学术研究相结合是中国古代高等教育的优良传统。无论官学与私学，都注重学术交流与对话，提倡自由辩论。

官学中太学的教学以相互问难、讨论经义为重要形式。博士既是太学的专职教师，又是朝廷的学术顾问，参加朝廷举办的所有重大学术活动。西汉的石渠阁会议和东汉的白虎观会议，都有博士参与讨论，这种学术争论，影响到太学的教学和学术风气。博士平素讲经，注重互相诘难，并以善辩而受人称誉。辩难精神是太学的优良传统，这是研究和繁荣学术所必需的。学术研究是书院教育教学的基础，而书院的教育教学又是学术研究成果得以传播和发展的一条重要途径。书院教学实行门户开放的办法，打破了官学关门教学的做法，听讲者可以不受学派和地域的限制，有利于学术交流。顾宪成在东林书院讲学，“远近名贤，同声相应，天下学者，咸以东林为归”；王守仁除在濂溪书院讲学外，还和湛若水等人历时数十载奔波于全国各地讲学，形成了我国书院史上著名的“讲会制度”，使书院成为学术争鸣和交流的舞台。

3. 注重因材施教，长于启发诱导

因材施教、启发诱导是我国古代大学教学所一贯秉持的宝贵经验，历经两千余年，直到今天还具有重要的现实意义。

孔子在长期的教学实践中首创并实施了因材施教，他从学生实际出发，运用启发诱导的方法，发挥学生学习的主动性、积极性，以实现培养目标。他十分注意观察、了解学生，“视其所以，观其所由，察其所安”(《论语·为政》)，并能准确地概括出学生的特征。因此,他能够根据学生的特点确定不同的教学内容和进度,如学生同样问仁和问孝,但其回答却是难易、深浅、繁简各不相同。孟子吸取了孔子的教学思想,认为“教亦多术矣”(《孟子·告子下》),且注意了教学方式的变化,他说:“君子之所以教者五:有如时雨化之者,有成德者,有达财者,有答问者,有私淑艾者。”(《孟子·心上》)先秦时期儒家教育思想的总结性著作《学记》主张“长善救失”,强调了在了解学生特点的基础上因材施教,并且对学生在学习上的各种特点作出更具体的分析,“学者有四失,教者必知之。人之学也,或失则多,或失则寡,或失则易,或失则止”(《礼记·学记》)。教师要知其善恶,以善补恶,长善救失,才能做到因材施教。

《学记》中明确提出了启发诱导的教学原则:“君子之教,喻也。”所谓“喻”,即是启发诱导的意思。《学记》认为教师教学的基本特点是要善于启发诱导,并进一步说:“能博喻然后能为师。”只有善于多方启发诱导的人才能当教师。可见把启发性原则提到很高的高度。如何启发诱导?《学记》提出了三条要求:一是“道而弗牵”。在教学过程中,教师要引导学生而不要牵着学生走。二是“强而弗抑”。激励学生而不要压抑学生。三是“开而弗达”。指点学生而不要代替学生作出结论。这三条就是对启发诱导原则的具体要求。这些要求说明,教师在教学中起的是引路人的作用,引路人就要善于指引,善于鼓舞,善于启发学生沿着正确的道路去走,不应拖着学生,压抑学生,更不要代替学生走路。这就是“时观而弗语,存其心也”。

4. 学而优则仕,学思行合一

古代大学教学的目的具有双重性,既有精神层面上的“明人伦”,也有功利层面的“优则仕”;既有学术思想方面的“格物、致知、诚意、正心”,也有社会实践方面的“齐家、治国、平天下”。在中国古代知识分子的人生道路上,为学不离从政,知离不开行。“学与仕”、“知与行”始终是不可分离的。“学”是近道与悟道,“仕”是行道与体道。古代高等教育预设了“学而以居”、“学而优则仕”的教育目标,从汉代开始分科目察举人才,尤其是隋唐设立进士科举以后,高等学校的办学目的就是“储才以应科目”。学校追求的是中举及第率,也就是追求更高的录官率,高等学校成为培养官员的预备机构,成为追逐功名利禄的阶梯。在实行科举制的一千多年里,中国古代的高等教育与科举考试这种世界上独特的选拔人才方式紧密结合,形成了中国古代高等教育的一大特点。科举考试成为教育有力的指挥棒,考试的内容成为高等教育的内容,学校成为科举的附庸,科举实际上成为了中国古代高等教育的重心。

(三)中国现代大学的教学探索

中国现代意义上的大学的产生,是 19 世纪末期接受西方影响的结果,它与中国古代的高等教育机构并没有继续或渊源关系。当然，大学这种机构从一开始便与中国文化传统、教育传统有着密切联系，是根植于传统文化这一土壤中发展壮大起来的。

很长时期，中国现代大学的发展积极追随世界大学的潮流，在办学思想、教学理念、管理制度等方面积累了很多宝贵的经验。不少办学者受过西方思想和文化的熏陶和影响，具有开阔的视野与先进的理念，致使我国大学教育具有较高的起点。1912 年，蔡元培作为教育总长主持制定《教育部大学校令》，确定了大学"教授高深学术、养成硕学闳材、应国家需要"的宗旨，作了"学"与"术"的分离，确定了大学以文理两科为主的综合性，确立了大学设评议会、各科设教授会，形成所谓"教授治校"的制度。

我国现代大学在学习西方教学经验的过程中，也形成了自身的教学理念与传统，涌现出了一大批具有国际视野的优秀的大学管理者和具有学术独立精神大学教授，在社会动荡甚至是战乱中，仍以其巨大的思想凝聚力和学术孵化力，培养了许多优秀人才。如，1917 年蔡元培任北大校长，大力主张学术研究"兼容并包"、"思想自由"和大学管理"教授治校"。他说："大学者，囊括大典，网罗众家之学府也。""所谓大学者，非仅为多数学生按时授课，造成一毕业生资格而已也，实以是为共同研究学术之机关。"①再比如，第一批庚款赴美国留学的梅贻琦于 1928 年任清华大学代校长，提出了通才教育、教授治校和学术自由等思想，并在办学中付诸实施。因此，20 世纪 20 年代的北大、30 年代的清华、40 年代的西南联大集中反映了当时的办学成就，其教育教学经验至今弥足珍贵。

20 世纪 50 年代，中国高等教育全面学习苏联经验，强调大学为社会主义建设服务。1978 年改革开放以后，大学教学进入了拨乱反正、恢复传统、调整发展、改革创新的发展期。尤其是进入 21 世纪之后，国家对大学教学工作十分重视，把教学工作作为大学的中心工作，相继出台了一系列的文件政策，对大学教学提出了十分重要的要求，并建了本科教学工作水平评估制度，促进大学教学水平和质量的提升。

---

① 蔡元培：《北京大学月刊发刊词》。转引自杨东平编《大学精神》，辽海出版社 2000 年版，第 1 页。

第二章

大学课程体系与表现形式

【内容提要】

● 从狭义讲，课程即课业及其进程，是指学校开设的教学科目以及它们之间的开设顺序和时间比例关系；从广义讲，课程是指学校为实现培养目标而设置的教育教学因素的总和。

● 培养方案是大学保证教学质量和人才培养规格的重要文件，是组织教学过程、安排教学任务、确定教学编制的基本依据，其核心内容是课程设置。

● 教学大纲是关于某一门课程的教学指导文件，包括课程目的、任务，各章节的知识范围，讲授、实习、实验、作业等教学时数的分配等。

● 教材是教师和学生据以进行教学活动的材料，包括教科书、讲义、讲授提纲、参考书、活动指导书以及各种视听材料等。

大学课程体系与教学内容问题，在整个大学教育体系中居于核心地位，对大学教学质量具有决定性的影响。

第一节　大学课程结构与体系

大学课程体系是大学教学范畴中具有实质性质的组成部分，这些实质性内容是教育实现其预期目标的中介，是教育对学生的直接影响源，合理的课程结构可以提高人才培养质量。那么到底什么是课程？大学课程体系包括哪些内容？它们之间的关系是怎样的？针对以往和当前存在的问题，大学课程改革的主要趋势又有哪些？这是本节所要探讨的基本问题。

一、课程概述

(一)课程的含义

课程是一个既古老又年轻的概念。说它古老是因为早在古代的东西方就有了各种各样的课程实践,说它年轻是因为课程作为独立的研究对象才不过70年左右的历史。正如美国教育学者坦纳夫妇所说:“课程虽有一个漫长的过去,却只有一段简短的历史。”[①]

从历史上看,“课程”一词在我国早有使用。朱熹在《朱子全书·论学》中,曾有“宽著期限,紧著课程”,“小立课程,大作工夫”之说。其义比较接近我们今天教育意义上的课程,含有学习的范围、时限和进度的意思。在西方,“课程(curriculum)”一词最早是由英国哲学家斯宾塞在其1859年出版的名著《什么知识最有价值》一书中提出的。它是从拉丁语派生而来的,意思是“跑马道”。根据这个词源,最常见的课程定义是“学习的进程(course of study)”,有引导学生继续前进并达到预期培养目标的含义。

随着课程理论和实践的发展,不少研究者都根据自己的学术背景对课程作出不同的解释,以下是几种有代表性的课程定义[②]:

1. 为了训练集体中的儿童和青年的思维与行动方式所建立的一系列可能的经验。

2. 学生在学校指导下所获得的全部经验。

3. 课程是一般性的整体内容计划或特定的教材,学校应该提供给学生,以便他们能合乎毕业资格、获得证书或进入专门职业领域。

4. 课程是一种方法论的探索,它要探明被看作是学科要素的各个方面,即教师、学生、科目和社会环境。

5. 课程是学校的生活和计划。……一种有指导的生活事业;课程成为承担人类生活的奔腾不息的活动长河。

6. 课程是一种学习计划。

7. 为了在学校帮助下使每个学生的个人和社会能力获得不断的、有意义的发展,通过知识和经验的重建而形成的,有计划和有指导的学习经验以及预期的学习结果。

---

① Tanner, D., & Tanner, L. N., *Curriculum Development: Theory into Practice*, New York: Mcmillan Publishing Co., Inc., 1980. p. 4.

② 参见[瑞典]托斯顿·胡森等主编,江山野主译《简明国际教育百科全书·课程》,教育科学出版社1991年版,第65页。

8. 课程基本上必须包括五大领域的严格学习：(a)掌握母语并系统学习语法、文学和写作；(b)数学；(c)科学；(d)历史；(e)外语。

9. 课程被认为是有关人类经验的日益广泛的可能的思维方式——不是结论，而是结论产生的方式以及建立这些结论即所谓真理并使之发挥效用的背景。

对于课程的概念，不同的人由于其哲学假设和价值取向的不同，其对课程就有着不同的定义方式，归纳起来主要有三大类：

其一，课程即学科。这是较早、影响较深远的一种观点。这种观点的基本思想是：学校开设的每门课程应该从相应的学科中精心选择，并按照学者的认识水平加以编排。这种课程一般特点有：第一，课程体系按照科学的逻辑进行组织；第二，课程是社会选择和社会意志的表现；第三，课程是既定的、先验的、静态的；第四，课程是外在于学习者并凌驾于学习者之上的，学习者必须服从课程，在课程面前是接受者的角色。

其二，课程即经验。这种观点是在对前一种观点的批评和反思的基础上形成的。持这种观点的人认为，将课程看作知识，容易导致"重物轻人"的倾向，即强调课程本身的严密、完整、系统和权威性，却忽视了学习者的实际学习体验和学习过程。而实际上，只有那些真正为学生经历、理解和接受了的东西，才称得上是课程。课程就是学习者本身获得的某种性质或形态的经验。这种课程的一般特点表现为：第一，课程是从学习者的角度出发和设计的；第二，课程与学习者的个人经验是相联系、相结合的；第三，学习者是学习的主体。

其三，课程即活动。这是一种比"课程是经验"更加新颖的观点。这种观点的基本思想是：课程是人的各种自主性活动的总和，学习者通过与活动对象的相互作用而实现自身各方面的发展。这种观点的特点是：第一，强调学习者是课程的主体，以及学习者作为课程主体的能动重要性；第二，强调以学习者的兴趣、需要、能力、经验为中介来实施课程；第三，强调活动的完整性，突出课程的综合性和整体性，反对过于详细的分科教学；第四，强调活动是人心理发生发展的基础，重视学习活动的水平、结构、方式，特别是学习者与课程各因素之间的关系。

课程的概念至今仍然是一个不断发展的概念。从狭义讲，课程即课业及其进程，是指学校开设的教学科目以及它们之间的开设顺序和时间比例关系；从广义讲，即是指学校为实现培养目标而设置的教育教学因素的总和。这一定义表明：从学校类型上，不同类型的学校实现其培养目标的课程因素不同；从体系上，课程既包括国家课程，也包括地方课程和学校课程；从内容上，课程既包括课程表中列出的正式课程也包括课程表中没有列出的情景性因素；从实施的形式上，既包括课堂教学也包括课外活动。总之，对课程的理解既不能过窄，也不能任意泛化。

（二）隐性课程

隐性课程研究的萌芽，可以追溯到美国教育家杜威的“附带学习”，即指学习中自然而然产生的情感、态度和价值观等。1968 年，美国学者杰克逊（Jackson，P.）在其《课堂中的生活》一书中首次提出“隐性课程”一词。此后国外兴起了研究隐性课程的热潮，使课程的概念从内涵到外延都更加丰富。

目前在国际课程研究文献中，“隐性课程”一词已经是公认的教育术语。其英文用词中最为普遍的是 Hidden Curriculum。在我国有关论著中常用的“潜课程”、“隐蔽课程”、“隐性课程”、“潜在课程”等词语大多译自上述英文词。20 世纪 80 年代中期开始，我国一些学者开始对其研究，至今仍是理论界较为关注的一个课题，但是关于其概念、构成、设计、实施等仍未达成共识。我国出版的《教育大辞典》对其下的定义是：学校政策及课程计划中未明确规定的、非正式和无意识的学校学习经验，与“显性课程”相对。① 可见，隐性课程不在培养方案中反映，不通过正式教学进行，却可对学生的知识、情感、信念、意志、行为和价值观等方面起潜移默化的作用，促进或干扰教学目标的实现，其主要特点是潜在性和非预期性。它通常体现在学校和班级的情境之中，包括物质情境（如学校建筑、设备），文化情境（如教室布置、校园文化、各种仪式活动），人际情境（如师生关系、同学关系、学风、班风、校风、校纪）等。

隐性课程就是除了正式课程以外，学生还要从学校教育和学校生活中获得的态度、动机、价值观及其他心理因素的发展，这些非学术性的教育结果往往比学校教育更具影响力。可见，隐性课程是一个范围极广、似乎涵盖了显性课程之外的所有情景的概念。

二、大学课程结构与体系

课程结构是指学校课程体系中各种课程类型及具体科目的组织、搭配所形成的合理关系与恰当比例，是由各类课程构成的、有机的、完整的统一体。课程类型按不同维度来划分主要有：学科课程与经验课程；必修课程与选修课程；分科课程与综合课程；通识课程与专业课程等。各课程类型和科目都具有自身的价值，在课程结构中具有相应的地位，与其他课程形成价值互补。在此，我们着重对学科课程与经验课程、通识课程与专业课程、必修课程与选修课程作一探讨。

① 参见顾明远主编《教育大辞典》，上海教育出版社 1998 年版，第 1909 页。

(一)学科课程与经验课程

1. 学科课程

学科课程也称“分科课程”,是一种主张以学科为中心来编定的课程。这种课程理论的思想渊源可追溯到古代社会。在我国古代最早提出分科教学的是孔子,在欧洲当推亚里士多德。随着独立形态教育学的产生,经捷克教育家夸美纽斯、德国的赫尔巴特和英国的斯宾塞等人的完善,形成了历史上第一次以严密理论体系出现的学科课程论。目前,学科课程论在世界上仍是一种广为流行、颇占优势的课程论。

学科课程主张课程要分科设置,分别从相应科学领域中选取知识,根据教育教学需要分科编排课程,进行教学。但是,到底选择哪些学科,每门学科选择什么知识,以什么样的结构、顺序、方法组织教材,学科中心论内部又存在着分歧,形成了多种不同的学科课程论流派。20 世纪 60 年代以来关于学科课程的理论主要有美国教育心理学家布鲁纳(Bruner,J. S.)的结构主义课程论、德国教育学家瓦根舍因(Wagenschein,M.)的范例方式课程论、前苏联教育家赞科夫(Bahkob,J. B.)的发展主义课程论。

学科课程的优点是它的逻辑性、系统性和简约性,有利于学生学习和巩固知识,同时也便于设计和管理,因此学科课程论至今仍然深受教师们的肯定和拥护。当然,学科课程的缺点也是很明显的,主要表现在以下三个方面:第一,因为学科知识是以知识的逻辑体系为核心组织起来的,所以容易忽视学生的现实需要、经验和生活;第二,学生的生活是一个有机整体,不能被人为地分解为不同学科领域;第三,容易导致单调的教学组织形式和讲授式教学方法。

2. 经验课程

经验课程又叫“活动课程”或“生活课程”,是旨在培养具有丰富个性的主体并以学生的主体性活动经验为核心组织起来的课程。

概括起来,经验课程的总体特征是:第一,经验课程以学生活生生的直接经验作为课程开发的基点,课程目标来自于学生的经验以及经验生长的需要,学生在解决所面临的问题的过程中建构自己的经验,经验课程突破了传统的学科分类框架,因为学科知识和社会生活经验只有以学生的直接经验为基础并满足学生的需要和兴趣,才能成为经验课程的组成部分。第二,在经验课程中,学生是一种能动的创造性的教育存在,他们参与包括构想、计划、实施和评价等在内的整个教学过程。第三,在经验课程中,学生是一种总体性的教育存在,是智力过程与情绪过程的统一,是思维与行动的统一。第四,经验科长重视学生在能力倾向、情绪特征等方面的个性差异,重视学生所面临的各种特殊的学习障碍和社会境域。

经验课程的优点是：第一，经验课程极力强调学生当下直接经验的重要价值，充分满足学生的需要、动机和兴趣，确立了学生真正意义上的主体地位，改变了千百年来将课程视为控制学生的工具的局面。第二，经验课程主张把人类文化遗产与学生的直接经验融为一体，强调学科知识的心理组织和心理逻辑，真正实现了学科知识与学生经验的统一。第三，经验课程主张把当代社会现实与学生的直接经验融为一体，既将学生看作生活于社会现实中的学生，又避免使学生被动适应当前的社会现实，而是着眼于学生的未来，强调基于学生的人格发展对当前的社会现实进行改造，因此，经验课程真正处理好了学生人格发展与当前社会生活之间的辩证关系。经验课程的不足之处是：第一，经验课程过于强调学生直接经验的重要作用，沉醉于学生偶发的冲动和绝对的自由，因而容易忽视对系统的学科知识的学习。第二，经验课程存在着活动至上主义倾向，忽视了学生深层次的心理品质如思维能力和其他智力品质的发展。第三，经验课程的组织和实施都对教师和学生提出了相当高的要求，对于习惯了班级授课制和授受式教学的师生而言是很难适应的。

3. 学科课程与经验课程之间的关系

在学科课程与经验课程之间关系的问题上，我们的基本结论是：经验课程与学科课程是两种不同类型的课程，经验课程以学生当下活生生的心理经验为核心，学科课程则以学科知识中的逻辑经验为核心，但这两者之间并不是一种非此即彼的二元论关系，它们具有内在的统一性，经验课程并不排斥逻辑经验的教育价值，所反对的只是由于片面强调逻辑经验从而割裂了学生与其现实生活世界的有机联系而最终阻碍了学生的个性发展；同样，学科课程也不排斥学生的心理经验，所反对的只是一味沉醉于学生现有的心理经验发展水平从而抑制了学生心理经验的进一步发展。毫无疑问，如果经验课程否弃了学科知识中的逻辑经验并走向极端化，那必然会陷入“学生中心论”或“学生中心主义”的泥潭；同样，如果学科课程否弃了学生的心理经验并走向极端化，那也必然会陷入“学科中心论”或“学科中心主义”的窠臼。

(二)通识课程与专业课程

界定通识课程是对其进行考察的前提。通识课程如何认定，目前的研究者鲜有明确的划分依据，而是粗略地把“公共必修课”、“公共选修课”(或文化素质类选修课)归入通识课程，把“专业必修课”和“专业选修课”归入专业课程。这种划分方式虽然在大体上能够区分二者“公共”与“专业”的差异，但却不够精确。我们尝试对何种课程属于通识课程作出明确界定。我们知道大学教育包含三个有机层次:通识教育、专业教育和选修教育。[①] 通识教育通过为学生提供宽广的教育基础,促进学生智力、情感、态度和思维方式的全方位发展,成为一个良好的社会公民和全面发展的人。专业教育主要进行专业教学和训练,使学生专业方面学有所长。选修教育则为拓宽学生视野,满足学生的兴趣和好奇心。教育类型和目标不同,其课程修读方式也不同。通识课程和专业教育课程实行必修和有限度的选修。必修是指课程完全由学校决定,学生没有选择的权利;选修则是学校规定学生需要修读的学科领域和最低学分数,学生在此基础上进行自由选择。通识课程和专业课程的不同之处在于:通识课程面向全校学生开设,专业课程仅仅面向某一学院或某一系科、专业开设。选修教育课程实行完全的自由选修,既没有选择领域的限制,也没有学分数的限制(少数情况例外)。由此,我们可以总结出衡量通识课程的三个标准:第一,其目的是非专业性质的(教育目的);第二,开课通常面向全校学生(开课对象);第三,在修读方式上实行必修和限制性的选修(修读方式)。

(三)必修课程与选修课程

1. 必修课程

所谓必修课程,是指由国家、地方或学校所规定的学生必须学习的课程,是为保证所有学生的基本学力而开发和设置的核心性课程,包括基本理论、知识和技能类课程、公共政治理论、体育、外语类课程等。必修课程按其结构层次,一般可以分为以下三类:

(1)基础课:基础课也称为"公共基础课"或者"公共必修课程"。这类课程是各专业的大学生共同必修的课程。目前各高校规定的公共基础课程有马克思主义理论课、毛泽东思想、邓小平理论和"三个代表"重要思想概论、大学英语、大学语文、计算机应用基础、体育课、劳动课和军事训练等。这类课程虽然并不与专业有直接联系,但它是培养德、智、体、等方面全面发展的专门人才,构成合理的知识结构必要的课程组成部分。

(2)专业基础课:专业基础课程是某一专业学生必修的基础理论、基本知识和基本技能技巧训练的课程。有的专业还分为专业基础理论课和专业技术基础课。专业基础课的作用是为学生掌握专业知识和学习新科学技术,并为发展学生智能打下宽厚的理论和技术基础,它是培养专门人才的基本组成部分。

(3)专业课:专业课是一个专业中的核心组成部分,它体现了专业的特点,是根据国家对于某种专门人才在业务上的特殊要求而设置的课程。专业课的任务

---

① Ruth Walker, Preliminary suggestions on general education offered[EB/OL]. (2006-10-12), http://www.news.harvard.edu/gazette/2006/10.12/05-gened.html.

是使学生掌握必要的专业知识和技能，了解本专业范围内最新的科学技术成就和发展趋向。专业课应着重专业理论、基本规律、基本科学方法的教学和实验技能的培养。有些内容可以结合实践性教学环节讲授，也可以采用让学生自学、讨论等方式进行教学。

2. 选修课程

所谓选修课程，是指国家、地方或学校从学生的个性差异和发展方向出发开发和设置的、学生依据自己的兴趣和需要可以自由选择的边缘性课程。这类课程，一般为较专较深的理论课或与专业有关的现代科技专题，借以扩大和加深学生的科学理论或应用知识，发展学生在某一方面的专长，传授科学方法和培养科研能力的课程；学生还可以根据自己的兴趣和基础选修第二外语，以及各学科间相互渗透的边缘课程。还有为理工科学生开设的人文社会科学课程，为文科学生开设的自然科学知识课程等。选修课的设置要视各科师资与设备条件而定。选修课又可以分为两种：

(1)限定性选修课程：又叫“指定性选修课”或者“限制性选修课”，是限定在一定范围内供学生选修的课程。可按学科专业发展方向分若干组开设，有些专业也可以按学科知识领域分学科开设。限定性选修课要给学生较大的选择余地，不要变成门门必选。

(2)非限定性选修课：又叫“任意选修课”，是包括某些深入研究类课程和扩大知识视野类的课程。可以由学生根据自己的志趣和需要任意选修本专业、外专业或与专业无直接关系的课程。

3. 必修课程与选修课程之间的关系

首先，从课程价值观意义上说，必修课程与选修课程之间的关系实质上就是公平发展与个性发展之间的关系。所谓公平发展，是指人人享有平等的受教育机会，而且应对人人施以实质上公平的教育，这是必修课程的直接价值支撑。所谓个性发展，是指课程应适合于每个人的能力倾向和个性特点，这是选修课程的直接价值支撑。在大众主义教育时代，公平发展与个性发展之间是辩证统一的，公平发展只有在适应每个人的个性差异的时候，才能实现真正的公平，同样，个性发展也只有建立在公平发展的基础上，使每个人的受教育机会、发展条件、教育内容、教育过程等真正实现平等，才能实现真正的个性化。由此可以看出，必修课程与选修课程在根本的价值观上具有内在的、高度的一致性和统一性。其次，必修课程与选修课程具有同等重要的价值。必修课程与选修课程之间并不是一种主要与次要的关系，不能认为必修课程与选修课程之间以及不同学科的选修课程之间存在着高低优劣的区别，选修课程不是必修课程的陪衬或附庸，它是具有相对独立性的一个非常重要的、不可或缺的课程领域，它与必修课程相辅相成、对立统一，共同构成一个完整的课程体系。再次，必修课程与选修课程相互渗透、相互作用。一方面，必修课程并不排斥选择和自由，从长远来看，它是为了学生更好地发展自由选择能力，因而在学习必修课程的过程中，同样必须尊重学生的个性差异，鼓励学生发挥个性特长，倡导学生合理选择学习内容和方法。另一方面，选修课程也并不排斥统一性，并不以牺牲共同标准和共同要求为目的；恰恰相反，它关涉的是一种符合共同标准和共同要求的有效的学习，而不是一种完全随意的、散漫的、肤浅的学习。

（三）大学课程改革的趋势

当前大学课程改革要反映高等教育和社会的变革，要体现教育、社会和人的发展需要，其发展趋势主要表现在以下几方面：

1. 拓宽基础性课程

世界上许多发达国家都十分重视基础课程设置。如美国在近几十年内不断进行课程结构改革，增加基础课，减少专业课。日本提出高等教育应摈弃狭隘的专业意识，排除各专业间人为的壁垒，把基础教育与专业教育紧密结合起来。德国科学审议会于1993年在一份题为《高校政策的十个论题》的建设的报告中提出：大学教育应围绕广泛的专业基础知识，特别是方法知识，多学科合作关系和解决问题的对策等进行教授。

2. 重视综合性课程

综合课程的提出和发展是由于对分科教育缺陷的批判和克服，同时也适应了科学大分化、大综合的发展趋势。日本提出了“综合就是创造”的思想，许多理工科大学大量开设科学技术与社会科学等综合性跨学科课程。

3. 课程的小型化

如“中国教育史”等大学分课程，可分为“中国古代教育史”和“中国近现代教育史”等几门小学分课程，便于引入学科前沿和学生选课，鼓励实验课程独立设课。

4. 打造课程大平台

注意打通不同专业之间的学科基础课和部分专业核心课，打造课程大平台，发挥课程的整体效能和效益。不仅属于同一学院、同一学科的专业要打通，分属不同学院的同一学科的不同专业之间，也要打通；鼓励文史哲、经法管等不同学科的专业之间，课程融合和交叉。

第二节 大学课程的基本表现形式

一、培养方案

培养方案是大学保证教学质量和人才培养规格的重要文件，是组织教学过程、安排教学任务、确定教学编制的基本依据，其核心内容是课程设置。培养方案类似于中小学的课程计划(原称教学计划)，但又有所不同。中小学一般不分专业，特别是义务教育阶段，甚至不强调学生的不同发展方向，故其课程计划没有什么专业之分；而大学则不同，其培养方案是分专业的。中小学的课程计划一般是由国家有关部门制定(地方和学校也有一定的课程设置权)，大学的培养方案则一般在教育部有关精神的指导下，由各校组织专家自主制定的。培养方案的确定，既要符合教学规律，保持一定的稳定性，又要不断根据社会、经济和科学技术的新发展，适时地进行调整和修订。但由于中小学课程计划与培养方案的高度相似性，在日常工作实践中，也有人常常将培养方案习惯性地说成是“教学计划”。[①]

(一)培养方案的内容

培养方案的内容主要由以下几个方面组成：

1. 课程设置

课程设置主要包含课程性质、类型、学时或学分分配、教学方式、开课时间、实践环节安排等，开设哪些课程是培养方案的中心内容。

2. 课程顺序

课程确定之后，就有一个开设的顺序问题。各门学科不能同时齐头并进，也不宜单科独进，一定要按规定年限、学科内容、各门学科之间的衔接、学生的发展水平，由易到难，由简到繁，合理安排，使先学的学科为以后学习的学科奠定基础。

3. 课时分配

课时分配包括各学科的总课时数，每一门学科各学年(或学期)的授课时数和周学时等。应根据学科的性质、作用、教材的分量和难易程度，恰当地分配各门学科的授课时数。

4. 学年编制和学周安排。指学年阶段的划分、各个学期的教学周数、学生

---

① 从1992年国家教委颁布《九年义务教育全日制小学、初级中学课程计划(试行)》开始，国家正式将沿用了几十年的“教学计划”改为“课程计划”。

参加生产劳动的时间、假期和节日的规定等，它是学校工作正常进行的保证。

（二）培养方案的编制与实施

1. 编制培养方案的一般程序

(1)广泛调查社会、经济和科技发展对人才的要求，论证专业培养目标和业务范围；

(2)学习、理解上级相关文件精神及规定；

(3)教务处提出本校制定培养方案的实施意见及要求；

(4)由系（院）主持制定培养方案方案，经系（院）教学工作委员会讨论审议，校教学工作委员会审定，主管校长审核后下发执行。

(5)培养方案要保持相对稳定，并根据需要，隔若干年进行一次全面修订。

2. 培养方案的实施安排

(1)由教务处或系（院）编制分学年、分学期的教学进程计划，或称“培养方案年度（学期）运行表”，落实每学期课程及其他教学环节的教学任务、教室和场所安排、考核方式等；

(2)由教师和有关职能部门编制单项教学环节组织计划，如实验教学安排计划、实习计划、军训计划、社会实践计划等；

(3)审定后的培养方案所列各门课程、环节的名称、学时、开课学期、考核方式（考试或考查）、开课单位和任课教师等均不得随意改动，执行过程中需要调整的，应严格按照审批程序执行。

二、教学大纲

教学大纲是关于某一门课程的教学指导文件，包括课程目的、任务，各章节的知识范围，讲授、实习、实验、作业等教学时数的分配等。大学的教学大纲与中小学曾经流行了几十年的“教学大纲”概念不同。[①] 中小学曾经使用的“教学大纲”概念一般是由国家有关部门统一制定、统一印制下发，是中小学编写教材和进行教学工作的主要依据。而大学的教学大纲特别是各院系专业课程的教学大纲，则是各院系根据专业培养目标，参照权威教材和相关课程领域的最新学术进展，形成要向学生传授的课程内容纲要。在实践上，它一般是由执教某课程的教师来制定。高水平教师在制定教学大纲时应不拘泥于单一教材，并可融入自己或他人的相关研究成果。

---

① 21 世纪初，基础教育课程改革开始以来，“课程标准”概念替代了一直使用的“教学大纲”概念。“课程标准”实为各科的“课程标准”。

(一)教学大纲的构成

教学大纲一般包括说明、正文和附录三部分。说明部分指明课程的性质和教学目的、要求、教学内容的重点,教材的选编原则和根据,教学方法的提示,特别是对教材中困难与复杂部分提出教学的建议。教学大学的正文部分也即大纲的基本部分,是以学科的科学体系为基础,根据教学法特点,系统地安排教学内容的主要章节、课题和要目,规定每个课题的基本论点,还规定教学内容的范围和分量,时间分配和进度,有的还列出实验、实习或其他作业题目等。总之,教学大纲正文部分反映了该课程主要的知识结构及实施措施。教学大纲的附录部分则列举了各种教学参考书和资料。

目前,大学的公共课、基础课的教学大纲是由国家教育部和有关部委组织统一制定的。其他课程可由学校以及校际之间的协作,根据教学大纲的编写原则,编制各门课程的教学大纲。对国家统一的教学大纲,各校也可以从各自的条件出发拟定实施计划。高等学校的教师应了解、熟悉、钻研教学大纲和执行教学大纲,但也应根据各校的具体情况,在侧重点、次序、时间分配上有一定的灵活性。应力戒没有教学大纲进行教学的情况,因为这样往往会使教学内容得不到统一,教学质量得不到保证。

(二)大学教学大纲编制的基本原则

1. 符合培养方案的要求

教学大纲首先要明确本门课程在整个培养方案中的地位、作用,规定出本门课程的基本教学任务和要求。教学大纲选择教学内容首先要符合专业培养目标的需要。其次教学大纲是以学科的科学体系为基础的,所以必须保持科学体系自身基本的系统性与完整性,但绝不能以科学的体系作为课程的体系,而应通过教学法的加工将科学体系变为学科体系,充分考虑到大学生的认识特点及教学法的要求。此外,教学大纲还应当注意到培养方案中各门课程的相互联系和配合,特别是与先行课、并进课和后继课之间避免相互脱节和重复。

2. 要具有高度的科学性、思想性和实践性

教学大纲中所列的材料论点,应当是符合客观规律,在科学上经过检验证明是正确的内容;在方法论上,应当是符合于唯物辩证法的。对于各种唯心主义和资产阶级各流派的学术思想应当以马列主义的立场、观点、方法进行分析解说,对于尚有争议的重要学术观点,在说明的前提下,也应列入教学大纲,以期引导学生独立思考,扩大学生的知识面,培养学生创造与探索的精神。

教学大纲是实现人才培养的主要保证之一。因此制定教学大纲要以马克思主义基本理论为指导,坚持正确的政治方向。同时,教学大纲还要体现历史唯物主义思想,符合人类思维形式和规律,人纲应反映科学事实和规律认识的发展过

程,以及反映自然科学和社会科学现代的有重大理论意义的最新成就。教学大纲还必须贯彻理论联系实际的原则。尽量体现实践性环节在教学上的安排意见,培养学生的实践能力。大纲还应重视联系我国社会主义建设的实际,体现我国的特点,注意增加培养学生爱国主义精神的教学内容。

3. 按照科学体系和教学法,组织严谨的内容体系

教学大纲所组成的课程体系,一方面要基本上符合科学的体系,另一方面要受教学原则的制约。忽视科学体系,会造成内容结构失去内在的逻辑性;忽视学科体系不按教学原则和教学方法进行加工,则不能建立严谨的课程体系。学生接受知识是由易到难、由简到繁、由浅入深、循序渐进的,在选择教材及排列循序时,要考虑到这些特点。

4. 教学大纲应突出重点,贯彻"少而精"的原则

教学大纲所规定的应是课程的基本内容,而不是所有内容。因此教学大纲一定要突出教材的重点。此外,从考虑学生的接受能力和学生学习的合理负担出发,教学大纲所规定的内容应"少而精"。

三、大学教材

教材是教师和学生据以进行教学活动的材料,包括教科书、讲义、讲授提纲、参考书、活动指导书以及各种视听材料等。其中,教科书和讲义是教材的主体部分,故人们常把教科书与讲义简称为教材。

(一)教材内容的组织与编排方式

1. 教材内容的组织方法

(1)逻辑式组织。这是一种传统的组织方法,是按照有关科学知识的内在逻辑顺序组织教材的方法。它充分考虑学术研究的需要,采用成人的观点,固守本学科的范围,不与其他学科的教材内容发生交叉,按照一定的纲目系统排列本科目的教材内容,有条不紊,井然有序,具有严密的逻辑体系。然而,它也容易在一定程度上忽视学生的兴趣和认知发展规律。

(2)心理式组织。这是革新的组织方法,也是进步主义教育家所倡导的组织方法。它以学生为本位,注重学生的兴趣、需要和能力,强调以学生的经验作为教材组织的出发点,逐步扩大教材的内容范围,使学生愿学、乐学,而较少考虑知识体系的完整性。这种方法的优点是重视学生的经验和心理特点,同学生的实际生活相联系,便于引起学生兴趣;其缺点是忽视学科本身的内在逻辑体系,难以向学生提供系统的知识,不利于学生在有限的学习时间内获取大量完整的知识信息。

2. 教材内容的编排方式

教材的编排是决定一个年级中某门学科的教学内容将按照怎样的次序组成，或这门学科内容在几个年级中的排列次序。教材的编排方式一般有两种：

(1)直线式排列。这种排列方式是对一科教材内容采取环环相扣、直线推进、不予重复的排列方式。

其优点是，可以有效地避免内容前后重复，节省学生的学习时间，提高教学效率。

其缺点是，不能连续重复编排教材内容中的重点和难点，可能使学习基础较差的学生难以掌握疑难知识，由此掉队。

(2)螺旋式排列。它针对学习者的接受能力，按照繁简、深浅、难易的程度，使一科教材内容的某些基本原理重复出现，逐步扩展，螺旋上升。

螺旋式排列的优点是，重视学生的认知结构同教材结构之间的统一，易于保证学科知识的逻辑性，并适合学生的发展水平。

不足之处是，在强调把知识进行心理学转译的时候，没有看到其局限性和不可行的一面，缺乏技术保障，往往会出现这样或那样的失误。

(二)优秀大学教材的特点和基本要求

大学教材是教师和学生共同面对并必须处理的大学教学活动的最基本构成要素之一，是衡量大学教育教学质量的重要标志，也是实施大学教育教学的重要依据，因此，建设高水平的大学教材，对于实现高等教育目标和提升高等教育质量，无疑具有至关重要的意义。一部优秀的大学教材有其自身的特点，这些特点也是一部优秀的大学教材之所以优秀的基本要求以及高等院校和大学教师选择大学教材的重要依据。优秀大学教材的特点或基本要求至少应该包括以下几个方面：

1. 作者及作者单位

优秀大学教材的作者应该是某一学科领域的著名专家和权威，在该领域具有大家公认的重要的学术地位，而且作者所属的单位应该是具有雄厚学术资源和教育资源的国内一流大学，或者是尽管不属于国内一流大学但在某一方面、某一领域具有鲜明特色和重要影响的高等院校。

2. 出版社

出版社的学术品位、学术水平及其专业性，往往决定着它所出版的著作的学术品位、学术水平及其专业性。一部优秀的大学教材应该由学术品位和学术水平高、专业性和针对性强的国家级出版社出版。

3. 内容和形式

一部优秀的大学教材应该紧密结合学科、专业、科技发展和教学需要，具有较强的思想性、科学性、前沿性、开放性和可读性，而且内容充实，结构完整，逻辑严密，层次清晰，论证充分有力，数据准确新颖，语言精练流畅，装帧精致美观。同时，严格遵守《中华人民共和国著作权法》，不能侵犯其他作者的著作权。

4. 立体化教材

随着科学技术特别是多媒体信息技术的迅猛发展，一部优秀的大学教材应该是一种立体化教材，立体化教材是精品教材中一个非常重要的内容。关于立体化教材，国内、国外有多种说法，有的叫"立体化教材"，有的叫"一体化教材"，还有的叫"多元化教材"，但不管其称谓如何，其目的都是一样的，即为学校提供一种教学资源的整体解决方案，最大限度地满足教学需要，满足教育市场需求，形成教学能力，促进教学改革。具体而言，所谓立体化教材，一是在学术上、内容上和呈现方式上具有先进性；二是充分考虑使用对象的实际需要和现实状况，有较好的层次差别和针对性；三是不仅有主教材，而且还有相应的辅助教材，不仅有纸介质的教材，而且还有音像制品、电子与网络出版物有机结合的多媒体教材。立体化教材从形成整体的教学能力出发，集成多功能、多媒体的教学包，形成系列化的教学解决方案，并将教学包与基于互联网的教学网站结合在一起，形成一个能够让师生使用起来更加方便、更加有利于学生自主学习的教学环境。国内已经有以这种概念为指导的教材出版。

5. 获奖教材

一部优秀的大学教材一般情况下都应该是获得某种奖励的教材，如"高等教育百门精品课程教材"、"国家级规划教材"、"面向21世纪课程教材"、"普通高等学校教材奖"、"国家级优秀教学成果奖"、"省级优秀教学成果奖"等等，可参见"全国普通高等教育教材网"(http://www.tbook.com.cn)。

(三)编写大学教材应该注意的几个问题

除了选用他人编写的教材之外，在有的情况下，大学教师还要自己编写部分大学教材。编写教材除了要遵循科学性、思想性、系统性等一般化的教材编写原则以及满足上文所提及的优秀大学教材的特点和基本要求之外，大学教材的编写还应注意以下几个问题：

1. 区分教材与教科书

教材是包括教科书在内的成套化的系列，决不仅仅局限于教科书。教科书是在学科课程的范围内系统编制的教学用书，它集中反映了国家的意识形态和教育理念。无论从教材编制的系统性上还是从专家或行政权力机构审查的权威性上看，教科书都是学校教育中最重要的教材，都是整个教材系列的主体部分，是衡量一个国家或地区教育水平的重要标志。从这个意义上说，以往那种将教科书视为唯一绝对的教材的传统观念和行为是不恰当的，而走向另一个极端的任何轻视甚至放弃教科书的观念和行为也同样是有害的。这对大学教材而言更是如此。

2. 适合大学生的心理状况、学习特点和学习需求

与中小学生相比,大学生的心理状况、学习特点和学习需求具有比较明显的异质性。比如,他们机械记忆的减退时间早且幅度大,而理解记忆的减退时间晚且幅度相对较小;思维以兼容形象思维与抽象思维的横向组织为主要形式,思维发展和变化过程指向内部的个体化过程而非外部的社会化过程,思维的结果性表现以辩证思维见长;想象力更具科学性和实用性;情感的隐蔽性和社会性较强;兴趣也具有特定性、实用性、持久性等特点;意志呈现出较强的自制性和自觉性;他们丰富的人生体验映射到学习中,也会成为重要的学习资源,其学习效果也会因经验的推动或阻碍作用而呈现出性质或程度方面的差别,当教材内容与学生经验相一致时,旧经验会有助于新经验的吸纳,并实现二者之间的整合;反之,旧经验则可能会对新经验的接受产生排斥。同时,大学生较高的成熟水平,使之足以完成由他人导向个体向自我导向个体的转变,他们在学习中能意识和了解到自己的学习需求,独立自觉地确定学习计划,并随时依据反馈信息及现实情况调整学习步调,同时他们的发现学习能力也比接受学习能力具有较大的优势。另外,如果说中小学生所接受的教育主要着眼于未来的需求,其目的是为以后的生活作准备,那么大学生所接受的教育则是基于一种现实的考量,其目的是为即将身处的社会生活作准备,甚至可以说,他们就正身处于纷繁复杂的社会生活中,并以解决现实问题为主要学习取向。由此,作为大学教学中介性要素的教材,必须适合大学生的这种思维特点、成熟水平和学习需求特点。

3. 符合大学生的最近发展水平

按照前苏联维果斯基的观点,学生存在着两种发展水平:一是已经完成了的现有的发展水平;二是正处于形成状态中、经过努力可以达到的发展水平。因之,大学教材既应以大学生已经完成的心理机能为基础,又应建立在尚未成熟的心理机能基础上,并推动这些心理机能的成熟和完善。也就是说,大学教材建设应以大学生的现有发展水平为下限,以可能的发展水平为上限,使教材兼具可接受性和可发展性。换言之,大学教材的难易程度在保持基本适中的同时应具有一定的偏高难度,这是因为高等教育的目的不仅仅停滞于单纯适应大学生的现有发展水平,更为重要的是促进大学生的快速可持续发展,要让学生经过一定的努力达到更高的发展水平,这也就是所谓的“跳一跳够得着”的主要意蕴。也正因为如此,大学教材的编写应以确认并挖掘大学生的潜能为前提,应对大学生的现有知识水平、现有能力水平以及学习活动所需的时间等方面进行充分的估计,特别关注教材对于大学生在发现性思维和晶体智力方面的发展,并切实遵循因

材施教的针对性原则。

4. 将知识学习、能力培养与情感体验有机结合

当前世界各国课程目标中普遍提出了知识、能力和情感这三维目标，但在我国还存在着将这三者割裂开来的倾向。在德国曾一度也有这种情况，德国著名教学论专家克拉夫基（Klafki，W.）深刻批判了形式教育与实质教育的片面性，指出应将知识、能力和情感三个方面辩证统一起来。比如，通过历史课的范例教学，“这种深入的知识性的历史教学的价值不仅仅限于学生掌握了‘曾经是什么’的知识，这些知识使青年人了解了那种作为现在源泉的历史事件；而且还意味着，这些知识同时也唤醒了他们‘观察历史的新器官’（neues organ）”[①]。可以说，德国教科书内容的选择已经完全注意到了这一教学论原则，使学生从一个主题出发既获得了知识、提高了能力，在情感方面又得到了体验。例如编者在历史教科书中不仅编入了不同学者或政界人士对有关历史事件的不同观点，而且还编入了支撑他们观点的原始材料，通过对这些不同观点和原始材料的批判性研究和情感体验，学生不仅了解了历史人物和历史事件，而且还学会了专家学者研究和判断历史的方法和手段，最终使自己的头脑形成了“观察历史的新器官”。

5. 给教师和学生留有发挥的余地

建构主义教学论强调：“在万不得已的情况下，一门课程的核心内容允许被固定，因为否则一个相应的具有知识内容的教学将不可能，但应留有较大的允许改变和补充的空间。”这样才能真正“有利于师生从不同角度去探讨客观世界，更能提供这样一个机会，使教师能够将其个人对于教学内容构想的经验知识投入到教学中去”[②]。由此反观我国大学教科书内容的选择状况却不难发现，教科书的内容基本上没有为教师留有进一步发挥的余地，至于学生那就更自不待言了，不仅没有为师生留有余地，而且规定要教的内容比教科书的内容还多。其实，教师和学生尤其是大学教师和大学生，他们并不是空着脑袋走进教室投入教学过程中的，他们有着丰富的知识积累和人生经验，原有的这些知识经验对以教科书为载体的客观知识而言是非常重要的教学资源，这些知识经验完全可以补充、丰富甚至修正教科书上的客观知识，因为前者是鲜活的，而后者却是滞后的，二者其实是一种整合互补、有机统一的关系，而不是截然对立、水火不容并将师生原有的知识经验排除于教科书内容范围之外的关系。

6. 区分知识的产生逻辑与表述逻辑

从人类认识史上看，关于复杂事物的知识往往是先于简单、基本的要素性知

---

① 转引自李其龙《德国教学论流派》，陕西人民出版社 1993 年版，第 44 页。

② 李其龙：《建构主义教学哲学探讨》，载《教育参考》2000 年第 5 期。

识而产生的。翻开科学史,这一点显而易见,例如,在研究许多高等的植物和动物之后才发现细胞,在研究许多复杂的物体之后才发现分子和原子。这是人类的思维本性,也就是说,人一般是从感知复杂的、具体的事物和现象出发,然后介入分析与综合的思维,最后获得简单的、基本的和抽象的知识。与简单的、基本的和抽象的知识相比,关于复杂的、具体的事物和现象的知识才是更“易于认识”的,而这也正是认识事物和科学研究的起点。这就是知识的产生逻辑或形成逻辑。所谓知识的表述逻辑,是对结果性的、现成化的知识体系进行表达和陈述所依循的逻辑,它与知识的产生逻辑或形成逻辑正好相反,是从简单的、基本的和抽象的知识出发,即以细胞、分子、原子等最简单、最基本、最抽象的范畴为逻辑起点,然后经过分析与综合的思维,最后建构起关于复杂的、具体的事物和现象的知识体系。毫无疑问,教学过程应首先从“易于认识”的知识开始,它所依循的应是一种产生逻辑或形成逻辑,而不是一种产生或形成之后的表述逻辑,或者说,它应与人类知识体系的产生或形成过程相一致,而不是与人类知识体系的表述过程相一致。这是由学生认识事物的思维本性所决定的。但我们目前教科书内容的呈现却恰恰相反,作为教学起点的知识都是那些“难于认识”的如细胞、分子、原子等最简单、最基本、最抽象的范畴,而不是那些更“易于认识”的关于复杂的、具体的事物和现象的知识。显然,这恰恰违背了学生认识事物的思维本性,违背了教学过程中不以人的意志为转移的客观规律。这是在教科书的形式问题或呈现问题上应该充分注意并认真加以改正的原则性问题。

第三章

大学课堂教学

【内容提要】

● 大学课堂教学主要涉及教学观念、课程内容和教学组织等问题，本章的主要内容是关于课堂教学方法和组织形式的阐述。

● 教学方法设计，既受教育观念的影响，也受师生特点和客观条件等因素的制约。以讲授法为基础的传统教学方法体系，在设计理念上正经历着四个方面的整体转型。

● 班级授课制是课堂教学的基本组织形式，人们针对其局限进行了多种革新尝试，重建班级概念、实行小班化教学、借助网络便利将是大学教学组织形式的发展大势。

● 得益于技术进步，现代教学手段正呈现出不同于传统的特征，它与具体学科教学的整合，不仅可能而且必将方式多样。当今教学手段在五个方面呈现出明显的高技术特征。

大学课堂教学是教学的主渠道，是教师日常工作的主要内容。作为一个学术领域，它是大学教学论的核心课题之一，主要涉及教学方法设计、教学组织形式和教学手段等问题。

第一节　课堂教学主要问题

课程与教学问题主要包括目标理念、知识内容、教学组织和质量评价，课堂教学则几乎涉及所有这四个方面。但就大学课堂教学而言，关于教与学的质量评价，有一整套评价体系，而常规意义上的课堂教学与教学质量评价的相关性并不那么直接。所以，大学课堂教学涉及的问题主要是前三项，可表述为教学观念问题、课程内容问题和教学组织问题。本节将就大学课堂教学在这三个方面所存在的问题，作一简要阐述，以引起对大学课堂教学改革的重视。

一、教学观念问题

改革开放以来，来自各种流派、各种视角的教育研究成果，从根本上更新了传统教育理论体系，课程与教学理论也得到快速发展。但由于长期的历史积弊，许多教学观念还依旧囿于传统旧识。

（一）师生观

师生关系可以从不同角度去认识。从伦理意义上，教师是长者，学生要尊敬老师，老师要爱护学生；从人格意义上，师生是平等的，师生要互相尊重；从知识教学意义上，教师是学生学习的引导者，但并不意味着在所有的知识点上，教师都是权威，这对大学师生关系尤其如此；从存在意义上，教书育人是教师的天职，努力学习是学生的固有操守。

由此，大学教学过程中的教师与学生，是平等意义上共同探索知识的合作者。有些教师不能正确认识大学课堂教学中的师生关系，将其伦理关系不恰当地迁移到知识教学甚至人格关系中，使教师与学生之间，即使在知识教学活动中，也存在着一条“上下尊卑”的分界线。

（二）教学观

大学课堂教学，除知识和技能的培养外，最重要的是培养大学生的批判性思维能力，让他们掌握科学研究的基本方法，体味知识发现的过程。还要让他们理解知识的价值与意义，树立求索知识的正确态度，充满探索精神的阳光心态，从而对人类知识与智能有一个敞亮的心胸。

由此，传递知识不是大学课堂教学的单一目标，在教学过程中更要引导学生积极主动地探讨和反思。有的教师机械依照教学大纲规定，近乎本能地向学生“灌输”知识，缺乏对学生创新思维的保护与养成，不注意培养学生发现问题的意识、分析问题与解决问题的能力，其原因就在于陈旧的教学观在作怪。

（三）知识观

知识是什么？这是当今课程与教学理论的一个根本问题，尽管学术界还在继续探讨中，但已经取得的共识却是：书本理论只是知识的一种描述形式，并不代表知识的本来面目。活动和体验、经历和反思、经验与理解、交流与建构都具有知识意义，甚至具有更重要的意义。知识不一定要代表真理，而且也没有普适性真理。

毋庸讳言，由于多种主客观原因，还有一些社会学科的课程内容没有做到与时俱进。有些人文学科的课程没有真正揭示人的内心世界，停留在肤浅狭隘的说教上，没有给人以灵性的启迪，于无奈中退失了许多“阵地”。

大学本来是思维聚散碰撞的地方，是解放思想、知识创新的发源地。大学教学不仅要重视大学生需要与动机的多样性以及求知欲的高度旺盛，而且还要正视全球化浪潮带给人思想观念的巨大冲击。大学教师要敢于破除权威迷信，引领大学生以新思维、新观念解读大学知识。

二、课程内容问题

(一)社会发展与课程内容更新

科学技术的发展和社会的全面进步，要求大学课程要及时更新内容。在进入新世纪之初，再来审视科技、文学艺术、哲学、伦理和价值观、政治等知识领域，发现其内容和观念都已经并继续发生着快速变化。这本来为课程内容的革新带来了契机，却不料由于种种原因，大学课程这个本应走在社会文明前面的知识载体，却没有充分反映相关理论研究的最新成果。甚至有教师还在用上世纪五六十年代的观点讲授当今的课程内容。大学课程内容体系应是动态的、发展的，因而也应是开放的。

(二)人文社会学科内容更新

在人文科学、社会科学方面，大学课程没有及时地反映社会变革和外来文明带给人的新观念，少数教材编写者还往往不加剖析地用“优良传统”加以阻挡本应更新的内容。以《世界近代史》课程为例，有的教材还是按着资本主义国家之间的矛盾斗争、殖民地半殖民地人民的民族解放斗争、无产阶级反对资产阶级斗争三条线索来组织课程内容，地域则以西欧为中心，这就不可能反映出世界近代史的全貌。

(三)自然科学课程内容更新

在自然科学中，不仅相对论、量子力学、系统理论、非线性理论、量子化学、分子生物学还在以“专业课程”的面孔出现——它们早已应该成为大学理科的基础课程了。而且，“普通物理学”、“高等数学”、“普通化学”等基础学科，也未能充分反映 20 世纪下半叶以来的重大理论新成果。

特别是计算机课程的内容，我国大学教材经常跟不上计算机科技发展的速度。甚至在新世纪初期，还有个别高校的计算机课程内容仍以 DOS 平台为主，而早已成为大众基础知识的基于 WINDOWS 的 WORD 系统，则只被当作选修课程。这种现象一方面体现了计算机科学的发展日新月异，另一方面也反映了大学课程内容更新问题还没有引起应有的重视。

课程内容更新还意味着教师原有的知识结构可能早已不再适应今天的教学需要，在从业过程中大学教师要随时更新自己的知识结构，实现可持续专业发展。

三、教学组织问题

大学生在身体和智力上已近成熟，且具备了相当的知识基础和较强的自学能力，加之大学课程内容的学术性、深刻性和复杂性，这就要求大学课堂教学的方式方法应灵活多样。

（一）课堂教学组织现状

就大学课堂教学的组织，目前的状况是大多数老师不注重启发学生独立思考，只注重知识的传授与记忆，不重视让学生理解知识的根本意义，不注意剖析知识产生的语境意义，在教学的组织方法上采用的是灌输式的讲课方式。

课堂教学组织方式不佳直接影响了教学质量。据北京市教委所进行的本科课堂教学检查发现[①]，甚至在一些重点大学，其教学表现令人失望者也不鲜见，大学课堂教学堪忧由此可见。某教师在讲《中国革命史》的“辛亥革命”这一部分内容时，只是依照教材泛泛地讲资产阶级不能领导革命，只有无产阶级才能领导革命走向胜利，却没有对辛亥革命的内涵、历史作用和中国民主意识的形成进行深入剖析，显得很肤浅；某教师在讲《邓小平理论》的“民主与社会主义”这一部分内容时，不讲邓小平论述的具体原因，不具体研究中国民主的进程及其阻力，也不结合当前的政治体制改革所遇到的具体问题，只是大段大段地介绍邓小平的论述，生硬地得出结论“没有民主就没有社会主义”，显得呆板机械；某教师上“列宁著作选读”课，教师讲授的主要方式是经典著作字词句的解释，念一段解释一段，寻章摘句像个私塾先生，缺乏对当时历史背景的联系，不引领学生把握作者的立场、观点和方法；不少教师的讲稿、教案（甚至 PPT）与教材基本没有任何差别，教学过程中也缺乏互动交流；也有的教师将自己的讲稿念一段，然后就在黑板上写一段，毫无生气。如此教学，何谈教学质量？

（二）重视教学研究

由于论文、专著、项目之类的成果，能给教师本人带来职称晋升、获奖、人才选拔等方面的实惠，产生名利双收的效果，因而，重视科研已成基本共识。但这里的科研，是关于本学科的所谓“专业科研”，而对于如何提高教学质量方面的研究，则在实践上被界定为“教研”，在分量上似乎低“科研”一等。这导致关于教学

---

① 参见孙纬君《大学课堂，不可高枕无忧——由北京市大面积开展本科课堂教学检查引发的思考》，载《中国高等教育》1999 年第 8 期。

的研究，在高校教师的职业活动中并不受重视。不仅如此，这种意识甚至很容易发展为对教学本身的轻视。“曾有位重点大学的教师说，‘谁把主要精力放在教学上，谁就是个傻瓜’”[①]。这话虽然刺耳，但却反映了制度导向的偏差和大学教学的潜在危机。

要切实重视教学研究，就要转变关于教学研究的观念，调整和理顺制度导向和激励机制，让教师积极主动地、自觉且乐意地将自己的专业研究与教学水平的提高结合起来，让科研真正地为教学服务。例如，大学英语教师要以流利的英语口语进行授课，而不宜用汉语讲解英语；“两课”教师不仅要充分理解理论发展历程与最新动态，更要将理论研究(包括自己的研究)与当前实际相结合，将讲解系统理论与组织学生讨论现实问题结合起来，充分发挥学生在教学中的主动作用。

第二节　教学方法

所谓教学方法，就是围绕一定的教学目标，依据教学内容和学生身心发展的特点以及手段条件因素，设计教学要采用的教学策略与方法及其组合。在课程内容确定之后，恰当的教学方法设计是影响教学质量的关键因素。

一、教学方法设计观

设计是指向某种结果的行为过程，也是对各种因素、信息综合加工的过程，它必然要受到设计者与之相关的思想观念的影响，教学方法设计也必然要受到教师的各种观念的影响。但不论教师关于各种具体因素持什么观点，要做好这项工作，就必须遵循关于教学方法设计的如下几点：

(一)教法设计的整体观

要做好课堂教学方法设计，必须用整体的观点穿透课堂教学中所涉及的各种复杂多样的关系，如教材与教师、教育方法与课件协同设计、学习活动组织形式与学习内容、教师与学生、学生与经验等，都必须在课堂教学方法设计中予以通盘考虑，哪一个方面考虑不到，都不可能形成和谐的课堂。

由于在大学里还普遍存在着或明或暗的重科研、轻教学的现象，一些教师轻视甚至没有教学方法设计的意识，只是机械木然地将书本知识灌输给学生；也有些教师对此有一些认识，但并不清楚，常见的现象是注意怎样传授知识的考虑，而忽视学生在课堂情境中情感与人格的健康发展，使大学课堂变成了冷漠的时

---

① 参见孙纬君《大学课堂，不可高枕无忧——由北京市大面积开展本科课堂教学检查引发的思考》，载《中国高等教育》1999年第8期。

空;在当今多媒体普遍采用的形势下,许多教师注意了课件的制作,却唯独忽视了师生、生生互动方面的考虑,使一些课堂教学成了课件展演。这一切现象的背后,都表明了一个根本的原因,那就是教师对教学方法设计的忽略。

(二)教法设计的科学观

这里的"科学"是指教育科学,具体地是指关于课程与教学的科学。一般而言,教师大都重视自己的专业研究,对于本学科专业内容研究,他们不仅不排斥,反而非常重视,他们强调自己的专业地位时潜意识里是指本学科专业的水平与影响。与此同时,他们又往往忽略了自己首先是一个教育实践者,因而,不重视关于教与学的研究,不钻研教学方法。

事实上,如果一名教师只重视自己的专业研究,重视自己在学科研究上的成果,而不重视研究教学方法的研究,那他就很难成为一名真正的优秀老师。有了科学的内容,有了学术建树,但怎样将它转化为学生的理解,即教学方法设计其实也是一门科学,是另一门科学,它属于教育科学。因为教师关于教学设计的研究,不仅也是学术研究,而且必须重视的学术研究。换言之,一位真正出色的大学教师,要同时关注两个方面的研究,两者缺一不可。一是关于本学科的专业的研究,此即通常意义上的科研;二是关于怎样将本专业的知识有效地传授给学生的研究,此即教学方法设计的研究,属于教育研究。一切有助于提高教学质量的研究与发现,诸如课件设计与制作、创立教学模式和教学方法、发现学习心理与机制等,在这些方面所取得的成果,都是教育科研成果。

(三)教法设计的学习观

教学的本质是向学习者提供更有效的学习环境,教学的目的是为了学,就其根本意义,学生是学习的主人,是学习结果的责任承担者。正如陶行知先生所说:"先生的责任不在教,而在于教学,是在教学生如何学。"因此,学习和研究学生的学习心理和知识习得机理,对于教师进行教学方法设计,具有至关重要的作用。

在传统的教育观念里,学生似乎是一个被动的学习者,学习质量(亦即教学质量)似乎也取决于教师。而事实上,再优秀的教师也不可能将知识灌输给学生,其优秀之处体现在关于调动学习学生的积极性上。学生对于知识的习得并不是一个机械接受的过程,即使死记硬背了一些书本语句,但它们也并不是真正的知识,充其量只是一些具有传统考试价值的死东西。根据建构主义关于学习的解释与研究,学生的学习是一个主动建构的过程,其建构过程或者是通过主体的自身反思和实践体验,或者是通过与周围环境的社会性交流,而且其所习得的知识具有情境性。为此,大学课堂教学方法就要多设计师生、生生互动交流的机会,多设计实践性、探究性作业,以增强学生对知识的反思与体验。这对于革新大学课堂教学现状中的各种不良现象，具有很强的现实意义与启迪意义。

二、教学方法设计的依据

进行科学的教学方法设计是提高教学效率，保证教学质量的前提和基础，在教学中可以起到事半功倍的效果。教学方法设计的主要依据有以下几个方面：

（一）依据教学目标

教学目标不同，教学方法设计也就不同。对教学方法设计直接起导向作用的是具体的教学目标，即由总的教学目的、教学任务分解出来的每个学期、每单元、每节课的具体教学目标，这些教学目标既包括传授知识方面的内容，也包括发展认识技能、认识策略方面的技能，还包括培养情感态度价值观方面的内容。每一方面的教学目标的落实都应需要相应的科学的教学方法设计，为了选择教学方法，教师必须懂得教学目标分类的知识，把总的、较为抽象的目标和教学任务分解为具体的、可操作的教学目标，并根据这些目标来进行教学方法设计。

（二）依据教学内容

教学方法设计总是依据一定的专业和课程内容特点。不同专业和学科特点，应采用不同的教学方法设计。这不仅是因为不同学科有其各自的学科特点，还是因为学生在掌握这些学科时也存在着不同的心理差别。如科学课程要求使用讲解和演示相结合的方法及实验室实验、实际作业等方法，而在人文学科中则较多地采用讲授法。因此，教师在教授不同的学科时，一定要采用不同的教学方法设计，即便是同一学科，也应针对不同的教学内容，进行不同的方法设计。

（三）依据学生的特点

教学方法设计还要受到学生的个性心理特征和知识条件的制约。与中小学生相比，大学生对教师的依赖性明显减弱，学生自学的成分随着年级的升高而逐渐增多，大学生已具有一定的基础知识和心理发展水平，具有较强的责任感和求知欲，这都要求教师在进行教学方法设计时，需要充分考虑学生学习的主体性和主动性，因材施教，针对不同的群体，进行不同的教学方法设计。

（四）依据教师的自身素养和经验

教学方法的设计还应考虑教师自身的素养和条件。有些教学方法虽好，但教师不能正确使用，仍不能产生好的教学效果，甚至适得其反。教师在进行教学方法设计时，应根据自身的优势，扬长避短，选择与自己的个性和条件最适应的教学方法，如有的教师知识渊博、擅长语言表达，则运用讲授法；有的教师见多识广，涉猎广泛，在教学中可运用案例教学法；有的老师擅长调动学生的积极性，在教学中可运用讨论法等。

(五)依据教学资源和装备条件

教学资源和装备条件也影响和制约着教学方法设计，特别是进入21世纪，随着网络信息技术在教育领域中的普及和广泛应用，现代化的教学手段对教学方法设计的影响也就越来越大，在教学方法设计中，如何能充分整合和运用这些资源和装备条件也是教学现代化的重要体现。

三、常用教学方法

(一)讲授法

1. 讲授法的含义

讲授法是教师通过简明、生动的口头语言向学生传授知识、发展学生智力的方法。它是通过叙述、描绘、解释、推论来传递信息、传授知识、阐明概念、论证定律和公式，引导学生分析和认识问题的一种教学方式。讲授法不是简单的传递和注入，它是由教师的理解转化为学生的理解的过程。一方面，教师将教材上的内容加以分解，为学生理解课程内容的内在联系建立阶梯；另一方面，教师以自己理解问题的方法指导学生学会理解，培养了学生的理解能力。讲授法是最为基本的教学方法，具有很强的普适性。

2. 讲授法的优势

讲授法最早可追溯到古希腊时期雅典剧院的兴起和柏拉图的学园，它至今仍是大学课堂教学的主要方法，之所以长盛不衰，主要有以下几方面的优势：

(1)可控性强。讲授法有利于发挥教师的主导作用，在教学过程中，不仅向学生传递信息，而且还能及时获得来自学生的反馈信息，了解教学效果，从而及时地调整教学行为。

(2)成本低，效率高。讲授法是一切教学方法中最经济、简便的一种方法，它不需要投入过多的物质设备，与其他方法相比，讲授法还具有很高的教学效率，同一内容的学习，若用讨论法将会花去几倍的时间。

(3)信息量大。讲授法主要是通过言语向学生传递信息，教师可根据学生的接受能力及教材的难易程度，在有限的时间内传递大量的信息，这些信息对学生来说，损耗低，效度高。

3. 讲授法的不足

讲授法也存在着缺陷，主要有：

(1)不利于因材施教。在班级授课制的条件下，教师的讲授是用同一知识面向几十名知识水平、接受能力、兴趣爱好有差异的学生，无法照顾学生的个性差异，不利于学生的个性发展。

(2)容易异化为注入式。讲授法主要是一种单向的信息传递方式，大多数教师习惯"一讲到底"，把重点放到了系统的知识上，而忽视了学生的主体地位，造成学生学习的被动。

(3)难以实现教一学互动。以言语为媒介的讲授法，容易形成教师的"一言堂"，在教师讲授的情况下，学生难以有机会表达自己对知识的不同理解，客观上难以实现教与学双方的互动，同时也难以形成学生之间的交流，由此影响讲授法的教学效果。

4. 讲授法的应用

从教材内容看，讲授法适合与实事有关的知识，适合抽象程度高、学科内容复杂的课程。特别是不能从其他渠道得到的学科最新成果和前沿研究动态，更适合讲授。从讲授对象看，低年级学生适合于讲授，高年级学生适合自学与讨论，需要指导与帮助的学生喜欢讲授，思维灵活的学生独立性学习的效果会更好些。从教师来看，自信心强、逻辑清晰、具有高超的语言艺术的教师更适合讲授。恰当应用好讲授法要注意以下几点：

(1)要符合大学生的心理特点。大学生的独立思考能力和判断能力已经有了一定的发展，不轻信，不盲从，喜欢怀疑和争辩，喜欢标新立异。因此，教师的讲授要善于启发诱导，善于设疑，给学生留有思考和发表自己看法的余地。

(2)要正确处理好讲授内容。讲授内容是专业培养目标的逐层分解和落实。为此，大学课堂教学的讲授内容应从学科内容的特点出发，贯穿有关的思想内容；讲授内容应是以教材系统为依据的重点讲授，具有某种专题讲授的性质。特别是，在大学课堂教学中，应正确处理好所授内容确定性和不确定性的关系，确定性是指知识的可靠性，不确定性是指科学具有探索的性质，教师主要讲授确定性的一面，包括最新的科学成果，但也应指出存在的尚未克服的矛盾，允许发表一些与教材不同的观点，从而使学生在学习中能将掌握已知和探索未知有机地结合起来。

(3)教学环节完整，思路清晰有序。讲授课一般由导论、主体部分和结论等环节组成。其中，主体部分可以采用以问题为中心或者以原理为中心的方法进行讲解和分析。

(4)理论联系实际，渗透直观方法。大学课堂教学讲授的内容多为抽象的理论知识，为了使学生理解知识，就应需要重视理论与实际的联系，增强讲授的直观性。其中，理论联系实际包括运用事理说明理论，运用理论分析自然和社会现象，尽可能增强所授内容的针对性和社会实用价值。对描述性的内容，尽量采用直观教具，对抽象的教学内容要运用图解或框图等。

(5)讲究语言艺术。课堂上进行讲授时，语言要生动形象、富有感染力，清晰、准确、简练，条理清楚、通俗易懂，音量、语速要尽可能适度，语调要抑扬顿挫，适应学生的心理节奏。

(二)课堂讨论法

1. 课堂讨论法的含义

讨论法是在教师的指导下,就教学内容的重点、难点和热点问题,组织学生以全班或小组的形式,围绕教材中的中心问题各抒己见,通过讨论或辩论活动,获得知识或巩固知识的一种教学方法。讨论法也是大学课堂教学中广泛采用的一种教学方法,它能将教师指导、学生个人独立钻研、集体学习与交流三者有机地结合起来。课堂讨论法有助加深对所授内容和问题的理解

与讲授法不同,讨论法是双向的,是信息交流的最好方式,改变了由教师讲授或学生自学单向输入信息的弊端,形成了多渠道的信息交流方式,有利于调动学生学习的积极性,有利于培养学生的独立思考能力和创造能力,有利于学生将书本知识与实际结合起来,同时,也有助于教师水平的提高。

2. 课堂讨论法的类型

大学课堂教学的讨论根据讨论的目的可分为两种类型:一是知识性讨论,以理解和应用教材的有关知识为目的,其应用性较广;二是学术性讨论,以超越教材内容为目的探讨相关学生问题,一般在高年级采用。根据讨论性质可分为三种类型:一是互补性讨论,主要通过各种意见的相互补充,弄清问题;二是辩论,即针对对立的观点双方展开交锋;三是比赛性讨论,就某一共同问题发表各自的观点,依据水平评出优胜者。根据组织形式,可分为三种类型:一是全班讨论;二是小组讨论;三是经过小组讨论后再全班讨论。

3. 课堂讨论法的应用

讨论的环节主要包括讨论前的准备、讨论的组织与引导、讨论的总结与评定。在这些环节中的要求有:

(1)在讨论前的准备中,教师主要是认真研究讨论的主题,确立具体明确的讨论内容,作出对讨论的具体安排、活动方式,指定必要的参考资料等。

(2)在讨论的组织与引导过程中,教师应要求学生发言的内容始终围绕论题,把学生的注意力调动到问题的焦点上来,善于启发、引导学生自由发表意见,让每个学生都有发言的机会,鼓励学生敢于坚持自己的观点,同时,不要固执己见。

(3)认真做好课堂讨论发言记录。这不仅有利于对学生的讨论进行点评,也体现了教师对学生的尊重,而且还是评定学业成绩的重要参考,易于激励学生参与讨论的积极性与主动性。

(4)在讨论的总结与评定中,教师对学生的讨论加以归纳和评价,肯定正确的意见,尤其是创造性的意见,指出模糊乃至错误的观点,同时,不断改进成绩考

核的内容和方法。

（三）问题教学法

1. 问题教学法的含义

问题教学法是指教师根据以往教学中所掌握的学生学习本课程时所遇到的普遍性问题，或者在讲授过程中所遇到的新问题来组织课堂教学的教学方法。问题教学法容易将理论知识与现实问题结合起来，也容易将书本知识与学生的困惑结合起来，由此也容易激发学生的学习兴趣，激活学生的思维活动。问题教学法有助于将书本理论与现实问题结合起来，它可以与课堂讨论法融合在一起。

2. 问题教学法的应用

运用问题教学法的基本要求是：

(1)问题准备。这是应用问题教学法的关键与核心，教学内容的切入与知识点的回归都要围绕问题来进行。教师要对所授内容容易遇到的问题进行搜集、整理、提炼，也要注意问询学生，就其所关心的与本课程相关的问题进行归类，必要时也可发放问卷调查。

(2)引导学生分析问题并尝试解决。以数学建模为例，要想用数学方法来解决一个实际的问题，不管这个问题来自工业领域，还是来自金融领域或其他的社会领域。首先就要在实际的问题和抽象的数学之间寻找关联和规律，将实际问题转化为数学问题，建立一个数学模型，这个过程就是数学建模。其中的关键，就是引导学生对实际问题进行分析，并尝试建立起可能的数学模型，当然，这个模型还需要接受问题解决最终效果的检验。

(3)教师要适度总结学生的各种解答。由于大学生思维的活跃性和开放性，对于同一个问题的思考可能会得出不同的看法，甚至可能会得出错误的看法。为此，教师不仅要适时肯定学生的各种有创造性的思考，肯定他们思维的深刻性和独到性，而且还要对于他们的片面理解和错误认识给予引导和纠正。

（四）练习法

1. 练习法的含义

练习法是学生在教师的指导下巩固知识、运用知识、形成技能技巧的方法。根据练习的手段，可分为口头练习、书面练习、实际操作练习；根据技能的练习的程度，可分为模仿性练习、独立性练习、创造性练习；根据技能的类型，可分为心智技能练习和动作技能练习。这是技能类、语言类和操作类课堂所经常采用的一种教学方法。

2. 练习法的应用

运用练习法的一般要求是：

(1)提高练习的自觉性。进行练习，要使学生明确练习的目的和要求，掌握练习的方法，防止练习中可能产生的盲目性。

(2)精选练习材料。练习材料要根据实际需要进行选择。要加强基本技能的训练，把典型练习、变式练习和创造性练习结合起来，使学生举一反三，发展他们的实际操作能力和创造能力。

(3)让学生掌握正确的练习方法，适当分配练习的分量、次数和时间。练习方式多样化，以提高学生的练习兴趣和效果。

(4)了解练习的结果。教师要及时检查，根据反馈信息组织校正练习，保证练习的质量。

(五)读书指导法

1. 读书指导法的含义

这是一种具有很强的现实意义的一种教学方法——尽管它主要是服务于课堂，并且主要地发生在课堂教学活动之外。应鼓励与指导学生多读书，并且学会读书。大学生的阅读可分为专业性阅读和非专业性阅读，专业性阅读包括消化性阅读、独立性阅读和研究性阅读三种类型。消化性阅读是为针对教师所教授内容而进行的一种阅读方式；独立性阅读不依赖于教师的讲授，而是直接理解和掌握教材内容或其他学习材料，研究性阅读是为了研究一定的课题而阅读相关的文献资料。非专业性阅读包括修养性阅读和娱乐性阅读，它对提高大学生的人文素养有着很重要的价值。

2. 读书指导法的应用

读书指导法的应用要则大致体现在五个方面：读、导、问、思、研。

(1)读。要选择有学术价值的经典书籍来读；要根据书的价值选择精读或略读，对本学科最有影响的代表作，应潜心精读；读书要有比较，能够鉴别内容、观点上的异同及其独到指出；读书要把握全书的意图、主题与层次结构，尤其要理解和掌握书中提出的论点、论据及论证方法。

(2)导。在阅读时，遇到问题，教师要指导学生查阅相关文献资料，指导学生掌握本学科领域的图书情报体系和检索方法。

(3)问。在阅读过程中能够提出高难度的问题，是读书深入的重要标志读书时发现的问题一般有三类：一是比较模糊的问题；二是对阅读材料的评价问题；三是通过读书启发出来的应值得探究的问题。

(4)思。只有学思结合，才会有所收获，这就要求学生克服读书时的依赖心理，运用科学思维的方法，防止思维的片面性和盲目性。

(5)研。组织学生将自己读书的心得体会、发现、问题和思考坦白地与同学和教师进行交流、研讨，促进深度理解。

四、教学方法设计的整体转型

(一)由"单一方法"到"灵活组合"

一般地,不同特点的教学内容、学生、装备条件、教师水平,都会得出不同的方法选择。单一的教学方法不可能适应教学对象需要的多样化和教学目标的多元化,也不能适应教学过程之中的丰富可变性。基于此,在当代教学实践中,对教学方法的选择就不再囿于单一方法,而是通过灵活组合构成合用的教学方法体系,这是已经转型且还正发展之中的趋势之一。在以讲授法为基本方式的课堂教学中,课堂讨论法、案例教学法、问题教学法、练习法以及其他的合适方法,往往混合交叉使用,而不是一种方法用到底。

教学方法的使用,要综合各种因素,特别是要考虑知识的特点和学生学习的心理特点。在多媒体日益成为必不可少的教学手段的今天,要让多媒体手段成为课堂教学的有机组合,为其增添色彩,不能成为机械的教学内容演播机。以《大学语文》的教学为例,对于不同风格的课文内容,就要考虑采用不同的方法,以培养对其文章意境的体验和感悟,并借此培养大学生的相应素质。如张若虚《春江花月夜》一文,是以优美的景色、淡淡的哲思、浓浓的离别情绪而著称于世,教学时,如能配合同名民乐合凑曲,配以适当的场景布置,则声情并茂地和乐朗诵,能激发学生的想象和沉思,使学生进入到文中所述的那种情境。如果能同时播放拍摄上乘的视频画面,则效果可以想象了;对于苏轼的《前赤壁赋》,也可灵活运用多媒体展示月夜赤壁、泛舟悠游的情境,引导学生体味与人生意义相关的思想内涵,并激发学生讲述自已的体会和理解,或者在此种情境中重新朗诵。对于带有观点性的教学内容,则可引导学生谈出自已的看法,甚至组织学生辩论。当然,在此过程中,还可配合运用体态语,或者模仿人物行为时的神态。对教学方法的灵活选用和组合,不仅可打破老师唱独角戏的常规灌输,而且还可激发学生参与课堂活动的热情,使课堂教学呈现活力。

(二)由"权威灌输"到"质疑理解"

传统的大学课堂在教学思想上往往带着"权威知识"或"知识真理"的潜意识,由此,就要求学生在知识理解和把握上向着某种标准或权威靠拢,没有让学生质疑和思考问题的意识,学生不是带着问题走进教室,也不是带着思考走出教室,是"问题虚无"教学。这样的课堂教学,学生就不可能积极参与其中,失去课堂活动也在所难免。

在教师引导下如何让学生自主地获取知识是当代教学方法设计的核心议题。从知识观上看,知识不再被看作是确定性的、权威的和真理性的,而是探索性的、境遇性的和个体性的。由此,要让学生自主地获取知识,就必须将传统的

"权威灌输"式教学转变为"质疑理解"式教学，其基本标志就是让学生带着问题进课堂，带着思考出课堂。在教学过程中，教师也要始终留心学生的思考状态，保护学生的问题意识，激励学生的质疑精神，解放大学生头脑本来就有的思维活性。教师不能再以传授所谓的权威知识为最终目的，而是以激发学生的问题意识、激励学生的自主思考、合作探究、反思实践和亲身体验为目的。这个转变，不仅是当今教育改革大潮的要求，而且还是教育理论发展转向的要求，它与"学会学习"精神主旨相切合，对于已经具有相当基础知识的大学生的课堂教学，尤其如此。

（三）由"结果传授"到"过程经历"

知识的本质意义并不一定存在于结果或结论中，至少不是唯一地或全部地存在于结果中，知识产生与发现的过程，对大学生的素质发展或许具有更大意义。这不仅是由于知识的本质意义并不在于它的所谓确定性和权威性，而是在于它的不确定性和运动性。作为结果的知识仅仅是人们探索过程中的某一阶段性认识，知识意义更多地体现在人们对于它的探索过程之中。就知识的获取过程意义，过程中一定蕴含着研究方法——这对于大学生是非常重要的素质，同时还含有探索者所经历的各种困苦或快乐体验，甚至还有某人或某事件带给人的启发、灵感等。英文单词"process"的含义就是既有方法之意，又有过程之意。由此，知识的意义是鲜活的、丰富的和充满人文意义的。客观上，信息技术的发展也为大学生随时随地地查找和搜寻知识提供了相当的便利条件，课堂、教科书、教师再也担当不了知识库的角色，其作为知识权威的可能性正在迅速下降。就人才成长来说，相比于大学生的情感与态度的发展、相比于他们创造力发展，知识的重要性大大减弱了，这直接影响了当代大学课堂教学的价值观已经并且正在发生根本性转变。大学课堂教学的过程转向意义由此得以彰显。

要实现教学方法设计由重结果向重过程的转变，就不要急于将现成的结论直接地告诉并要求学生记忆这些结论，而要重视揭露和经历结论获得的过程与方法，让学生理解问题假设和求证之间的逻辑过程与研究方法，让学生经历一番发现的体验。对于学生理解中的疑惑，在教学方法上要做到"不愤不启、不悱不发"，既要大胆批判、质疑，又要求真务实，学会严密求证，养成科学的态度、探索的精神和创新的价值观。

（四）由"独白布道"到"对话教学"

将书本知识作为权威真理，就难免将学生视为灌输的对象，手捧书本的教师也容易被看成是知识权威的化身，由此，以布道的心态在课堂唱独角戏就似乎是顺理成章的事了。教师在课堂教学中独霸话语权，专制式地灌输所谓知识真理，漠视作为学习主体的学生的存在，尽管有助于保证"教学效率"，但却损害了学生把握知识的质量,也剥夺了学生思考和质疑的机会。

当代教育理论研究揭示了教育起源于人们的交往,这一发现为我们重新解读教学过程本质提供了新思维,它也为对话教学提供了渊源性注解。在交往中,对话各方是本着平等协商的态度来进行意见交流的,以交往为“原型”的教学活动,也本应体现这一本质要义,但传统的教学却偏离了这一轨道。“对话教学”体现了信息交流各方的平等关系。尽管教师在知识掌握的质量上一般要优于学生,但学生仍然会有自己的理解,并且可以合理地保持自己的独特观点,教师不可以将自己的观点强加到学生身上,学生在获取知识的过程中虽然要受到老师的影响,甚至是很大的影响,但也不能因教师的观点而掩蔽自己的思维。“对话教学”作为一种知识获得的方式,体现了学生获取知识的主动性、建构性,学生学习的过程并不是一个机械地被灌输的过程,而是一个主动的过程;不是一个接受现成结论的过程,而是一个通过对话交流和反思实践主动建构的过程。由此,实现大学课堂教学由“独白布道”向“对话教学”转变,就必须充分重视大学生学习的主动建构特质。

五、中美大学课堂教学方法设计比较

教学方法设计的整体转向是一个系统工程,涉及教学观、知识观、学习观以及教学管理制度等诸多因素。其中既包括教学目标和课内内容因素,也包括教学过程和学业评价因素,由此,它在很大程度上要超出教学方法概念的经典范围。

有学者对中美大学课堂教学进行了系统比较,发现中国大学课堂教学有如下特点:讲解系统条理思路清晰、课堂教学行为规范、教师控制着教学进程、学生理解和吸收知识的绩效低、教材的作用被过分强化。与我国大学教学基于学生对所学知识一无所知的前提假设相反,美国大学课堂教学以学生对所学知识已有基本了解且具有相当的自学能力为前提假设,因而其课堂教学带有如下特点:互动是整个课堂教学的灵魂、追求学生对知识的最真理解、授课方式粗放、重视课堂教学中学生积极参与(讨论、游戏、案例分析)、大班课也有较好互动、发挥校园网络的作用、课后布置大量的学业任务。上述特点比较集中体现在表 3-1 中,相信读者通过其间的差异,对我国大学课堂教学改革会有更深刻的体会。

表 3-1　　中美大学课堂教学比较研究①

项目＼国家	中国	美国
教学的潜意识前提	认为学生对本课程只是一无所知,缺乏学习能力	认为学生也许已知许多,并具有学习能力
教学原则	全面讲授知识体系	只讲授学生所惑,其他留给学生自学
教学的驱动力	教室	学生
教学方法	讲授为主、不鼓励随意提问	讨论为主,鼓励随时提问
教材	以供教室教学用为主,照书本讲解,很少另发讲义	以供学生学习用为主,教材也是参考书,并辅以讲义
课堂管理	追求严格的制度	宽松
课后安排	较少,且创造性工作较少	较多,且往往是需要创造性工作
课程考核	期中、期末考试(甚至没有期中考试)	多次的测验,课程论文、课堂参与等综合考核
教学内容	侧重理论、抽象	紧密联系实际
教学手段	课件、板书	课件、板书、游戏、互联网
板书	追求完整,章节分明	仅作"草稿"用
课堂教学绩效	低	高
讲解方式	细致	粗放
点名	小班点名、大班不点名	同"中国",但方式略有不同
教师课前对学生的了解	几乎不了解	较全面地了解(通过校园网上提供的学生详细信息)
学生对教师教学的评价方法	由学生打分	普遍采用学生打分
教室布置	单一,限制教师讲课风格的发挥	提供多种授课手段,便于教师讲课风格的发挥
授课辅助材料(大纲、计划、案例等)	纸张化,学生难以接触到	电子化,注册学生很容易查阅

① 参见真虹《中美大学课堂教学比较研究》,载《高教发展与评估》2007 年第 2 期。

第三节　教学组织形式

所谓教学组织形式，就是根据一定的教学思想、教学目的和教学内容以及教学主客观条件，组织安排教学活动的方式。在大学教学工作中，为了达到教学目的，怎样把一定的教学内容传授给大学生，如何组织教师和学生的双边活动，如何妥善安排和有效利用教学的时间、空间及其条件，都是教学组织形式所要解决的问题。目前，班级授课制依然是大学课堂教学的最基本的组织形式。

一、班级授课制

(一)概念

班级授课也称“班级教学”，是根据年龄和知识程度把学生编成固定人数的班级，由教师按照培养方案统一规定的内容和时数，按照课程表进行教学的组织形式。班级授课制最早是由捷克教育家夸美纽斯提出，意在普及教育，实现“把一切知识教给一切人”的教育理想，后经德国教育家赫尔巴特发展而基本定性，至今已有三百多年的历史。我国采用班级授课制最早始于 1862 年开办的京师同文馆，20 世纪初以来，随着现代学制的逐步确立，班级授课制随即在全国推广。

(二)基本特点

班级授课的基本特点是：

1. 以班为单位由教师同时对整个班级进行教学。

2. 以课为单位来安排各科教学。教学内容按学校和学年分成许多既有系统又相对独立和均衡的部分，每部分采用相应的教学方法和手段，有计划、有步骤地展开教学活动。其中，每一部分的内容和活动叫做一节课。每门学科每周预定课时数，一般根据国家规定的课时安排课时标准。各班的课时表规定每日的教学安排。每一课都限定在统一且固定的单位内进行，课与课之间有一定的休息时间。

3. 各种教学均依照国家有关规定和要求以及学校制定的教学大纲进行教学。

(三)优点

班级授课制的优点在于：

1. 一位教师可以同时教许多学生，扩大了单个教师的教育能量，有助于提高教学效率。

2. 以“课”为教学活动单元，可使学生的学习循序渐进、系统完整。

3. 由教师设计、组织并上“课”，以教师的系统讲授为主，兼用其他方法，有利于发挥教师的主导作用。

4. 固定的班级人数和统一的时间单位，有利于学校合理安排各科教学的内容和进度并加强教学管理，从而可赢得教学的高速度。

5. 在班集体中学习，学生可与教师、同学进行多向交流，互相影响、互相启发和相互促进，从而增加信息来源和教育影响源。

(四)局限

班级授课的局限主要有：

1. 教学活动多由教师做主，学生学习的主动性和独立性受到一定程度的限制。

2. 学生的学习主要是接受性学习，不利于培养学生的探索精神、创造能力和实践能力。

3. 时间、内容和进程都程序化、固定化，难以在教学活动中容纳更多的内容和方法。

4. 由于以“课”为活动单元，而“课”又有时间限制，因而往往将某些完整的教材内容人为地割裂，以适应“课”的要求。

5. 教学面向全班学生，步调统一，难以照顾学生的个别差异，不利于因材施教。

二、班级授课制改革

随着时代发展和科技进步，班级授课制的局限性和弊端日益显露，人们不断批评、抨击班级教学压抑了学生的个性培养，阻滞了学生的整体发展，改革传统班级授课制度的呼声也就日益高涨，于是，在对班级授课进行革新的基础上，产生了许多新的教学组织形式。

(一)专题研讨(Seminar)

专题研讨最早见于 16 世纪初德国虔敬派教育家弗兰克创办的师范学校中。1737 年，德国大学教授格斯纳在其任教的哥廷根大学创办哲学专题研讨班，旨在培养从事教学的神学家，他是将专题研讨班引入大学教学中的第一人。

“Seminar”可译成“研讨班”、“讨论班”，它是用来训练学生对某个重大问题进行独立调查研究的。一般来说，是一名研究专家向他的学生提出问题或鼓励学生自己发现问题，然后在他的指导下开始进行解决问题的活动。其后，这种教学形式在哥廷根大学、哈雷大学扩展开来，在当时欧洲的高等教育中影响极大。

(二)选科制

20 世纪 20 年代前后，受美国大学教育模式的影响，我国大学就曾尝试实行以主辅修制为形式的选科制和学分制。采用这种形式的目的，是为了使教学更加符合学生及家长的需要、愿望和学生的学习准备。澳大利亚的教育研究人员曾就选科制的两种形式进行了实验研究。一种是按照学校开设的主要科目建立侧重点有所不同的班级，学年开始时，学生在教师指导下选择自己愿去的班级，然后学习该班的课程，同时，也服从学校为加强管理而采取的一些措施，如控制班级人数、调整男女比例等。另一种是对于某些“核心课程”，学生有权选择自己要去的班级，但学习其他课程时仍由学校或教师规定在班级内；学习“核心课程”的班级是由作出了共同选择的学生组成的，因而能适合学生本人的兴趣、爱好和准备程度。

（三）凯勒制教学

20 世纪 70～80 年代，由美国心理学家、教育学家凯勒提出的“个别教学制”，主要是用于大学和中学的教学。这种教学首先是以引导式的讲课来激起学习动机，而后学生按自己的速度学习教材，再采用预测性的测验检查和测定学生对教材的掌握情况，并加以相应的纠正教学。在教学的组织和监督方面，由教师指定学生中能力强或年龄较大的学生来担任，同时也起到一种互教互学的作用。

（四）小队教学

与教学组织形式的改革相适应，有些国家还对教师的组织结构进行了改革，其中，最为著名且影响最大的是“小队教学”或协同教学。

1. 小队教学的做法

小队教学又称“协作教学”、“协同教学”，最早出现于 20 世纪初，50 年代以后逐渐在美国和西方其他国家流行。其基本做法是：由若干名教师组成教学小队，共同负责一个班或几个平行班的教学工作，共同制定培养工作计划，并根据各人所长，分工合作，完成教学任务并评价教学效果。小队教学本来出现在 20 世纪初，但是未引起重视。第二次世界大战以后，随着教学改革的广泛开展，小队教学的思想受到较广泛的重视，并被付诸实施，后来这种教学组织形式在美国许多学校实行。50 年代末，这种教学组织形式传入英国，60～70 年代在日本和其他一些国家试行。

在小队教学的早期实验中，小队教学的教学组分为大组和小组两种，大教学组由 5～6 个教师组成，小教学组由 3 个教师组成，由小组组长和高级教师负责小队的工作，每个教学组配备一名教师助手。后来，具体做法发生了变化。目前，多数情况是一个精通业务的教师同一个经验少的教师、一个实习教师及一个教师助手组成教学组，精通业务的教师负责教学组的工作并上大课，其他教师则负责小班或小组教学、讨论或个别辅导。小队教学的一般实施过程是：50～100

名学生合成大班上课，由一位教师顺次主讲（包括介绍单元活动内容、学习动机、说明教材设计学习活动、评价学习结果等），其他教师协助工作。然后，学生分组学习和讨论，教师分工辅导。最后，学生到指定教学中心，利用各种仪器、图书和设备进行独立学习，包括独立阅读，听录音、唱片，独立观察，实验、制作，写笔记和报告等。教学小队的教师集体定期开会研究、评价和计划教学工作。

2. 小队教学的特点

小队教学的特点包括：

(1)能发挥教师的集体力量和教师个人的特长，共同对学生进行教学，这有助于提高教学质量，起到互助合作的效果。

(2)根据学生向教师学习、相互学习和自我学习的不同途径，采用大班上课、分组讨论和独立学习相结合的形式，能够做到既有集体的学习，又兼顾学生的个性特点，有助于培养学生的自学能力。

(3)能够比较有效地使用人员、图书、仪器和其他设备。

(4)有助于教学小队的教师开展某些教学研究活动，有助于提高新教师的水平。

三、教学组织形式发展

随着社会的发展，大学教学组织形式由最初的个别教学制，发展为众所周知的班级授课制。随着信息技术和时代精神的发展，大学课堂教学组织形式必然面临新的转型，呈现出新的模式和样态。

(一)班级概念重建

学分制是一种富有弹性的教学管理制度，它以选课为基本核心，以学分为学业完成情况的计量单位，学生按专业培养方案和本人的需要与可能，在教师指导下自主修读相关课程，获取学分，学生达到毕业要求的学分，即可毕业。

1. 传统班级概念

传统的班级划分是按专业和入学年限进行的划分，由专职班主任或辅导员负责常规性管理。这样的班级，不仅学生是固定的，而且班主任一般也是相对固定的，有时甚至能从入学军训到毕业连续几年都是由同一位班主任进行管理，班级与班主任之间具有行政意味的隶属关系。不仅如此，同一个班级学生所学课程、任课教师甚至上课地点，也是统一且固定的。这样的班级制度，对大学招生、建档、学籍管理、成绩登记、助学济困、学生评优考核以及道德教育，甚至对教师绩效考核都具有相当的稳定性。多少年来，人们已经习惯了这样的班级概念，并且天然地认定了它的合理性。

2. 班级概念重建成因

学分制管理强调在教师指导下，学生要根据自己的兴趣、职业或学术发展规划，自主选择专业和设计课程组合，这实际上是要求学生要提高自己的自主学习能力，强调了学生在学习中的责任。

(1)如果按照学分制教学管理，学制将由过去的刻板划一转变为具有个人色彩的弹性学制，部分学生可能会提前修完学分毕业，而同时也会有部分学生因种种原因不能在常规时间内修够学分，需要延长在学时间，这决定了学生的学业进程也不再步调一致。

(2)由于学习能力的不同，也会有部分学生将其余力用于跨学科修习第二专业或学位，在指导教师的帮助下，每个人都会根据自己的能力、兴趣、就业倾向，选择不同的课程组合与进度安排。在那些实行了按学科大类招生的学校里，即使是同一个专业的学生，在学习完公共课和专业基础课以后，学生还要考虑专业发展方向的课程组合问题，甚至申请改变自己的既有专业。除公共必修课、专业必修课及部分专业限制选修课程外，大量的其他选修课程的学分比例，一般能占到 30％～40％，在美国的一些高校，这个比例甚至能达到 50％。选修课程的数量与质量是实行学分制的基本保证，没有足够数量的选修课程，学分制是不可能得到保证的。我国绝大多数高校的学分制之所以实行得不理想，根本的原因是没有那么多高质量的老师，因而也提供不出大量的选修课程。

(3)在师资充裕的情况下，甚至同一门课程，也可安排不同的教师开设——目前我国起码公共课已经是这样，而更重要的是学生对于挂牌执教老师的选择问题。教师可根据自己的能力特长、学术研究和兴趣，提供多门课程供学生选择。由此，每个教师都可提供几门课程、每门课程都可能有几个教师在同时开设，大大丰富了学生的选课余地。

这样，从班级的角度，原来具有行政划分意味的班级概念就大大地淡化甚至会消失，因为不仅选择了不同课程组合的学生可能不在一个班级，而且即使选择了相同课程组合的学生，也可能会选择不同的教师，从而至少在某门课或某位老师的课堂上，他们要分属不同的班级。这样，实行学分制后事实上面临着班级概念的重建问题。

3. 重建后的班级概念

实行学分制后，传统意义上的班级成员在时间和空间上具有相当的离散性，使得班级的弹性增加，造成传统的班级概念或班集体概念淡化甚至消失。班级作为传统意识里学生集体的“基本单位”需要重新定义，重建班级概念。具体地，传统的班主任意义下具有行政意义的班级(姑且称之为“行政班”)需要转变，体现在以下几个方面：

(1)"行政班"需要向具体到某个任课教师的"课程班"概念转变；

(2)"行政班"需要向导师意义上的"导师班"转变。导师制是完善学分制的需要，每位学生导师都要负责帮助一定数量的学生制定个人学习计划、选择专业方向、指导升学或就业；

(3)扩展班级概念的外延。需要重视并挖掘学生社团活动群体与生活组织单位的班级意义，让它们承载班级"基本单位"的功能。各类学生协会、宿舍、文艺社团等都可以看作是班级概念外延后班级的"基本单位"。

(二)小班化教学

班级授课制摆脱了少数贵族对教育的垄断，加速了普及教育的进程，提高了教学工作的效率，促进了知识的快速传播。但不利于学生的个性与创造性的发展、不利于因材施教，却是它难以克服的痼疾。300 多年来，教育一方面享受着班级授课制的益处，另一方面也在经受着它对人才培养的损伤。随着在校生规模的扩大，班级授课制的痼疾被进一步放大。原来一般不过 40 人左右(外语 25 人)的课堂教学渐渐地不见了，代之以百人左右的大课堂，这无疑增加了互动、探究的实施难度。如今，我国高等教育规模已经相对稳定，扩招速度已明显放缓。同时，计划生育政策的成效已经大大缓解了高等教育的压力。在这种形势下，高校发展必然会由规模扩张转向内涵发展，转向提高教育质量。而要提高课堂教学质量，就必须将过多的班额降下来，实行小班化教育。

1. 因材分级设班

传统的课堂教学的痼疾主要体现在两个方面：一是不能根据不同大学生的能力倾向和发展需要而因材施教；二是教师与学生、学生与学生之间缺乏有效且畅顺的沟通，难以开展探究与讨论等有利于培养学生创造精神的活动。因材分级设班将有助于解决这一问题。

所谓因材，就是学生根据个人的能力倾向和学业或职业发展方向进行选课，学校则根据每个学生的选课情况和科学可行的班额标准，设立相应的课程小班。根据中外教育实践经验，每一课程小班人数以不超过 30 人为宜。同一课程名称下的教学班可以设立几个平行班，由一个或几个教师分别执教。所谓分级，是指对课程分级安排，它由学校相关部门组织各学科专家，根据本校学生选课情况与发展需要，对本校所有课程进行论证，提出分级要求与内容标准。以《高等数学》为例，就可以根据大学生的发展需要与可能，将之分级设立为《高等数学》(一)、《高等数学》(二)、《高等数学》(三)、《高等数学》(四)，学生则根据自身情况选课，进入相应的课程班学习。分级设课与选课是与"因材"相配合的一种教学措施。

2. 探究互动教学

探究互动教学的关键词是问题、质疑、讨论、交流、合作、对话，案例也是探究互动教学的优选载体。一个问题或质疑，不论是来自学生，还是老师提出，都会使教与学的问题焦点集中起来，而同时，也会使学生的思维发散起来。来自每位同学的思考结果又多半有所不同，于是，对于最佳答案或方案的认定或选择，又会形成讨论或争论，而正是这种讨论促进不同观点之意的对话与交流。如果以小组的方式进行讨论，则往往需要小组内同学间的分工与合作，当讨论的问题涉及多方面因素或环节时，甚至还需要小组间同学的分工与合作。其间，教师与学生的关系，不再是“授一受”关系，而是平等的合作与交流关系、共同探究中的互动关系。在这种关系中，不仅教师可以向同学提出问题、同学之间互相质疑、讨论，而且学生也可以向教师质疑和提问。由此，教师不再是居高临下的知识权威，而是一个参与其中的平等的探究者、讨论者、合作者，当然，它还是一个引领者，是整个教学活动的“导演”。

实行小班化教学的目的是为了满足不同学生的发展需要，为课堂教学的互动与探究提供充分的便利和机会。但它也必将增加教学成本，这也是在大学推行小班化教学的强大阻滞力，因而，推行小班化教学必须与增加教学投入形成联动。

(三)网络辅助教学

由于网络技术的影响与普及，目前绝大多数的高校都已经具有较好的网络平台，它为大学课堂教学改革提供了新的路径，网络平台辅助下的课堂教学，将成为大学课堂教学的新型组织形式。

1. 网络辅助教学若干模式

(1)基于网络教学资源的开放式讲解模式。此种教学模式与传统教学的最大区别就是讲授内容不受教材和教案的制约，它可以随时根据需要联通网络教学资源，以便对所讲内容进行更新、补正。当授课涉及关于不同观点的争鸣，或需要调阅信息量很大的实际资料时，这种教学模式能增强教学的便利性和可信性。

(2)基于网络教学资源的自主学习模式。大学生具有较强的自学能力和自主探索能力，他们有能力自主查阅或下载网络教学资源中的课件、案例、思考题、答疑留言等，从而实现基于网络教学资源的自主学习。以《大学英语》课程为例，教育部颁布的《大学英语课程教学要求》要求大英教学除传统的讲授模式外，还要以网络技术为支撑，开发《大学英语》网络课程，使英语教学朝向个性化自主学习模式转变，从而学生学习英语不再受时间地点的限制。可以肯定的是，绝大部分的大学课程，都可以开发网络课程或建设网络教学资源库，使之成为大学教学的新模式或重要辅助形式。

(3)基于网络讨论的交互式教学模式。对于每一门课程，都可以建立网络交流与讨论平台，通过这个平台，学生可以将自己收集到的所有有助于课程学习的资源（包括相关网址）与同学共享；也可以通过这个学习平台，交流自己的学习体会，提出自己的看法，与教师和同学交流，从而促进学习。

2. 网络教学资源建设

有效实现网络平台辅助课堂教学的关键是网络教学资源建设，一般性的浩如烟海的信息，起不到教学资源的作用，为此，必须根据课程需要，将有价值的信息资料筛选整理出来，形成教学资源。

（1）网络教学资源建设主体。网络教学资源建设的主体首先是任课教师。教师根据自己丰富的教学经验和学习经验，按照课程需要和教学目标，对自己所掌握的有用资源精心挑选，归类整理；将自己的学习建议、教案、推荐网址、案例、难点与重点分析发到网上，由此，形成教学资源的主要内容。此间，教师将本学科最先进的研究成果（包括自己的）也发布到资源库里，将大大充实课程的学术品位，从而实现让科研为教学服务的目的，解决教学与科研的“两张皮”现象。

教学资源建设的另一大主体是大学生自己。学生们结合课程内容，就自己感兴趣的问题，通过信息检索查找可用的信息资源，或结合自己的探索研究，将自己的发现、结论或未解疑惑充实到教学资源中。学生参与建设教学资源不仅可以激励学生积极学习和研究课程，而且还可以由此熟练掌握资料检索方法，提升信息素养。在网络条件下，学生不仅可以建设教学资源，还可以管理教学资源，甚至学生本身就是教学资源。

随着教育的日益信息化，教学资源正在成为一个越来越大的市场。专业公司的技术人员，在学科专家和教师的直接帮助下，已经开发出面向各类教育和培训的教学资源商品，这些商品已走进大学的图书馆和资料室，成为大学教学的宝贵资源。

（2）网络教学资源累积与更新。网络教学资源本质是一个与课程相关的信息资料库，由于存储技术的发展，使网络教学资源无限生长充实成为可能。网络教学资源是一个动态发展中的资源库，它不仅几乎不受容量大小的限制，而且上一年级学习该课程时所遇到的问题，又是后续学习班级的学习资源，如此循环。当然，经过一段时间的运行以后，对于确无价值的资源信息，要及时清理更新或直接删除。

（四）网络远程教学

早期的远程教学主要是指通过从中央到各地方的电视教学系统所实现的电视大学，简称“电大”。随着网络技术的发展及其在教育中的应用，通过互联网这种新型传播手段实现的远程教学，逐渐成为远程教学的主流。目前，此种形式的远程教学在我国方兴未艾，许多大学设立了网络学院，对在网络学院注册的大学生，其教学组织就主要地通过网络远程教学实现之。

网络远程教学是在计算机辅助教学的基础上逐步发展起来的，它是以 Internet 为基础的教学系统，教师传授的内容通过网络传递给学生，而学生则通过与网络相连的计算机获得教师讲授的知识。网络远程教学系统就是一个在网上虚拟集成的学习环境，它提供一个虚拟的教室，教师在某地上课，学生可以在任意时间、任意地点、通过公共通信手段——主要是网络来听课。

第四节　教学手段

一、教学手段的发展

（一）教学手段的含义

教学手段是构成教学系统的重要要素之一，是为了实现预期教学目的、便利教学活动而采用的工具、设备及其系统。

传统教学手段是指在传统教学中所使用的一切教学媒体的总和。其基本的特点是对自然物的直接利用，形态较为原始，信息存储能力较低，一般以黑板和粉笔为经典标志。1874 年日本提倡把幻灯用于教学，幻灯在教学中的使用揭开了教学手段现代化的序幕，具有划时代的意义。1925 年发明了电视，1932 年美国开始进行电视教学经验；20 世纪 50 年代以后，由于电子技术、卫星技术的飞速发展和在教育领域的使用，电视在教育、教学领域得到了广泛的使用。计算机于 1946 年研制成功，1958 年美国 IBN 公司沃斯顿研究中心设计出第一个计算机教学系统，揭开了计算机教学的序幕。

随着社会发展与科技进步，知识总量激增与更新加速，所谓“知识爆炸”要求个体在进入社会以前要学习和掌握更多的知识与技能，这必然要求从教学手段的角度扩大媒体的教学信息量，更新教育教学内容，即要求教学手段的现代化。教学手段现代化作为教育现代化在教学手段方面的反映，是指不断地运用现代新兴科技来提高教学媒体的功能，以全面提高教学质量的发展过程，是对传统教学手段的现代变革。

由于每一种媒体都有自己的优点与不足，因此，近十几年来人们开始思考如何根据教学需要把不同的教学媒体进行有效的组合，以便实现教学效果的最优化，由此使多媒体教学系统得到迅速发展。

（二）现代教学手段的特征

现代教学手段的发展，从技术发展来看经历了从低级到高级，从简单到复杂的发展轨迹，呈现出不同于传统手段的特征。

1. 信息种类与数量的改变

在视听教学阶段,教学手段中往往用单一的信息来表达知识,其承载的内容非常有限。到网络教学阶段,信息种类增加,不仅有图片、文字、声音、影片,而且还有动画、视频等信息,极大地丰富了教学手段承载的信息和知识,常被称为"海量"数据。

2. 媒体质量的飞跃

品质上,早期使用的各种操作复杂繁琐的电教器材不断被一批操作简单、效果明晰且坚固耐用的电教器材所取代;同时大量新型电教媒体如程序教学机、影碟机、录像机、计算机、网络及其相应的软件不断涌现。在数量上,自20世纪80年代起,电教设施的逐年增加,到现在几乎大部分的中小学不仅已经添置了大量的幻灯机、投影器、录音机,而且还拥有了计算机机房、语言实验室、学校闭路电视教育系统、多媒体教室等设施。

3. 教学手段趋于综合化

各种教学媒体跨越自己的领域与其他教学媒体结合形成了各种复合教学媒体,即广义的多媒体教学系统。为了使教学更形象与直观,为了使教学更富有个性,更适合每个学生的发展,教学手段的综合化成为现代教学手段的一种必然趋势。特别是美国微软公司开发的Office系统,其子功能PowerPoint的普及与完善,使得教学手段有了质的变化。它具有制作容易、形式灵活多样、互动界面丰富、信息量大、修改自如等优点,现在已经成为大学教师的常用手段。

二、教学手段革新的技术基础

(一)网络技术

1. 网络技术的概念

计算机网络技术是通信技术与计算机技术相结合的产物。计算机网络是按照网络协议,将地球上分散的、独立的计算机相互连接的集合。连接介质可以是电缆、双绞线、光纤、微波、载波或通信卫星。计算机网络具有共享硬件、软件和数据资源的功能,具有对共享数据资源集中处理及管理和维护的能力。

2. 网络技术的分类

计算机网络可按网络拓扑结构、网络涉辖范围和互联距离、网络数据传输和网络系统的拥有者、不同的服务对象等不同标准进行种类划分。一般按网络范围划分为:(1)局域网(LAN);(2)城域网(MAN);(3)广域网(WAN)。局域网的地理范围一般在10千米以内,属于一个部门或一组群体组建的小范围网,例如一个学校、一个单位或一个系统等. 广域网涉辖范围大,一般从几十千米至几万千米。例如一个城市、一个国家或洲际网络,此时用于通信的传输装置和介质一般由电信部门提供,能实现较大范围的资源共享。城域网介于 LAN 和 WAN 之间,其范围通常覆盖一个城市或地区,距离从几十千米到上百千米。计算机网络由一组结点和链络组成。网络中的结点有两类:转接结点和访问结点。通信处理机、集中器和终端控制器等属于转接结点,它们在网络中转接和交换传送信息。主计算机和终端等是访问结点,它们是信息传送的源结点和目标结点。

3. 网络技术的意义

网络技术的发展十分迅速,从 10Mb/s 以太网到 1000Mb/s 以太网,从同轴到光纤网,从有线到无线网,从局域到广域网,从窄带网到宽带网,从数据网到综合业务网,从 TCP/IP 到 ATM 网,网络技术正在日新月异地发展着。

网络和通信技术的不断发展为人们的沟通提供了便利,人们可以在办公室、家里或其他任何地方,可以访问查询网上的任何资源,极大地提高了工作效率,促进了办公自动化、工厂自动化、家庭自动化的发展。视频会议系统集通信,计算机技术,微电子技术于一体,实现了远程异地通信,两个或两个以上不同地方的个人或群体,通过传输线路及多媒体设备,将声音、影像及文件资料互传,达到即时且互动的沟通,达成会议目的。在召开视频会议时,处于两地或多个不同地点的与会代表,既可以听到对方的声音,又能看到对方的形象,同时还能看到对方会议室的场景,以及会议中展示的实物、图片、表格、文件等,与真实的会议无异,使每个与会者有身临其境之感。

新一代的计算机已将网络接口集成到主板上,网络功能已嵌入到操作系统之中,智能大楼的兴建已经和计算机网络布线同时、同地、同方案施工。可以相信,计算机网络技术在飞速地改变着人类的生活方式,当然也在改变着教育的方式。

(二)多媒体技术

1. 多媒体技术的概念

多媒体技术通常是指把文字、音频、视频、图形、图像、动画等多媒体信息,通过计算机进行数字化采集、获取、压缩/解压缩、编辑、存储等加工处理,再以单独或合成形式表现出来的一体化技术。

2. 多媒体技术的特性

多媒体技术除信息载体的多样化以外,还具有以下的关键特性:

(1)集成性。采用了数字信号,可以综合处理文字、声音、图形、动画、图像、视频等多种信息,并将这些不同类型的信息有机地结合在一起。

(2)交互性。信息以超媒体结构进行组织,可以方便地实现人机交互。换言之,人可以按照自己的思维习惯,按照自己的意愿主动地选择和接受信息,拟定观看内容的路径。

(3)智能性。提供了易于操作、十分友好的界面,使计算机更直观、更方便、更亲切、更人性化。

(4)易扩展性。可方便地与各种外部设备挂接,实现数据交换、监视控制等多种功能。

此外,采用数字化信息有效地解决了数据在处理传输过程中的失真问题。

(三)数据存储技术

1. 数据存储的含义

数字化方式处理多媒体信息的一般过程是:首先把音频和视频等媒体信号数字化,以数据的形式存入到计算机存储器中。数字化处理的优点是能充分利用计算机的功能进行信息处理,但随之带来的一个问题是数字化的音频、视频数据量很大,需要大容量的存储器。

2. 光存储技术

20 世纪 70 年代研制出来的光盘是满足存储要求的理想设备,其中只读式紧凑光盘(CD-ROM)及其改进的 DVD 光盘是广泛使用的多媒体信息载体。它的技术指标有容量、平均存取时间、数据率、接口标准及格式规范等。

(1)存储容量。指它所能读写的光盘盘片的容量。

(2)平均存取时间。是在光盘上找到需要读写的信息的位置所需要的时间,即指从计算机向光盘驱动器发出命令,到光盘驱动器可以接受读写命令为止的时间。

(3) 数据率。它有两种定义方式:一种是指从光盘驱动器读取数据的速率;另一种定义是指控制器与主机间的传输率。

3. 硬盘存储技术

科学家费尔和格林贝格尔各自独立地于 1988 年发现了一个全新的物理效应——“巨磁电阻”效应。所谓“巨磁电阻”效应,是指磁性材料的电阻率在有外磁场作用时较之无外磁场作用时存在巨大变化的现象。这一效应突破了大容量小硬盘制造技术最复杂的瓶颈。得益于这项技术,硬盘在近年来正迅速变得越来越小。一台 1954 年的体积占满整间屋子的电脑和一个如今已非常普通、手掌般大小硬盘的数据处理能力相当。

目前,根据这一效应开发的小型大容量硬盘已得到广泛应用,如笔记本电脑、MP3 音乐播放器以及其他便携式媒体播放器等。

三、现代教学手段与学科教学的整合

所谓现代教学手段是基于上述技术基础、具有如上所述特征的教学手段,它主要体现为以多媒体为外显标志的教学手段。简言之,现代教学手段主要是指多媒体教学手段。这里所谈的整合，也主要是指多媒体教学手段与学科教学的整合。

(一)整合的必要性

较之中小学课堂教学，大学课堂教学应突出问题性、学术性、开放性和丰富性，学术性与问题性体现得如何，不仅与教师本身的学术水平有关，而且还与所用的教学方法有关。而课堂教学的开放性和丰富性，则主要地与课堂教学的手段和装备条件紧密相关，因为课堂教学的开放性是指教学内容不局限于书本，它与广阔的世界可以方便地联通；丰富性是指向学生呈现的教学信息丰富多维，既可以有理论内容，也可以负载史料信息；既可有图像，也可有音频和视频。

大学课堂教学要全面丰富地传达教学信息，单纯依靠黑板加粉笔的方法是不可能有效达成的。有研究显示，人们获得信息的83%来自视觉、11%来自听觉。[①] 以《西方经济学》课程为例，它具有概念多、理论多、流派多、图表多等特点，"据不完全统计单就微观经济学部分就有图形表格近170幅"[②]。显然，如果不借助多媒体教学手段，单是这些图表信息就难以有效地通过课堂传授给学生。与《西方经济学》课程相似，《大学英语》课程的教学显然还需要更多的音频和视频，而传统教学手段显然难以满足这种特殊要求。为此，教育部颁布的《大学英语课程教学要求》提出："我们应当充分利用多媒体、网络技术发展带来的契机，采用新的教学模式改进原来的以教师讲授为主的单一课堂教学模式。"借助多媒体手段，利用真实的语言材料(电影片断、录像、网络影音)，将英语学习置于近乎真实的文化环境中，不仅可以让学生体味风土人情、人际关系、价值观念、体态表情、风俗习惯等，加深对异域文化的理解，而且还可以给学生提供大量的观察与模仿场景。可见，教学手段与学科教学的有机整合，是提高教学质量的重要途径。

(二)整合的结点与方式

考虑到学校类型和专业的多种多样，大学课程几乎包容了人类整个文化体系的全部知识，由此构成了课程的知识特点与存在形态的多种多样。这使得具体课程的教学与多媒体教学手段的整合，不仅可能而且方式多样。

1. 学科教学与多媒体手段整合的知识结点

不同课程的知识具有不同的存在形态，这决定了学科教学与教学手段整合的适宜方式与知识结点也存在差异性。以体育教学为例，示范和讲解一直是大学体育教学的基本方法，而许多体育技能动作包含连续的复杂技巧组合，不仅速

---

① 参见杨晔《多媒体教学与素质教育》，载《中南民族大学学报》2003年第2期。

② 刘黎清：《论大学课堂教学的有效性》，载《黑龙江高教研究》2007年第5期。

度快、对力量和灵感性要求高,而且需要整个身体的协调配合。但是,在实际教学过程中,靠人力和传统教学手段又难以将局部细节放缓观察,因而就使学生难以真正看清和理解技术过程,如在横箱分腿腾越的技术教学中,学生对助跑、踏跳、手撑跳箱、腾空和落地的连续组合动作往往难以掌握。如能采用多媒体课件将其整个技术过程制作成细致的课件,通过逐帧慢动作演示,让学生反复观看其中的技术关键点,从而对完成具体动作的环节转换时机和动作要领建立直观清晰的表象和感悟,对那些一闪而过的动作细节有了轨迹映象,使本来眼花缭乱的技术环节变得程序分明、直观形象。多媒体教学手段解决了传统体育教学方法无法解决的化快为慢、动静转化、化抽象为形象的教学难题,其三维动画效果多方位、多角度、逐帧清晰地揭示了整个技术动作过程。类似的,在武术、球类技术、田径、体操等体育教学中,还有许多的可以与多媒体手段相整合的知识结点。

显然,体育学科中的这些知识结点与语言、文学、政治、历史、经济学等学科教学与多媒体手段相整合的可能结点,是不同性质的知识,与物理、化学、生物教学中的可能知识结点也不相同。教师要根据自己所任课程的知识特点,探索和寻找与多媒体教学手段最适宜整合的知识结点。

2. 学科教学与多媒体手段整合的适宜方式

怎样使整合的效果达到最佳,没有固定刻板的做法。技能类课程,仍以体育为例,可以将教师讲解、动画演示、示范一练习、反思体味等几种方法,反复循环组合,直到学生熟练掌握了技术过程为止;理论类课程与多媒体的整合,则主要用以展示原始文献资料、历史背景片断和必要的视频、音频作为讲授的辅助手段;工科类课程与多媒体整合的方式,多以展示结构、演示机械过程为主,以《水利工程施工》课程为例,它不仅涉及结构力学问题,而且还要涉及多数学生较为陌生的施工机械问题,除一般地展示水利工程结构图片外,最好再利用多媒体动画功能,演示施工机械作业原理、结构载荷与受力分布状况等;而类似数学、物理中公式推导方面的课程内容,它与多媒体整合的方式具有相当的局限性,但其中的化学反应过程、磁场电场这样的内容,则可以通过多媒体形象动态地模拟之;文学艺术类课程与多媒体整合的问题,除前面所述的类似《春江花月夜》配乐朗诵这种方式外,还有名著改编的影视欣赏、视频片断举例分析、图片音画辅助、播放背景音乐等方式。

3. 学科教学与多媒体手段整合的拓展

将大学课堂教学与互联网资源利用结合起来,可大大拓展学科教学与多媒体手段整合的意义与时空。教师与学生均可在课前搜索与课程内容相关的可资利用的资源,既可以作为教材内容的补充与更新,也可能是引发思考的问题源泉。不仅在课堂中利用多媒体充分表达教学信息,而且还可以在课后继续探索课堂上留下的求解或悬疑。显然,学科教学与多媒体手段整合的概念在这里已经被大大拓展。

现以高校文科课程(美学欣赏)与现代教学手段的整合为例①,具体示范如何进行教学设计,以实现学科教学与基于 Internet 的多媒体手段的整合。它对于大学其他学科也具有样例示范意义。

<table>
<tr><td>课程内容</td><td>美学欣赏(一)
(汉语言文学专业的一门专业基础课)</td><td>授课对象</td><td>大二学生</td><td>授课时间</td><td>90分钟</td></tr>
<tr><td>地点</td><td colspan="5">多媒体网络实验室(多媒体、Internet 网络教室)</td></tr>
<tr><td>步骤</td><td>教师任务</td><td colspan="4">学生任务</td></tr>
<tr><td>课前</td><td>1. 明确教学目的。
2. 根据教学目的,提出任务。制作本节课课件和网络讨论区等。
3. 收集相关素材和网站等。</td><td colspan="4">预习</td></tr>
<tr><td>课堂</td><td>一、情境导入(5′),提出任务(问题略)(10′),要求在规定时间内将分析报告简要载入网上邻居文件夹,或发邮件,在讨论区留言。
1. 使用艺术美的欣赏:(10′)
(1)建筑美表现在哪几面? 各有什么特征。播放《九十年代世界建筑艺术欣赏》素材片段,介绍个体(天坛、东方明珠电视塔)、全体(故宫)等,并引导进入故宫等网站。
(2)服装艺术美的鉴赏(网站)。
(3)工艺美的鉴赏(素材《昆明世博会园艺欣赏》等片段)。
2. 造型艺术美的鉴赏(《世界美术大师名画点评》素材等):(10′)
(1)绘画艺术美的鉴赏(网站);
(2)书法艺术美的鉴赏(网站);
(3)摄影艺术美的鉴赏(自主探究);
(4)雕塑艺术美的鉴赏(自主探究)。
二、引导学生进行探究,做适当指导,并辅导。
三、根据问题和教学目标,组织讨论,开辟网站讨论区或发邮件、网上邻居粘贴,以便更多人参加和交流。(25′)
四、利用自做的《美学欣赏》课件,总结各种艺术美的审美特征。(10′)</td><td colspan="4">一、在学习目标的指引下,观看相关素材,并在 Internet 网上进入不同知识点的网站进行学习,浏览老师提供的网站以及自主搜索的相关网站,思考老师提出的问题(20′),如:
北京故宫:
http://www.dpm.org.cn/
美学欣赏:
http://vip.6to23.com/soc2000/mei/enjoy
中国美学世界网:
http://www.mayixing.com/w/w.htm
故乡美学:
http://www.guxiang.com
……
二、在思考问题的同时,归纳答案,并发现问题。根据自己的进度,做适当个别学习策略的调整。
三、各自根据所得收获,进行网上讨论区的发言或邮件、文件粘贴,同时大胆发言和讨论。
四、认真做好笔记,进一步思考老师所提出的问题。</td></tr>
<tr><td>课后</td><td>对课堂中讨论和网络上的学生反馈信息,作适当的评价和总结。</td><td colspan="4">在网络等技术的帮助下,对问题进行更深入的思考和探讨。</td></tr>
</table>

① 参见彭文灵、邵滢《高师人文学科课程"整合探究型教学模式"的探讨》,载《教育信息化》2002 年第 5 期。

（三）整合中的问题

基于现代教育技术的先进教学手段与学科教学的整合，就是要充分利用计算机强大的信息处理功能，更精致、更充分地展示和表达教学信息，放大某些难以理解也难以解释的知识结点。但在实践中，对于教学手段与学科教学的整合，也出现了一些不甚恰当的认识和做法，不注意这些问题就难以发挥先进教学手段的应有作用。

1. 高效整合意味着教师的更多付出

使用多媒体教学手段可以成几倍地加大教学的信息量，提高教学效果，但同时也意味着教学备课工作量的成倍增加，在缺乏有效的教学激励制度时，老师往往不愿意将更多精力投入到以课件制作为标志的备课活动中。

2. 整合的适切性问题

多媒体教学手段的采用并不等于教学的现代化，如果用多媒体作为教材的翻版，课件成了电子化的“翻书机”，课程与教学观以及教学方法陈旧，那就不能真正地提高教学质量。

多媒体本来是教师教学的辅助手段，但近年来却出现了机械运用的现象，其课件简直就是充满了文字的电子教科书，使学生从几年前的新奇演变为现在的眼球困倦。仍以《大学英语》课程为例，有学者指出，大学英语教学并不是使用多媒体越多越好，如果每节课的每一个知识点都用多媒体来辅助教学，而黑板却成了摆设，则这是对多媒体作用的误解。“英语知识点繁多，小的知识点、书上的练习及问题只要翻开书本就可以讲解，而选用多媒体演示则是‘大材小用’，并且浪费宝贵的课堂时间。因此，大学英语教学中教师应根据实际情况，适当地使用多媒体教学。如果盲目地、不切实际地花大力气采用多媒体，而放弃了去深入地研究教材、精心设计教法和学法指导，其结果必然是适得其反。”①

而且，长时间连续观看（≥20min）屏幕，就会引起视觉疲劳、导致理解力下降②，那种整屏整屏地抄录文字的效果如何，由此可得启示。对这些现象的理性关注，不仅大英教学，而且对于其他学科教学运用多媒体手段问题，也具有同样的警示意义。

3. 时刻关注师生情感与互动交流

除了教学手段不可滥用外，在教学手段与学科教学整合的问题上，还要注意不要因此拉大了教师与学生的距离，不要疏离了教师与学生的情感交流。否则，

---

① 李萍：《别让多媒体煞了大学英语课堂的风景》，载2007年11月23日《现代教育报》（教材周刊）第8版。

② 莫锋、姚怡：《多媒体教学发展中需要正确对待的问题》，载《广西高教研究》2002年第2期。

再先进的教学手段，也会造成课堂教学气氛的压抑冷清、干涩无味。在任何课堂教学中，教师与学生的充分交流与亲近互动都是提高教学质量的最重要的因素。

4. 多媒体教学手段要与传统媒体手段有机结合

尽管多媒体教学手段功能强大，但它并不是万能手段，自身也存在一些缺陷。多媒体课件一般难以随意改动而又不打破教学节奏；使用多媒体教学手段要求课堂光线暗下来，而拉上了窗帘的课堂教学，学生就只能盯着银幕，师生难以互相觉察对方的表情和反应，从而有可能影响课堂互动和创造思维的契机。当然，如果是晚上上课，则情况要好得多，但我们不可能为了使用多媒体的便利而将所有的课挪到晚上！

以粉笔和黑板为经典标志的传统教学手段，尽管功能单一，却没有上述局限。不仅成本低廉，运用灵活，而且不影响师生之间"眉目传情"。由此，我们既要充分利用多媒体教学手段的强大功能，解决知识教学中单纯依靠传统手段难以讲清的问题，又要让它与传统手段有机结合，优势互补，以求相得益彰。许多学校在设计投影屏幕时，有意将原有的黑板留出半截，不使它被屏幕完全遮住，就是考虑了这种结合后的实践智慧，值得肯定。

四、教学手段发展趋势

技术革新的速度加快，特别是电子技术和信息技术的飞速发展，为教学手段的日益现代化提供了直接的技术支持，使当今教学手段的发展趋势呈现出明显的高技术特征。[①]

(一)多媒体化

现代化教学手段综合运用多种媒体，在教学中有机结合，发挥整体效益，以求教学功能的最优化。基于计算机管理的教学系统现已发展成为一种多媒体音像教学系统。其中包括电声、电磁、电视、电控等技术的综合使用。现代化教学手段的多媒体、综合化发展趋势，必将带来人类学习活动和教学方法的革命。

(二)微型化

现代化教学手段正向着小型化、微型化发展。手提式投影仪不过几斤重；16mm 自动装带电影放映机重量也只有 7.5 公斤；8mm 型手提式电影放映机，连同声响系统和银幕在内，仅重 16 磅；录像带格式则先由 3/4 呎改为 1/2 呎，至今天已基本退出教学舞台，鲜有使用，代之以更加轻便小巧的光盘；微型电视可像手表一样戴在手腕上随时作为学习者的工具。微型化的现代教学手段便于携

---

① 本部分可参考李如密撰写的《现代教学手段的发展趋势及其影响》一文(载《课程·教材·教法》1997 年第 3 期)。本教材根据最近十多年的发展实际，作了重要补充和修改。

带、使用和保管，使用起来更加便利。

（三）智能化

许多现代化教学手段都有自动装置，帮助教师省去了许多操作麻烦。如幻灯机自动换片、无线遥控；电影放映机自动装片倒片；自动收集、统计学生反应信息的学生反应分析器也已进入教室；以摄录像一体的摄录系统运用了微处理机，使一系列烦琐的调整和后期制作工作趋于全自动化，使教学素材的获得与编辑变得轻而易举。

（四）大容量化

现代化教学手段的存贮容量越来越大。早已广泛使用的光盘以激光技术为基础，外型与普通唱片差不多，但存贮信息密度极高，每面能存 75 亿字节（最大硬磁盘每面约 4 亿字节），并且由于采用唱盘方式和数字记录，检索十分容易，能在 0.5 秒时间内找出任何一个画面来重放、慢放或快放，这种光盘可以反复抹除、重录达 100 万次以上。

近年越来越广泛使用的 U 盘，更是大容量存储技术发展的飞跃。一个半截指头大小的 U 盘容量，已从几前的几十兆发展到了今天的几个 G，更有移动硬盘，则动辄几十个 G、上百个 G 的容量。[①] 它现已成为大学师生的常见装备，不仅为大学生个别化学习带来了便利，而且还大大改变了教师的工作方式。

（五）交互化

现在已有一种激光电视程序教学系统，又称"双向信息传递录像教学系统"，它一改过去录像教学只能单向传输的方式，以激光电视唱盘为软件，同微机联结，实现人机交互对话。更有各种教学软件构建的学习平台，同样使得媒体对学生的单一作用转变为媒体与学生之间的双向作用。由此，学生不再是旁观者，而是学习的积极参与者。人机关系的发展与转变，将继续对教学实践产生重要的影响。

（六）网络化

由计算机技术、通信技术、信息处理技术发展起来的微机网络通信，可使网络中具有独立功能的计算机实现相互通信与资源共享。日益高速扩展的光纤和电缆网络，在快速联通世界每一个角落的每一台个人电脑，从而使整个世界变成一个由 internet 联系的"地球村"；遍布各地的局域网，把教师与学生联系起来，师生、生生之间可以频繁地、不受时空限制地联络，提交作业、获得批阅信息；网络教学、合作学习可以在更大的时空得以实现，甚至可以开展基于网络的跨区域、跨国际的合作学习与合作研究。

---

① 1G=1024M，1M=1024KB，1KB=1024 字节。

第四章

大学教学模式创新

【内容提要】

● 案例教学是指教师在教学过程中，根据培养目标和教学目的的要求，针对教学内容，选择恰当案例，并以案例为基本素材，在特定的教学情景中，培养学生运用理论知识分析和解决实际问题的能力，并逐步形成基本技能和技巧的一种教学模式。

● 研究性教学是在教学过程中，教师创设一种类似于研究的情景，使学生在学习过程中选择学习的方式，自己动手收集、分析、判断大量的教学信息和材料，进行积极的探索、发现和体验的一种教学模式。

● 双语教学在高校中一般是指对高等学校的部分课程采用国外具有代表性和先进性的原版教材，并采用英语授课的一种教学新模式。

● 网络教学是指在一定教学思想和理论指导下，应用多媒体和网络技术，通过教师、学生、媒体等多边、多向互动和多种媒体教学信息的收集、传输、处理、共享，来实现教育教学目标的教学模式。

第一节　案例教学

案例教学起源于19世纪70年代的美国哈佛大学法学院，后流传于欧美和其他国家，它最先运用于法学和医学教育，其后运用于管理学和其他学科领域的教学。20世纪90年代以来，它在我国高等教育中愈来愈受到重视，1998年，全国教育硕士专业学位指导委员会提出在教育硕士培养中要大力推广案例教学法。现在，案例教学已初步发展为一种教学模式，因为它有明确的教学目标、相对稳定的操作程序、较为规范的实现条件以及相应的评价标准。案例教学是一种有效结合理论教学与实践教学的教学方法，是现代高等教育中不可缺少的教学方法。

一、案例教学概述

随着高校教学改革的不断深入，特别是在教师专业化背景下，在大学课堂教学中不断引入案例教学，已逐渐成为一种趋势。

(一)案例及案例教学

案例教学中一个主要的问题就是案例在教学中的运用，它是案例教学区别于其他教学模式的关键所在。关于什么是案例，目前还没有一个比较统一和准确的概念界定，但通过分析已有的概念我们可以发现其共有的特征。郑金洲认为："一个案例就是一个实际情景的描述，在这个情景中，包含了一个或多个疑难问题，同时业可能包含有解决这些问题的方法。"[①]谈到师范教育的案例，理查特(Richert，A. E.)认为："教学案例描述的是教学实践。它以丰富的叙述形式，向人们展示了一些包含有教师和学生的典型行为、思想、感情在内的故事。"[②]通过以上对案例的定义的描述，我们可以把案例的基本内涵理解为是以一定的媒介(文字、声音等)为载体，内含有教育教学问题的实际情境。

案例教学是目前比较先进的一种教学新模式，但对它的理解可谓是仁者见仁，智者见智。哈佛商学院曾将案例教学界定为：一种教师与学生直接参与共同对工商管理案例或疑难问题进行讨论的教学方法。这些案例常以书面的形式展示出来，它来源于实际的工商管理情景。学生在自行阅读、研究、讨论的基础上，通过教师的引导进行全班讨论。因此，案例教学法既包括了一种特殊的教学材料，同时也包括了运用这些材料的特殊技巧。[③] 1992 年，美国学者舒尔曼(Shulman)曾指出，案例教学是："教育学的方法与教学案例的联合应用。"按照舒尔曼的观点，案例方法不同于个案研究，"案例方法是教育学的一种形式，而个案研究是定性研究的一种形式"[④]。此外，用案例方法组织教学与教学中的举例说明也是不同的。在案例教学中，案例占据中心位置，而教学活动中的举例说明，在教学活动中处于次要位置，是一种辅助手段。我们认为，案例教学是指教师在教学过程中，根据培养目标和教学目的的要求，针对教学内容，选择恰当案例，并以

---

① 转引自王竹立《教学案例与教育叙事辨析》，载《现代教育技术》2007 年第 1 期。

② 转引自王竹立《教学案例与教育叙事辨析》，载《现代教育技术》2007 年第 1 期。

③ Leenders M. R.，Erskine J. A. *Case Research：the Writing Process*. London：The University of Western Ontario School of Business Administration，1978：pp. 14-15.

④ 张奎明：《美国教师教育中案例方法的应用与研究》，载《高等师范教育研究》1997 年第 2 期。

案例为基本素材，在特定的教学情景中，培养学生运用理论知识分析和解决实际问题的能力，并逐步形成基本技能和技巧的一种教学模式。

(二)案例教学的基本特征

通过对案例与案例教学的内涵的透视与分析，我们可以总结概括出案例教学的一些基本特征。

1. 生动的情境性

情境性也即案例性，是案例教学区别于其他教学模式的根本所在。我们知道，在传统授受式教学中，教育者向学习者呈现的信息是从具体情境中抽象出来的概括性的知识，排除了背景知识，失去了实际生活的丰富、生动，远离了学生的生活世界。因此，很难唤起学习者的兴趣，激发其学习热情。在案例教学中，实现了教学与现实情境的沟通与融合。学生在教师的指导下，通过对生活、生产、社会实际、创设有挑战性的问题情境，在具体情境获取信息、解决问题等探索过程中形成学习者自主实践、自主学习的空间，感受知识及科学方法的实际价值，提高学习兴趣及内在动力，使学生创造性及创造潜能得到充分发挥。①

2. 高度的拟真性

教学案例是在实地调查的基础上编写出来的实际案例，这种实际案例具有典型性、代表性、非偶发性，是案例的关键特征。案例设计中，其问题往往是若隐若现，提供的信息并非一目了然，有关数据只有进行一定的计算、加工、推导，才能直接用来进行分析。案例通过模拟现实社会经济生活中纷繁复杂的“迷宫”，以至“陷阱”，目的是训练学生通过对信息的搜集、加工、整理，最终获得符合实际的决策。

3. 灵活的启发性

教学案例必须设计一定的问题，即思考题。其中有的问题比较外露，有的比较含蓄，而通常是显而不露，留待学生去挖掘。案例中设计的问题不在多，关键是能启发学生的思考。案例提供的情况越是有虚有实，越能够诱人深入，从而给学生留下充分的思维空间，达到最佳的学习效果。

4. 鲜明的针对性

教学案例的选材要针对教学目标的需要。教学目标总的来说是要提高学生分析问题和解决问题的能力。这些能力有广泛的内涵，它可以通过学生在复杂的案例分析与决策实践中，经过不断的思考、归纳、领悟，而形成一套独特的适合于自己的思维方式和工作体系。因此，可以说案例教学不单纯是去寻找正确答案的教学，而是重视得出结论的思考过程，这个思考过程正是实现教学目标的重

① 参见唐世纲《案例教学探论》，载《玉林师范学院学报(哲社版)》2007年第2期。

要手段。从某种意义上说，通过这种有针对性的案例教学，可以促进学生分析问题、解决问题能力的升华与质变。[①]

（三）案例教学的意义

案例教学作为一种先进的教学方法，已经在很多高等院校课堂教学中广泛使用。它能够激发教师转变教学理念，不断地探索教学内容与教学方法的改革与创新；它也能够激发学生浓厚的学习兴趣，不断地去汲取营养和探索研究，能够培养学生的沟通能力、合作能力、表达能力和创新能力。[②]

1. 案例教学是教师不断探索研究和开拓进取的有效模式

在案例教学中，教师是主导，教师作为基本理论和案例分析的引入者，统领整个案例教学的始终和过程，因此教师要具备良好的素质、丰富的学识和人格魅力，才能担当起这个角色，才能驾驭整个教学过程，才能圆满完成教学任务。首先教师要认真备课，选好案例。从教学的主导地位看，案例教学对教师是一个巨大的挑战。为了保证案例的典型性、真实性、适宜性和科学性，教师必须精心准备，认真备课，不断地探索和研究，选择好案例。教师要钻研教材，广开视角，以启迪创新思维为目标，研究和选择经典案例。案例要有鲜明的针对性、代表性，要具有时代特征，真实、典型、贴近生活，使学生感到新颖，有吸引力。教师在选取案例时，要根据学科专业培养目标的要求以及现阶段学生的知识水平、分析能力和不同时期的思想特点，加工和精选好案例。案例越经典，学生就越有兴趣，学生参与程度就越高，学习收获也就越大。其次，组织好课堂教学。课堂要组织有序，紧张活泼，有张有弛。课堂上教师以多媒体的形式提供案例，音像直观，视觉较好，学生能有效地接受教师所传递的信息，激发学习的兴趣，并且很快能深入到案例教学中去。学生有了初步感性认识以后，教师可以开始组织讨论。讨论可以分组，教师将需要讨论的问题发给各小组，并指定一名小组同学来负责主持小组讨论。每组可由一名同学重点发言，然后其他同学提出补充或反对意见，最后小组汇总大家的意见带到班级去讨论。最后教师要做好课后的总结，进一步完善案例课堂案例。教学完成后，教师应认真总结一下整个教学过程中每个环节，是否都把握得很好，教学效果如何，学生是否能够真正有收获，案例本身还存在什么缺陷，学生讨论对修正案例有无帮助等等。

2. 案例教学是学生不断汲取营养和提高能力的有效模式

案例教学是一个互动的启发式教学，学生全身心地投入和参与至关重要。首先学生要做好课前预习。课前准备是否充分，对案例教学能否取得预期效果

① 参见邢志《案例教学模式探究》，载《北华航天工业学院学报》2007 年第 2 期。

② 参见陈明《案例教学是教学相长的有效模式》，载《教育艺术》2007 年第 6 期。

是至关重要的。学生要仔细阅读教师指定的案例材料，进行认真分析和思考。根据自己学习的基本知识，加以理解和判断，并得出自己的结论，写出案例分析报告，做好课堂讨论的准备。其次学生在课堂发言中要积极踊跃。在课堂上和小组讨论中，要积极踊跃发言，主动大胆，讲出自己的思考和结论，尤其是要讲出不同的观点，并与其他同学展开交流与辩论，相互启发思维和创新，这样可以从激烈的讨论、辩论中学习正确的学习和讨论方法，找出自己在学习中的不足，不断地汲取营养，使自己分析问题、解决问题的能力和创新能力得到锻炼和提高。最后学生要做好课后总结。每个教学案例都是教师经过认真学习和研究精选出来的，可以说对学生的学习来说都是有其针对性的，但任何案例都不是完美无缺的。每一个教学案例完成以后，学生要善于回顾和总结，一方面是对自己的学习、掌握程度和每个阶段表现进行总结，另一方面要对教师设计的案例教学进行总结，总结案例本身是否存在缺陷，教学过程是否完善，教师在案例教学过程中是否能够轻松驾驭、把握得当等等，把这些总结和自己的想法，与教师进行沟通和交流，可以促进教师去思考、去创新，师生之间融洽地沟通，不断地交流，非常有助于案例教学进一步深化，只有这样，教与学才能相辅相成、共同进步。如美国哈佛商学院的教学案例，很多都是由学生参与设计和撰写的，这充分体现了案例教学是教学相长重要的、有效的模式。

3. 案例教学是巩固理论知识，培养实际应用能力的有效途径

课堂教学的主要任务包括以下两个方面：一是使学生系统地掌握课程的理论体系；二是在此基础上将知识转化为实践能力。在传统教学中，教师在课堂上只注重理论知识的传授，学生只是记住了一些概念、原理、原则和方法，但遇到实际问题就会束手无策，因此，远远没有完成教学任务。案例教学在知识和能力之间架起了一座桥，教师通过呈现精心选编的案例，把分析问题、解决问题的空间留给了学生，让学生进入描述的情景现场，身临其境地利用所学理论知识进行分析、判断，通过独立思考、集体讨论来寻找解决问题的方法、途径。所以，案例教学既能促使学生积极主动地去掌握理论知识，又能有效地利用所学理论知识去分析问题、解决问题，顺利实现由理论知识向实践能力的转化。

(四)案例教学与传统教学的比较

案例教学与传统教学有着很大的不同，案例教学强调学生要在拟真的情境中进行亲身体验，要把学习的主动权给学生，体现了当今“以人为本”的教育理念。案例教学过程中师生之间应该是交往、合作与对话的关系，它暗示着双方是平等和互动的，而不是像传统教学那样，双方是控制与被控制、支配与被支配的关系。

在教学目的上，传统教学是掌握教师所教的知识，在考试以及回答问题时能

得出正确的答案，而案例教学是培养学生的发现问题、分析问题及解决问题的能力，从而提高学生的教学实践及应变能力；在教学方式上，传统教学的典型特征是填鸭式，教师讲学生听的单向传递的独白式教学，而案例教学的特点是讨论式，教师可以参与学生的讨论，但不是权威性的，教师和学生可以进行双向沟通；教师在教学中的作用不同，传统教学中教师是知识的载体，是知识的传授者，居于课堂的中心，控制课堂上的一切活动。案例教学中教师是案例的提供者、讨论过程的引导者，处于课堂的从属地位；学生在教学中的地位不同，传统教学中学生是被动的接受者，只能消极地接受知识，处于被支配地位，一切服从教师。案例教学中学生是积极的参与者，可以任意发表自己的看法，学生和教师处于同等地位，他们都对学生的学识负责；教学的结果也不同，传统的教学是学生循规蹈矩地接受标准化的、程序化的、固定化的答案。他们所得到的知识是“二手”的。案例教学强调学生自我探索，通过对其他人的看法的研究，经过反思得出自己的认识。这个认识是“一手”的。

二、案例的设计与编写

目前，我国很多高校在采用案例教学培养人才方面已经取得了很大的成就。但从实践来看，由于这种教学模式采用的时间不长，一部分教师对于案例教学还存在模糊的认识，尤其是在设计案例时存在很多的问题。

(一)案例设计与编写应遵循的原则

针对目前的教学实际，我们认为案例的设计应该遵循以下几个方面的原则：

1. 针对性

针对性是案例选编必须遵循的首要原则。案例是为教学服务的，因而适用的案例才是好的案例。案例的针对性主要体现在：一是必须针对教学目的选编案例。案例教学同样是一个传授知识的过程，因此，教师在选编案例之前必须明确教学目的是什么所选编的案例能否达到这一目的，只有选编的案例符合教学目的，紧扣教材内容，才能更好地达到帮助学生理解、掌握和运用知识的目的，切忌随心所欲地东拼西凑，将案例与教学弄成“两张皮”。二是必须针对学生选编案例，即要求所选案例不能超出学生的知识范围和理解能力，必须从实际出发，根据学生的基础，选编难易适度的案例。

2. 真实性

案例应是现实问题的缩影，用来教学的案例必须是真实可信的。如果随意虚构、牵强附会、胡编乱造，就会失去教学价值，因为凭空杜撰的案例只是一种虚假条件下的产物，缺乏科学性和真实性，用它来分析问题是没有说服力的。当然，选编案例时，有时也会遇到一些不宜公开的数据，如商业机密成个人隐私等，这时就要做一些必要的虚报，但是虚报也应合情合理，不能自相矛盾，漏洞百出。否则，让人一看就是假的，就失去了案例分析的意义。①

3. 新颖性

由于形势是不断变化的，用于教学的案例必须突出它的新颖性。但目前能用于教学的现成案例太少，而且大多比较陈旧，与现实状况有较大的差距。一些教材和“案例选编”所选案例往往是几年前甚至是几十年前的资料，千篇一律，毫无新意可言，激发不了学生学习的兴趣。为此，所选案例一定要具有新颖性。首先，所选案例有鲜明的时代感，尽量不要选用时过境迁的资料编写案例。其次，所选的案例要不落俗套。

(二)案例设计与编写的基本要求

案例是案例教学的基础。要开展案例教学，并取得实效，就应该广泛收集适应教学需要的高质量的教育案例。一般说来，高质量的教学案例有以下几个特征：描述了一个当代教育教学真实典型的故事；与教学内容和学生的兴趣相关；有充分的与决策有关的资料和较多的主要人物直接引语；引人深思，发人深省，有争论、辨析的余地；充分体现了解决问题所需要的理论与技能的实用价值以及价值的可迁移性。②

要设计与编写这样的教学案例，应注意以下要求：

1. 案例的选择与设计始终要贯彻为培养目标服务的思想；

2. 设计与编写案例时要考虑现实性，考虑学生已有的条件，已掌握的知识。

3. 设计的案例要来自实际环境中或学生身边熟悉的例子。

4. 设计的案例要考虑未来性，考虑案例对于学生今后学习的指导意义。

5. 要给学生留下任务，对收集到的信息进行分析，对问题的各方面进行解答。

三、案例教学的实施

案例教学作为一个完整的教学过程，一般包括选编案例、引入案例、分析讨论案例和评价案例四个环节，它们是一个有机的整体。

(一)选编案例

案例是案例教学的核心，离开了案例，案例教学就成了无本之木、无源之水，案例教学也就无从谈起。因此，为了保证案例教学能顺利进行，我们必须考虑案例的选编，这是实施案例教学的基础和前提。在普通高校，教师都十分重视收集

---

① 参见黄建新《选编教学案例要略新探》，载《成人教育》2005 年第 4 期。

② 参见李东斌、卢敏《高师教育学案例教学模型的实践与探索》，载《教育探索》2006 年第 9 期。

和整理教学案例。但由于以前对案例重视不够，加上自身条件的限制，很少有和教材比较配套、适合学生讨论的案例。针对这种情况，教师编写的案例主要来源于改编案例，即根据教学目标，从一些经典案例中提取与课程相关的部分，对案例进行改编。但选编案例时，一定要注意案例的启发性、真实性、典型性和针对性等特征。所谓案例的启发性就是指教学案例必须设计一定的问题，即思考题。其中有的问题比较外露，有的比较含蓄，而通常是显而不露，留待学生去挖掘。案例中设计的问题不在多，关键是能启发学生的思考。案例提供的情况越是有虚有实，越能够诱人深入，从而给学生留下充分的思维空间，达到最佳的学习效果。真实性就是指案例一定要来源于生活，取材于实际，对于那些凭自己想象而任意编选的案例是达不到教学效果的，只有真实的案例才有说服力，才能在实践中经受检验；典型性指的是案例要能代表某一类事物或现象的本质属性，概括和辐射许多理论知识，典型的案例可能是宏大的事件或名人的经历，也可能是教育实践中的细节，教学中对其进行剖析可以给学生以示范的价值和引导的功能；针对性是指教学案例的选材要针对教学目标的需要。教学日标总的来说是要提高学生分析问题和解决问题的能力。这些能力有广泛的内涵，它可以通过学生在复杂的案例分析与决策实践中，经过不断地思考、归纳、领悟，而形成一套独特的适合于自己的思维方式和工作体系。因此，可以说案例教学不单纯是去寻找正确答案的教学，而是重视得出结论的思考过程，这个思考过程正是实现教学目标的重要手段。从某种意义上说，通过这种有针对性的案例教学，可以促进学生分析问题、解决问题能力的升华与质变。

（二）引入案例

在案例教学中，教师首先应介绍相关的原理、概念等，这对于认识、分析案例大有益处。案例呈现的方法主要有文字描述法、录音录像展示法、真实情境表演法等。文字描述法又可以分教师自己描述、请一名同学朗读文字材料和分发文字材料、学生自己阅读等形式。无论哪种教学方法都务必使学生尽快进入案例情境，了解、掌握案例中揭示的有关事实、情况，设身处地地分析思考案例中教师的行为。

（三）分析讨论案例

分析讲解案例是案例教学最重要的一步。这一环节的主要目的是通过引导学生对案例的思考、分析、讨论，使学生对案例有较深刻的认识，总结归纳出带有普遍规律性的理论，进而促进知识的内化。要分析讲解好案例，教师首先要精心设计所提问题。提出什么样的问题关系到能否总结归纳出要学的理论，因此要求教师一方面在吃透教材和案例的基础上，依据教材内容的逻辑结构，针对案例所提出具有相应逻辑结构的问题，使师生双方通过对这些问题的分析，进而得出所学的理论;其次教师要引导学生制定案例讨论的规则,保证每个学生有发言的机会;最后教师要唤起学生对案例分析的兴趣,鼓励他们充分发表个人的意见并进而引导学生围着主题展开讨论,努力把讨论引导到问题的解决上去,并引导出与论题相关的理论知识。

(四)评价案例

分析讲解完之后,教师和学生都应对案例作出总结。学习的最终目的不仅仅在于理解并记忆教学内容,更在于能运用所学到的知识分析和解决实际问题。通过引导学生应用知识,评价实例,可以帮助学生更直观地体会学习内容的意义,强化加深学生对所学知识的理解,培养学生运用知识分析问题、解决问题的能力。教师在作案例讨论总结评价时,应该充分肯定各种见解的合理性,尊重学生的创见。如有不足之处,可以提出问题,让学生自己补充纠正,切忌简单公布"标准答案"。这样,可以帮助学生对案例产生进一步的认识和理解,增强他们的反思性学习能力。

四、案例教学的局限性

案例教学的实施有利于提高学生分析问题和解决实际问题的能力,促使学生学会学习、学会沟通与合作。但世上没有完美的教学方法,任何一种教学方法都有其局限性,案例教学也不例外,明确案例教学的局限性,有针对性地采取措施予以克服,才能最大限度地发挥其积极功能。

(一)案例本身存在的局限性

案例往往是以较短篇幅的材料来包含较长的时间历程,这种叙述是远离那些抽象的概念和知识的,并且案例与案例之间在事件的叙述上常常是不连续的,没有完整的结构,这样,学生所获得的知识、技能等是零碎的,不能提供给学生系统的知识,也就使学生获得的知识难以汇总进一个整体框架中,致使学生对概念、原理等概括化知识的批判性分析能力得不到有效培养。同时,也不能锻炼学生的实际动手、调查研究及综合决策的能力,因此,要培养全方面发展的人才,在教学上仍须补充其他方法。

(二)案例教学的效率有时较低

案例教学以学生的积极参与为前提,以教师的有效组织为保证,以精选出来的能说明一些理论、原理和问题的案例为材料,而要做到这三方面的有机结合往往较为困难,有时会产生耗费时间较多而收效甚微的结果。例如,由于教学双方,特别是学生的身份、学历、专业和经历各不相同,围绕案例讨论,难以达成沟通和协调,往往容易钻牛角尖,拘泥于枝节问题,做无谓争论,效率有时较低。

(三)案例教学有时难以达到预期的教学效果

案例教学常常要求教师必须经过良好的训练,对教师自身的素质要求较高,从事案例教学的教师在培训时间上,一般要比运用其他方法进行教学的教师培训时间长。因此,在实际教学中,如果教师综合素质不高,没有经过严格的案例教学训练,会使理论和实践形成"两张皮",要么陷入狭隘经验主义,就案例谈案例,上升不到理论层次;要么牵强附会成为理论注释,只不过起到活跃课堂气氛的效果,这样必然会影响到预期教学效果的实现。

第二节 研究性教学

研究性教学(国外称为"主题研究"、"项目课程"),是 20 世纪 80 年代以来面对知识经济的挑战,国际社会比较普遍认同和实施的一种新的教学模式。我国高校自 20 世纪 90 年代起开始开展研究性教学,在中小学所做的尝试和探索已取得一定成效,它给高校的教学改革带来了新的启示。教育部曾明确提出:"积极推动研究性教学,提高大学生的创新能力。"[①]如何实施研究性教学,推动研究性学习,处理好两者的关系,进一步深化教学改革,激励学生的创新意识,锻炼和培养学生的创新能力,是高校教育改革的重要课题之一,也是 21 世纪高等教育教学发展的重要方向。随着大学教育课程改革的实施,课堂教学目标不仅要求传授学生基础知识与训练基本技能,而且要在师生共同探究知识的过程中,让学生掌握自主学习的方法和独立研究问题的能力,实现教学过程就是组织学生学习的过程,体现教学的本质就是教会学生学习以及培养学生的创新精神。作为高等院校的教师,研究性教学是实现此目的的有效手段。

一、研究性教学的内涵与意义

(一)研究性教学的内涵

对于研究性教学的含义,教学理论界还没有一个完全统一的定义。许多人称之为"研究性学习"、"探究性教学"或"探究性学习"(其实这些概念之间不但有联系,而且有区别);还有的人一谈研究性教学就把目光局限到基础教育的教学上。可以说这些称谓的不准确性和定义的不统一性以及其教学层次上适用的局限性,都反映了人们对研究性教学认识的某些片面性。研究性教学早在 20 世纪 50 年代开始就在欧美等国得到大规模倡导,他们认为教学过程应是教师带领和指导学生进行探索和发现的过程,而传统教学模式只重视传授知识,忽视能力培

---

① 教育部:《关于进一步加强高等学校本科教学工作的若干意见》,教高[2005]1 号。

养。20 世纪 80 年代以来，研究性教学理论得到进一步丰富，其核心意义就是“把科学研究引入到教学之中”。结合大学教学，我们认为所谓研究性教学，可以把它理解为是在教学过程中，教师创设一种类似于研究的情景，使学生在学习过程中选择学习的方式，自己动手收集、分析、判断大量的教学信息和材料，进行积极的探索、发现和体验的一种教学模式。

研究性教学是一种新的教学理念。它注重发挥教师的主导作用和学生的主体作用。它以促进学生的个性发展为宗旨，以改革学生单纯地、被动地接受知识传授的学习方式为着眼点，注重构建一种开放的学习环境，为学生提供多个渠道获取知识，并促进学生将学到的知识综合应用于实践，在帮助学生进行接受式间接学习的同时，形成一种对知识主动式的直接探索。同时研究性教学又是一种全新的教学模式，它是以探索和研究为基础的教学。研究性教学鼓励学生积极思考，大胆提问。教学过程中始终把培养学生的独立思考、独立分析、独立判断的研究能力与创新能力放在首位，注重学生知识、能力、素质的全面发展。研究性教学强调教育的最终目的是使受教育者身心得到发展，强调教师教的不仅是课本知识，更重要的是人，在传授知识的同时更注重教人以思维方式、研究方法、学习方法。研究性教学在教学内容上要与学科最新的发展及经济和社会发展保持紧密联系，在教学方法上具有较强的科学研究特色，注意培养学生的批判和探索精神，以探索和研究为基础的教学过程培养学生的研究能力以及创新能力。

（二）研究性教学的意义

实施研究性教学是当代大学教学改革的必然选择。一方面研究性教学是社会发展对高等教育培养高素质的创新人才的客观要求，是大学生全面发展的现实需要；另一方面，探索大学研究性教学的思想、方法和模式等可以更充分地实现现代大学的功能。研究性教学具有重过程、重应用、重体验、重全员参与的特点，对于激发学生的学习兴趣以及培养学生的学习能力、研究能力和创新能力具有积极作用。因为大学研究性教学体现了现代大学教学的本质和特点，大学研究性教学是社会对大学培养高素质人才的呼唤，大学研究性教学是提升大学教育质量的迫切需要，大学研究性教学是大学生身心全面发展和创新能力发展的需要，大学研究性教学是促进大学教师专业化发展的需要。研究性教学的实施有利于教学相长、有利于培养学生的创新能力、有利于树立良好的学风、有利于全面提高学生的综合素质。

开展研究性教学是培养创新型人才的重要途径。江泽民同志说过：“创新是一个民族进步的灵魂，是一个国家兴旺发达的不竭动力。”创新已经成为知识经济时代的重要特征，也是我们这个新世纪的时代精神。从宏观角度来看，在知识经济时代，创新能力往往决定一个国家和民族的综合实力和竞争力。从微观角度来看，创新教育对于个人良好素质和人格的形成发展具有重要作用。因此，新时代一个人价值的大小和一个团体的兴衰，在很大程度上取决于其有没有创新能力。研究性教学是创新型人才培养的重要途径，研究性教学的着眼点在于变革学生的学习方式，要解决的核心问题是如何充分发挥学生在学习过程中的主动性、积极性和创造性，变被动学习为主动学习，但其着力点却是变革教师的教学思想、教学观念、教学策略和教学方法，使教师由传授者、灌输者转变为促使学生主动学习的组织者、指导者、帮助者和促进者。因此，可以说研究性大学开展研究性教学对创新型人才的培养具有重要的意义。

实施研究性教学，有助于实现教育教学目标。传统的接受式教学多把教学目标定位于引导学生掌握知识，向学生灌输知识；而研究性教学则把教学目标定位在学生全面发展上，视学生是能动的社会的人、未成熟的发展中的人、全面的独立的人、具有多方面发展需要和发展可能的人，从而有助于教学目标的实现。

二、研究性教学的基本模式与方法

（一）研究性教学的基本模式

结合实际教学，常用的基本模式主要有以下几种：

1. 问题解决模式

所谓问题解决模式，主要是教师根据教学大纲，设置情景，提供材料，让学生发现问题、提出问题，或教师提出问题，或师生共同提出问题。在此基础上通过分析、资料证明、理论验证，提出解决问题的策略，让学生在问题的提出与解决中获取、应用知识，培养创新精神和实践能力，即教师创设问题情境→学生提出问题→搜集科学事实→探求解题方法→得出科学结论→运用新知识。这一模式是结合大学生的身心特点和知识发展水平，借鉴前苏联的马赫穆托夫提出的理论总结出来的。这一模式首先要求教师根据教学的具体情况创设问题情境，促进学生思考，使他们产生问题，并激发他们探索的动机。要指导学生正确搜集和选择科学事实或探索事实的条件，如提供可观察的材料、实验的设施；提供有关文献资源，以供学生检索研究。然后，要引导学生通过对问题的分析、探索，进行假说、讨论或归纳等一系列再发现的认知操作过程，寻找问题的解决方式，促使问题得到解决，乃至创新性的解决。教师要引导学生总结整个研究过程，得出科学性结论，形成更加完善的认知结构。最后，运用所获得的新知解决新情境下的问题，以实现知识的迁移，深化对知识的理解。

2. 自主研究模式[①]

自主研究模式，即学生发现问题→确定题目→搜集资料并制定研究计划→分析资料并实施研究计划→撰写研究报告。自主研究就是学生独立从事和完成某项课题的整个研究过程，包括提出问题，确定研究课题，开展研究，最后提交研究成果（论文或生产成品）。在这一模式中，问题涉及的范围较广，可以是学生在学习理论时发现的新问题，也可以是他们在社会实践中发现的新问题；问题可以来源于自然界，也可以来源于社会生活现实；可以是偏向人文类的研究，也可以是偏向理工类的研究。总之，由于学生提出问题的自由性很大，所以，他们具有个性特点的才智可以得到最大限度的施展。自始至终，指导教师似乎都像一个"局外人"在欣赏着自己学生的成长，他们不会直接参与其中，更不会把自己的观点强加给学生，只是在必要时给予一定的技术指导而已。因此，这一模式的实施空间最大、运用范围最广。

3. 课题参与模式

课题参与模式即学生参与教师的课题研究，从中进行科学学习、科学探索和科学实践的一种活动。因为大部分高校教师，尤其是那些高水平教师都有自己的科研项目，大到国家级重点课题，小到校级专项课题。这些研究不仅紧跟学术发展的前沿，而且其成果对社会生产有着很强的指导意义。这一模式，让大学生参与到教师的课题研究中来，不仅可以为课题组增添新生力量，而且可以让学生在参与协助科研项目的过程中接触学术发展的尖端知识，增加他们的求知欲和探索欲。在实践的大课堂里，在教师成熟的科研思想的熏陶下，在严肃缜密的科研氛围中，在苦尽甘来、收获成果、为社会作出实际贡献的喜悦中，使学生获得在传统式教学中永远获取不到的宝贵经验和成长体验。

除此以外，还有"自探共研"教学模式、讨论式教学模式、"交流—互动"教学模式，发展性课堂教学模式、探究教学等研究性教学模式。

(二)研究性教学常用的方法

大学教学中常用的研究性教学方法可归纳以下几种：

1. 活动体验法

主要是在教学中，根据教学需要，让学生通过活动来体验环境，体验人物心态，体验事物发展过程等等，如可以排演一些课本剧。

2. 实验探究法

主要是教师和学生共同设置实验目的，讨论实验要求，分析实验对象、条件，预测实验结果的基础上，让学生手、眼、脑并用，广泛参与实验操作，如动手实验、

① 参见黄亚平《研究性教学——理论与实践》，载《浙江工业大学学报(社科版)》2006 年第 12 期。

观察实验、记载实验、分析实验等。

3. 案例分析法

主要是由教师或学生提供案例作为教学剖析的对象和学生一起通过对案例的分析、讨论、评价、寻找对象，体验和感悟案例情境，学习、借鉴案例反映的策略，吸收案例讨论中有价值的思想、观点、方法，内化为自己所学知识，增强运用所学知识解决问题的能力。

三、研究性教学的实施过程

在研究性教学过程中，要使学生能积极主动地投入并参与教学活动，关键在于学生主体意识的形成。以往的教学习惯容易使学生在学习活动中养成一种强烈的依赖心理，缺乏一定的学习责任感，学习上陷入一种被动的局面。因此，实施研究性教学的前提条件是转变观念，明确研究性教学的任务、要求与意义，使学生对研究性教学有一个正确的认识，并积极主动地参与。整个研究性教学的过程我们可以把它分三个阶段：

(一)确定研究性选题

可依据学生自愿和教师指导的原则进行分组，每组以6～8人为宜。教师可结合教材内容和学生实际提供一些问题，同时鼓励学生反思教育，阅读相关的文献资料，根据自己的兴趣爱好结合教育教学实践寻找所要研究的问题。

(二)搜集资料，分析研究选题，形成研究成果

题目选定后，就需要每组分工搜集资料，每人负责不同的部分。首先是了解教材及其他书籍上的相关内容，其次是查阅相关的报刊、杂志，鼓励学生上网查阅信息。对于实践类的问题还需要学生亲自参与实践，如听课、见习等等，以便掌握第一手的资料。每人对所搜集的资料进行分析整理，在小组内展开讨论，对所研究的问题形成初步的构想，并加以论证，这时教师可以根据需要给予适当的指导，然后由组稿人执笔，以报告的形式得出研究结论。每组推选一人面向全班宣读报告或作简要介绍，让全班同学了解每个小组研究的成果，并回答来自同学和老师的提问。

(三)总结评价

教师对每组提交的报告进行总结评价，以鼓励为主，同时指出研究过程中和报告本身的优点与不足，并以此作为依据给学生打分，作为重要的平时成绩，记录在册。研究性教学注重对学生参与学习的全过程的评价，并顾及学生的个别差异；对小组的评价与个体评价相结合，强调对小组的评价，并在此基础上根据个人的表现给出成绩。由于学生的学习经验、水平、理解能力等的限制，对某些问题的认识可能出现疏忽和理解偏差等情况，教师必须进行总结性的纠正、补

充、阐发、归纳等工作，帮助学生形成明确、系统、深刻的认识，从而形成合理的教育观念。教师在整个过程中扮演指导者和辅助者的角色，帮助学生解决研究过程中遇到的问题，协调各种关系，以使学生的研究活动顺利进行。

四、研究性教学实施中存在的问题及对策

由于研究性教学始终坚持将学生置于教学的中心，因而它能够在微观层面为我国高等教育提供自下而上的改革途径和思路，成为高校教学改革的突破口。然而，鉴于认识与理解的不足、传统习惯的束缚以及环境和条件因素的影响等原因，研究性教学在高校的践行依然困难重重，这在一定程度上阻碍了研究性教学功能的发挥和高校教学改革的深入。

（一）教学观念陈旧

中国传统教育观念是“传道、授业、解惑”，传承延续下来的教育模式是“教师传授知识，学生接受知识”。时至今日，中国的教育仍注重培养学生对知识和权威的尊重与遵从意识，忽视培养学生对知识和权威的质疑、批判精神；注重对知识的灌输、掌握、积累与继承以及知识体系的构建，忽视培养学生运用知识的实际能力和创造性思维能力，以及对知识的拓展和创新能力。这种扼杀个性、强调标准式培养的教育机制，导致学生在学习方式上死记硬背，学而不思；在思维方式上求同不求异；在课堂上习惯于被动听讲，不习惯于主动提问，常常是以教师为中心，这样束缚着学生学习主体主观能动性的发挥，使其在教学活动中处于被动的从属地位，积极性和创造性在沉闷的课堂中受到压抑。要真正开展研究性教学，师生双方都必须更新教育观念，树立正确的教育观和质量观，真正树立学生是课堂的主体的意识，将课堂变成师生互动的阵地，营造以民主、宽松、自由、质疑、探索激励为主要特征的创造性环境氛围，在这种环境中，师生共同参与创造活动，教学相长，培养学生的创新意识和创新能力。

（二）教学方法单一

传统教学中教师习惯满堂灌，在课堂上教师是核心，其教法是“一支粉笔一张嘴，从头到尾灌到底”（“满堂灌”、“填鸭式”教学）。学生的学法是“上课记笔记，下课对笔记，考前背笔记，考后丢笔记（尤以文科类为甚）”。学生完全变成了接受知识的容器，那些照本宣科的教学，更使得学生经受着索然无味的痛苦煎熬。从教师运用教学方法来说，有很大一部分教师并没有认识到改革教学方法的重要性，他们认为大学教学主要因素是教师要拥有高深的知识，至于教学方法是无关紧要的。从实际状况看，即使是对教学方法有些研究，也主要是针对某个学科或个别具体问题进行的，多是一些零碎的实际经验，缺乏理论性及系统性。针对这种情况，教师要树立以研究性教学为主的教学观，重要的是运用正确的教

学方法，在教学方法的选择上要融合最新的理念和教学形式，致力于实现学生的主体地位，如小组合作讨论教学法、课堂辩论、模拟论文答辩、微格教学法等。

(三)缺乏合理的教学督导制度及教学质量评价体系

在现有的教学督导制度及教学质量评价下，学校都以课堂质量、考试通过率等来衡量教师的教学质量，因此导致许多教师单纯看重课堂知识的传输，而忽视了学生对知识的掌握程度。而教学评价又缺乏对灵活运用知识的能力、实际动手能力以及创新能力的评估。同时，由于教学督导制度及教学质量评价标准不完善，目前高校教师职务的晋升主要参考科研成果，使得我国高校普遍存在着"重科研轻教学"的现象，导致一部分教师大部分时间及精力都放在科研上，忽略了教学改革。所以我们在对研究性教学进行评价时重点应该放在研究性教学的组织情况、课堂的参与互动等方面，建立一套合理的教学效果评价体系，使教学评价科学合理，要注重形成性评价。教师在向学校提交学生成绩时，也可以使用论文、设计、项目或者课题报告等形式。

第三节 双语教学

为适应经济全球化和科学技术日新月异的挑战，我国教育部于2001年出台了《关于加强高等院校本科教学工作提高教学质量的若干意见》(教高[2001]4号)，明确要求高校要积极开展双语教学。文件指出："按照教育面向现代化、面向世界、面向未来的要求，为适应经济全球化和科技革命的挑战，本科教育要创造条件使用英语等外语进行公共课和专业课教学，对高新技术领域的生物技术、信息技术等专业，以及为适应我国加入WTO后需要的金融、法律等专业，更要先行一步，力争在三年内，外语教学课程达到所开课程的5%～10%。暂不具备直接用外语讲授条件的学校、专业，可以对部分课程先实行外语教材、中文授课，分步到位。"[①]教育部要求和推进双语进行教学的指导思想：一是希望以双语教学促进学科课程在教学理念、内容和方法上的更新和改革；二是期望以双语教学推动高校学生英语应用能力的培养和提高。2002年2月6日发布的《关于推进"十五"期间教师教育改革与发展的通知》中则充分强调了双语教学的重要性[②]；2002年5月，提出招收双语教学实验班，以弥补基础教育这方面师资的不足；2003年教育部在《高等学校教学质量与教学改革工程纲要》第12条中，再次明

① 教育部：《关于加强高等院校本科教学工作，提高教学质量的若干意见》(2001年)。

② 教育部：《关于推进"十五"期间教师教育改革与发展的通知》(2002年)。

确指出“要继续推进双语教学”。[①] 这一系列措施的出台，使得双语教学正在成为我国教育改革的热点。与此相适应，一些双语研究机构开始建立，如教育部课程教材研究所就成立了“双语课程教材研究开发中心”，华东师范大学课程与教学研究所成立了“双语教育研究中心”，山东省成立了省级的“双语教学专业委员会”。

双语教学是提高学生英语水平的一个途径，在概念形成、知识迁移、国际视野、交际能力等方面，接受双语教学的学生明显优于接受单语教学的学生。这些是国外的研究结论，对我国开展双语教学实验具有重要的启示作用。然而要真正实现双语教学还面临许多问题，这就需要我们对此作以探讨。

一、双语教学概述

“双语”英语为 bilingualism，其释义为：A person who knows and uses two languages，由“双”和“语言”组合而成。对于“双语”的定义，至今尚未有一个统一的说法，但一般认为，这是指一个人能够同时使用两种语言的语言现象。“双语教学”是一个具有中国特色的提法，在国外被称为“双语教育”，英文翻译是为 bilingual education。从广义上说是学校中使用两种语言的教育；狭义则是指学校中使用第二语言或外语传授学科内容的教育。我国的“双语教学”实际上是指狭义的“双语教育”，有学者将“双语教学”翻译为 bilingual teaching。显然“双语教学”的提法更适合我国国情，因为我国更多地在于强调英语作为一种工具被用在教学过程中。

在高校中，双语教学一般是指在部分课程中采用国外具有代表性和先进性的原版教材，并采用英语授课的一种教学新模式。在实施双语教学的过程中，我们采用英语(外语)作为教学语言，目的是一方面让学生学习提高专业知识，另一方面让学生提高英语交际能力，而不像欧美等国。比如，美国双语教学的目的是帮助外来移民迅速掌握英语，以方便他们融入美国社会，是以牺牲移民的母语为代价的。而我国的双语教学则不同，其目的是通过双语教学使学生掌握汉语和英语两门语言，成为汉/英双语人才，而不是为了替代学生的母语或第一语言(汉语)。因此，我们不但允许学生使用汉语，而且要继续加强汉语的学习，并且反对把英语作为语文学科的教学语言。

需要特别说明的是，双语教学的内容应分为大学公共外语教学和专业课教学。大学公共外语教学要求学生在其母语之外另外修习一门语言，它的目的就是让学生熟练使用这门语言进行听、说、读、写。因此，它的双语教学争议比较

---

① 教育部：《高等学校教学质量与教学改革工程纲要》(2003 年)。

少，不涉及课堂使用语言以及课本问题。我们在此所讨论的主要是大学专业课教学，它不是语言教学，而是通过语言掌握本学科专业课程的内容，是由于母语无法达到目的而不得不采取的一种手段。在专业课程中采用双语教学的原因主要是由于学生需要了解本学科前沿的研究情况，而这部分内容比较新，只能直接从国外文献中去获得，因此必须要采取双语教学的手段。从这个目的出发，教师教授时应以方便学生获取本学科前沿的知识为目标，用母语讲解清楚就采用母语，用非母语讲述更准确就采用非母语，这样才不至于为了双语而“双语”，从而使专业课教学成了语言教学。

开展双语教学是高等教育国际化趋势的客观要求。高等教育国际化是经济全球化的必然要求，要实现高等教育国际化，课程设置必须符合时代要求，因此应当尝试用英语进行教学，在熟练掌握我们的母语——汉语的同时，也娴熟地掌握英语，将更有利于我们了解世界和参与国际竞争；开展双语教学是提高学生素质与能力的要求。推行双语教学能有效地避免学生在英语的学习过程中的重语法轻应用的现象，培养学生用英语思考、用英语解决专业问题的能力，增强学生了解世界科技最新成果、向国外发表学术成果的能力，加快高校高层次教育与国际接轨的步伐；开展双语教学是高校教师参加国际学术交流的需要。高校教师同样面临熟练运用英语语言工具的挑战。随着国际化的趋势，高校教师将有更多机会参加国际会议、进行学术交流，而那种只能读不能写、只能听不能说的英语，势必对此产生影响。双语教学课堂可以为教师提供一个提高自身英语综合运用能力的训练机会。

二、双语教学的类型

（一）双语教学的基本类型

目前双语教学主要有以下三种类型：

1. 全外型

全外型即学校采用外文教材，完全使用外语进行教学，我们也把它称之为“沉浸型双语教学”(immersion bilingual instruction)，它源于加拿大双语教育实验，也被译为“浸入式双语教学”、“浸泡式双语教学”。20 世纪 60 年代，居住在加拿大魁北克省圣·兰伯特学区的英裔单语加拿大人意识到，让子女掌握法语是他们未来就业和生存的必要条件。于是他们联合起来向教育当局提交了一份法语沉浸式双语教学方案，方案被教育当局接受。1965 年以后，加拿大先后建立了 2000 所左右的沉浸式双语学校。到 20 世纪 70 年代，这一教学模式取得了意想不到的效果。沉浸式双语教学模式不仅在加拿大得到了肯定和发展，而且先后被借鉴到美国、澳大利亚、爱尔兰、芬兰、日本、瑞士、新西兰等许多国家和地区，极大地推动了世界许多国家和地区双语教育的发展。按第二语言或外语的使用比例，沉浸式双语教育又可划分为两种类型：第一是“完全沉浸式双语教育”，开始时，第二语言作为100%的教学语言，两年或三年以后，第二语言的比例降低至80%，再过三年或四年以后，第二语言的比例降至50%左右；第二是“部分沉浸式双语教育”，第二语言的比例始终占50%左右。[①]

2. 半外型

半外型即学生刚入学时使用本族语，然后逐渐在部分学科使用第二语言，其他学科仍使用母语教学，也称之为“保持型双语教学”。

3. 混合型

混合型即学生进入学校后部分或全部使用母语，然后逐步转变为只使用第二语言进行教学，也称之为“过渡型双语教学”。

(二)我国双语教学的基本模式

我国高校专业课的双语教学模式主要采用“渐进式”教学模式，它具体可以分为以下三个阶段：

第一阶段采用渗透型教学模式。所谓渗透型，就是在正常的学科教学中，坚持学生可接受性原则，适时穿插使用英语。其中，有的是使用一些常规的课堂用语，有的是将一些名词术语讲给学生，并适当辅以汉语解说。这种方法主要在低年级使用，该阶段用时不可过多，在教学初期可使用此方法，目的是使学生有一个短暂的适应过程。因为学生在此之前接受的公共英语教育基本是教师用中文讲授英语知识，学生对英语还处在应试水平上，还不习惯用英文思考。而开设双语课程的专业课的专业术语比较生僻难懂，中文教材本身就很难理解，如果突然大规模地使用英语讲述教学内容，容易使学生产生厌烦情绪。

第二阶段采用交替型教学模式。所谓交替型，是指交替使用中英文两种语言，或以中文为主，在理解中文的基础上适当用英文补充，或以英文为主，在教学的同时，适当辅以汉语解释或说明。该阶段用时较第一阶段长，讲述相对重要的内容。因为此时学生经过了适应期，有了心理准备，已逐渐学会用英文思考。同时应以英文为主，对于重点内容辅之以中文讲解。此时应加强与学生的交流，动员学生用英文回答问题，参与课堂讨论。

第三阶段采用示范型教学模式。所谓示范型，即在某个学科教学中，大部分采用中文教学，选择部分内容用英文教学。该阶段是加强阶段，适于讲述专业前沿问题，在三个阶段中应用时最多。经过较长阶段的交替型训练，学生基本掌握

---

① 参见王斌华、姜宏德《什么是“沉浸式”双语教学?》，http://www.bzxx.com.cn/Article_Show.asp? ArticleID=1033.

了用英文思考专业问题的能力，此时选择本专业领域的前沿问题，全部用英文讲授，可以使学生感受全英语授课的魅力，增强对专业英语前沿问题的感知能力。此时可组织学生到讲台前就专业问题发表英文演讲，最终深化学生的专业英语能力。

三、大学开展双语教学的基本策略

（一）教材选用

双语教学所采用的教材可以是英语国家的原版教材、网上下载资料或学校自己编写的特色教材。最好选用一些原版英语教材，可以为学生创造一个“不是学英语而是用英语学”的好环境。

（二）课程选择

在高校的教学中，并非所有的课程都适宜双语教学，如思想道德修养、语文等。因此，在课程的选择上，可以考虑先从非统考学科开始，或从一些前沿的学科，如电子信息、国际贸易、生物科学等学科开始。在积累一定的经验之后，条件成熟时，再逐渐推广到其他学科。

（三）教学方法

在教学中教师通过信息刺激，引导学生积极思维，以实现教学双方的思维共振，使双方认识到双语教学是要从听、说、读、写上培养学生的外语综合能力，培养学生用外语思考和用外语解决问题的能力。一般说来，双语教学可分为三个层次：一是简单渗透层次，即以中文为主，课程上穿插英语教学。比如教师在上课时可以用英语讲述重要的定理和关键词等，学生可以多一些机会接触外语；二是整合层次，教师讲课时交替使用中、英文，让学生学会如何用外语表达中文内容；三是双语思维层次，让学生学会用中文和英文来思考解答问题。从目前的情况来看，推广第一层次，对大部分高校来说不是难题，但要进一步提高到第二、第三层次，还需要有很长的时间和不断的努力，这是一个循序渐进的过程。

（四）考核方式

为满足高素质教育的目标，双语教学的过程中应灵活运用多样化的考核形式。为适应高校素质教育的发展，应努力改革当前高校中以百分制闭卷考试一统天下的局面，灵活运用笔试、口试、闭卷、开卷、半开卷等考核方式。为考查学生的综合能力，应增加双语教学课程考试中的口试比重，采用笔试与口试相结合的方式。学生平时在课堂上发言次数、质量和水平也都可被计入考试成绩，以此来鼓励学生的学习积极性，提高他们的语言表达能力、思维水平及知识掌握程度。对于学生成绩的评定，要结合课程总结性考试与平时考核进行综合评价，并逐步加大平时考核成绩在总成绩中所占比例。[①]

四、大学双语教学面临的问题及对策

高校在推进双语教学过程中，比较普遍存在的问题与困难主要表现为如下几个方面：

（一）缺乏双语教学师资

目前在我国高校双语教学中，最普遍、最突出的矛盾就是师资不足、水平不高。尤其是在地方高校现有教师中，能够胜任双语教学的教师更少，一般说来，外语教师外语表达能力较强，但不懂得专业或对专业知识了解甚少；而专业课教师知识扎实，但用外语表达的能力欠缺，真正二者兼备的教师凤毛麟角。实施双语教学要求授课的教师应该具备两方面的素质，不但要求具有扎实的专业知识，还要求具备较高的外语应用能力及口语表达能力，能够流畅地运用外语进行授课及交流。而我国高校教师大多接受的是传统教育，有扎实的学科功底但缺少学科的交叉与融合，学科教师不能全面驾驭英语，即使是聘任外籍教师也不能保证其对专业知识的掌握。可见，双语教学要求教师必须是一位博学的复合型人才，所以目前高校双语教学的关键在于师资队伍的建设。因此，双语教学的推进有一个适应过程，不是一朝一夕就能实现的。

（二）缺乏双语教学配套教材

双语教材可以分为国外引进教材、国内出版教材、学校自编教材和翻译教材等几种情况。国外引进教材，即引进英语国家的原版英语教材，这是进行双语教学的一个基本条件，这些教材语言纯正，贴近生活，可读性和实用性强，印刷美观，符合学生的审美心理。但是从国外购买原著是不现实的，一本原著的价格在30美元左右，折合人民币200多元，昂贵的书费是学生们负担不起的。原版英语教材语言难度与我国学生的实际英语水平不符，另外，某些内容脱离我国的社会环境和生活环境也是主要的制约因素；国内出版的双语教学用教材在出版过程中，它们都邀请了外籍专家参加工作，参考或选用了国外教材的部分内容，这些教材语言地道，篇幅适当，符合我国学生的认知能力。但往往由于策划和出版周期较短，致使教材良莠不齐，还可能会出现不配套或断层现象；学校自编教材在编写过程中体现了学校和编写者的个性，但质量难以得到保证；翻译教材是指把母语教材译成外语教材，这种教材最大的特点是既能避免学科损伤，又能满足教学基本要求。开展真正意义上的双语教学既要求地道的英语，又要求科学的知识体系；既要编排英语听说读写技能的训练，又要注重学科的思维性和新颖

---

① 参见金连海等《国内高校双语教学探讨》，载《吉林医药学院学报》2006年第1期。

性，这是一项复杂的系统工程，而目前在资金、人才、知识来源等方面存在很大困难，双语教材的编写存在一定问题。

（三）缺乏成熟的教学模式

双语教学既然采用两种语言授课，在实际操作中就面临着如何合理分配两种语言的使用，即何时用母语，何时用外语授课？是说一句或一段外语，然后再进行翻译，还是时而用外语，时而用母语？若找不到妥善的处理技巧，会把双语教学搞得不伦不类，影响教学的实际效果，达不到双语教学的真实目的。

（四）缺乏完善的评价体系

双语教学评价难也是一个不可回避的问题。双语教学作为一项特殊的教学形式，它必须要有自己的评价形式。目前大多数高校在双语教学的考核与评价机制上，采用的仍是传统的试卷考试方式，注重结果，忽视过程，很难对学生的日常学习与在双语教学中所付出的努力作出正确的评价。要想使双语教学形成一套客观公正的评价机制，就必须把现行对学生的结论性评价与过程性评价有机地结合起来，重视对学生日常学习的评价和综合素养。

（五）缺乏有效的教学管理

学校如何确定一门课应该实施双语教学，双语教学课程教师在授课时外语授课比例达到什么程度才合适，还有双语教学的教师工作量怎样计算才公平并能对教师起到激励作用，如何对双语教学的任课教师进行质量监控和评估等问题，都是普通高校的教学管理从未遭遇过的事情，都没有先例可循，因而操作起来困难较大。

基于我国的实际情况，我们认为解决高校双语教学中存在问题的主要对策和建议主要有以下几点：

（一）加快高校双语教学师资队伍建设

高校双语教学师资问题是当前一个迫切需要解决的关键问题，需要政府和教育行政部门、学校、教师、高等师范院校的共同努力。双语教学要求教师必须有广博的系统知识结构，扎实的外语基本知识和听说读写的交际能力，并了解外语国家的社会文化，风土人情，禁忌习俗，词语概念和体态语言等有关知识，只有这样才能更好地避免由于文化差异而造成的误解。因此，有关部门要完善双语教学教师培训制度，提高教师培训质量，特别是口语的培训工作，至少要进行一学期的口语专门培训，以提高教师的语音、语调和语言表达的准确性、流利性。要建立多层次、多形式的培训体系。另外，高等师范院校也应该调整课程结构，改革培养模式，从根本上提高教师队伍的双语教学素质。总之就是要充分利用校内外资源，为师资建设提供良好的条件和环境。

（二）加强双语教学教材建设

教材是教学内容的重要载体，教材的优劣直接影响双语教学目标、课堂气氛及教学效果等诸多方面。课程教材的改革是当前实施双语教学的难点，在使用原版教材的同时，应该注重发挥教师对教材改编的主观能动性，根据实际需要增删原版教材的内容。教师可以适当地把教材中不适合中国学生的，不符合本校学生水平层次的，不符合当前需要的或者是陈旧过时的内容删掉，也可以增加一些适合中国学生的，最新的学科进展方面的材料，或者是书本没有涉及而学生又应该了解的内容。另外教师也可以与校外专家、科研机构合作，开发并使用可以降低语言理解难度的录像片、幻灯片、多媒体等视听教材。

（三）设立科学的考试与评估制度

考试与评价制度的改革是实施双语教学的保证。高校要开展双语教学，真正实施素质教育，就必须改变旧的评价内容、评价方法和评价手段，建立良好的评价导向机制。各高校在实施双语教学的院系应创立双语教学研究中心，由校、院系两级督导员、同行教师进行听课和向听课学生问卷调查评教，重点对双语教学模式及效果进行研究。定期召开与学生的座谈会，对带有普遍意义的问题进行及时探讨并研究改进方法。重视双语课堂教学常规管理的评价，注重过程评价与结果评价相结合，他评与自评相结合，以评价促进教师的反思与专业发展。

第四节　网络教学

计算机及网络技术尤其是 Internet 的飞速发展，将从根本上消除人们进行信息交流时的时空限制，从而对传统的以课堂教学为核心的教学模式带来一场“革命”。虽然传统的课堂教学模式经过千百年的变革，也发展出了函授、电大等多种教学模式，但利用网络开展教学活动（以下简称“网络教学”）却综合了多种教学模式的优势，网络教学将成为 21 世纪各种新型教学模式中最活跃也最有发展前途的主导模式。

一、网络教学的含义

由于传统教学模式无法适应现代社会对人才培养的需要，为了迎接信息化社会对教育提出的种种挑战，国内外的很多学者作了深入的探讨，努力运用各种最新的信息技术手段优化教学过程，终于在 20 世纪 90 年代诞生了一种新的教学模式——多媒体网络教学。正如美国哥伦比亚大学学习技术研究所所长罗伯特·麦克林托克在其专著《教育的未来》中指出，现代信息技术正在编织着一个覆盖全球的教育网络，而一场静悄悄的、意义深远的教育改革正在席卷全世界。

网络教学是指在一定教学思想和理论指导下，应用多媒体和网络技术，通过教师、学生、媒体等多边、多向互动和多种媒体教学信息的收集、传输、处理、共享，来实现教育教学目标的教学模式。网络教学是通过网络进行的教学，在这一过程中，网络作为知识与信息的载体而存在，可看作为书籍、视听、媒介等教育媒体的自然延伸，所不同的只是网络具有更高的信息容量，也继承了某些教育媒介的特点，不但可代替传统教育媒介而存在，功能与效率方面也更强，网络教学这一概念，可以视为教学的工具或媒体；网络教学是开发和利用网络知识与信息资源的过程，在此意义上，网络成为学习资源，网络教学则是对此资源的开发、利用与再生；网络教学还意味着把网络作为教学的一种环境，正如传统的教学发生在教室之内，网络教学则视网络为一个大的教室，只不过这个教室已经超越了时空的界限，大得能覆盖全球，没有教师与学生之分，没有区域与时间的判别。

二、网络教学对传统教学模式的革新

网络教学在国外开展的时间比较早，在我国，1998 年 9 月教育部批准清华大学、湖南大学、浙江大学、北京邮电大学作为现代远程教育首批试点高校，开始了我国真正意义上的网络远程教育。随后，1999 年批准清华大学等 31 所高校建立网络学院。教育部 2000 年启动了“新世纪网络课程建设工程”，计划在 2 年内重点规划建设 300 门基础性的网络课程，并以网络课程建设带动课件库的建设，以课件库的建设推动网络课程的建设。到目前为止，经教育部批准，全国已经有 67 所高校开办网络教育试点。网络教学之所以能在如此大范围内展开，相比于传统教学具有自己一定的优势[①]：

(一)打破了传统教学在时间和空间上的局限

在传统教学模式中，面对面的教学活动成为教学的一种必要方式，教师和学生的教与学的活动局限在特定的时间和空间内。而网络教学活动方式则摆脱了这种局限性，它把必要的教学资源及其相关的内容放在能长期动态存储信息的服务器上，学生可以随时随地通过互联网浏览网上的资源，或者根据网上提供的辅导老师的电话，从老师那里得到相应问题的解答，这样就摆脱了时间和空间的限制，便于学生自由掌握学习的时间，更加合理地对学习过程进行安排。

(二)易于拓宽学生的知识面

在传统的教学模式中，教师的教学课堂时间和内容是有限的，单一教师的知识面有相应的局限性；在网络教学中，教师或相关人员则可以随时添加和更新网络学习服务器的内容，不断对知识进行扩充，同时，教师学生可以进行无时间限

① 参见杨红培《网络教学浅析》，载《科技信息》2007 年第 3 期。

制的公开的讨论，在讨论的环境中增加各自的知识，获取最新的知识信息，弥补某一方面的不足，这样既可以改变传统教材不便于及时更新的缺点，同时也可以拓宽教师学生的知识面。

（三）对于学生的评价更加公开化、公正化

在网络学习中，学生的学习过程主要通过网络进行，学习自测管理、网上作业提交、作业评分管理主要借助于网络来完成，专家、教师、学生、家长甚至社会上的任何一个人借助于互联网的公开性、信息共享性都可以参与到学习结果评价过程中来，使学生的学习评价过程更加透明、更加公正。

（四）有助于推动“研究性学习”模式的推广

在网上教学模式及其评价的教学模式，是一种“研究性学习”，学生可以根据自己的学习要求，进行网上选课，分学科分课程地进行学习，根据自己的学习效果进行阶段性的自测来获得整体的自我评价，进行主动的自我的、研究型的学习，这样，传统的应付考试的办法在网络学习中是行不通的，学生只有通过自己动脑筋思考，充分发挥自己创造性的才能，别具一格，对不同问题的看法和想法与别人不一样，才能引起大家的注意，得到施展自己才能机会。在这里学生自己是他学习的主人，他要独立面对专家、教授的评析，他要对自己的学习过程负责任。

三、网络教学模式的类型与特点

（一）网络教学模式的基本类型

1. 讲授式网络教学模式

讲授式教学模式的特点是教师为中心，系统授课。这种教学模式是传统的班级授课教学在网络教学中的新发展。讲授式教学模式是利用网络作为教师和学生的通信工具进行的以讲授为主的教学过程。利用 Internet 实现的讲授型网络教学模式可以分为同步式和异步式两种，同步式讲授这种模式除了教师、学生不在同一地点上课之外，学生可在同一时间聆听教师教授以及师生间有一些简单的交互，这与传统教学模式是一样的；异步式讲授只要利用 Internet 的 WWW 服务及电子邮件服务就可以很简单地实现，这种模式是由教师将教学要求、教学内容以及教学评测等教学材料，编制成 HTML 文件，存放在 Web 服务器上，学生通过浏览这些页面来达到学习的目的。这种模式的特点在教学活动可以全天 24 小时进行，每个学生都可以根据自己的实际情况确定学习的时间、内容和进度，可随时在网上下载学习内容或向教师请教，其主要缺点是缺乏实时的交互性，对学生的学习自觉性和主动性要求较高。

2. 演示式网络教学模式

教师根据教学的需要，利用网络向学生演示各种教学信息，它们可以是教师装载的 CAI 课件，也可以是来自校园网或因特网上的教学信息。在这种模式中，网上的教学信息一般可分为四类：最简单的一类就是将有关的板书内容、教学挂图、实物模型等通过电脑处理后传递给学生，相当于一台高效率的、可灵活控制的投影机；第二类是各种场面的模拟，使学生在教室中就能体验到与实际情况相类似的情境；第三类是将抽象的内容形象化；第四类是在实验室不能或不易完成的影响学生健康或者费用很高的实验。这种教学模式是传统教学模式的直接延伸，教学中还是教师讲学生听，教师展示学生看，教师通过网络面向全体学生传授知识，学生的被动地位没有改变，网络的教学功能没有充分发挥。但由于教学经费、教师水平等因素的限制，在相当的一段时间内，这种模式仍将是许多学校网络教学的主要模式。

3. 探索式网络教学模式

这种学习模式在 Internet 网上涵盖的范围很广，从简单的电子邮件到大型复杂的学习系统都有。探索式学习可分为六个阶段：①教师提出问题阶段；②对教师所提问题的分析阶段；③搜集有关解决问题的信息阶段；④对所获信息进行综合分析阶段；⑤抽象提炼上升到理论阶段；⑥对结论进行反思阶段。使学生在独立学习、探索和获取知识的同时，也提高了独立解决问题的能力和技巧。探索式学习模式技术简单，容易实现，价格低廉，又能有效地促进学生学习的积极性、主动性和创造性。尤其是学生在学习过程中身负两种角色，既是知识的学习者，又是解决问题的研究者、探索者。它能有效地克服传统教学过程中学生总是被动接受知识的弊端，是培养适应未来社会发展的创新型人才的有效途径。

4. 讨论式网络教学模式

讨论式教学模式的特点是师生之间相互交流，教学采用启发式，注重对问题的讨论。中国古代的孔子、古希腊的大师柏拉图留下来的教育经典大都是以问答的形式表述的。因此说这种教学模式的渊源是最为久远的。基于网络进行的讨论式教学模式中，常常采用 BBS 或 E－mail 邮件列表进行关于特定问题的讨论和解答。由于这种基于讨论式的教学模式在经费开支上的低廉和易管理性，使得这种模式在现代网络教学中应用得比较多。

5. 信息收集整理式网络教学模式

在这种模式中，教师首先向学生提出问题，然后引导学生通过查询网络所提供的多样化的、丰富的信息资源，帮助学生对收集的信息进行筛选、分析和重新组织，结合学生自己的观点，提出解决问题的方案。此外，这种模式有利于跨文化的交际，网络为学生提供了接触各国信息与文化的条件，促进了学生对外国文化与文明的了解，弥补了传统教学中很难提供外国文化环境的缺陷，使学生能将所学的语言与其所在的文化环境融合，从而扩展了学生的视野，并有助于学生外语水平的提高。

（二）网络教学的基本特点

网络教学作为一种利用现代信息技术进行教育的方式，具有以下几个主要特点：

1. 开放性和灵活性

网络教学的开放性是指目标开放，即学校向学习对象开放、教育资源和教学课程开放、教育方式和管理方式开放、教育场所和教育时间开放等，从而使网络教学打破了时间和空间上的限制，学习者可以自己选择合适的时间和地点，选择适合自己的学习内容进行学习，可以随时利用网上的人力资源（包括教师、学习伙伴等）、学习资源、认知工具等。网络教学较传统教学更注重创新才能的培养，在保证教育质量的基础上，为尽可能多的人提供尽可能多的受教育机会。

2. 个体性与协作性

网络环境中学习者可根据自己的认知水平、知识结构层次自由选择学习内容，规划、安排学习进程，建构知识结构，这些最大限度地发挥了学习者的主动性和积极性。网络教学具有较强的学习个体性，弥补了传统教学简单划一的弊端。由于每个人获取知识的方式方法、能力水平不同，个体存在差异，利用传统教学很难达到因材施教的目的。网络教学利用网络技术构造不同的学习方式和环境，根据个体差异来安排课程学习，以适合不同学习者的需要。同时，可以利用网络技术和有关学习理论构建有利于合作、促进交流的学习环境，实现传统教学过程中较难实现的协作学习。

3. 交互性和资源的共享性

Internet 实现了全球范围内优秀教育资源和教育方法的共享，学习者能以较少的费用按照自身的需求获取全球的权威资讯、得到优秀教师的指导、受到科学的训练。教育信息资源的共享性可以极大地避免对教育的重复投入、节省办学经费、提高办学效益等。

4. 互动多元化

网络教学过程通过技术的应用提供了多元互动的环境。互动是现代教学所追求的，传统教学过程受班级课堂教学环境的限制，师生互动不够。网络教学中的互动可分为人际互动、人内互动、人与环境之间的互动。人际互动主要包括师生互动、生生互动。人内互动主要指学生内部对信息的加工处理，是学生个体对信息内向传播的过程。人与环境之间的互动主要是指与计算机友好的交互界面进行的互动或与网络环境创设的情景、学习氛围之间的互动。

5. 教学非线性、虚拟化

在网络学习环境中学习者不受传统的培养方案和课本知识有序性的制约，可以根据自身的知识结构，在虚拟课堂、虚拟实验室等环境下进行非线性的学习。此外，网络环境的虚拟化易于形成更广泛的虚拟学习群体。

四、我国网络教学存在的问题及对策

网络教学主要包括网络教学支撑环境和网络教学内容。由于各高校对教育信息化认识的不断深入，近年来网络教学的规模和普及应用都有了较大的发展。但是，由于网络教学是一种新兴的教学模式，目前还没有成熟系统的教学理论对它进行具体、系统的指导，因此，网络教学尽管目前发展比较迅速，但是在实际应用中还存在着一些值得关注、值得探讨、具有普遍性的问题。

(一)教师的教学观念有待转变

网络教学对于教育工作者来说，是一场教育观念的革命，这种观念的改变是多方面的。一是教师如何在网络条件下，认识和实施以教师为主导、学生为主体、开放式教育的教学模式；二是学生如何在网络条件下培养自主学习的能力；三是教学管理部门如何适应网络教学的特点，制定合理的网络教学管理制度与措施；四是网络开发与管理人员，如何以教学需求为目标，为网络教学提供高质量的技术支持与服务。因地制宜、因材施教的网络教学带来的不仅是教学模式的创新，更重要的是它引导了深层次的教学思想和教学观念的变更。教师要摆脱传统教学思想的束缚，不断强化自己的超前意识、开放意识、应用意识和民主意识，使教学目标更具针对性，教学活动更具协作性，教学环境更具开放性，以便根据学校的不同情况，设计出最好的教学程序和营造出最好的教学环境。其次鼓励网络手段的应用。例如，教师用 E－mail 布置作业，在 BBS 里进行答疑，鼓励学生利用网络进行交友与学习讨论等。

(二)教师的信息技术水平有待提高

网络教学的成败关键在于能否尽快培养出一批能够理解和适应网络教学，并能参与网络课程建设的优秀教师队伍，并依靠这支队伍成功创造出新型的网络教学模式，因此，搞好网络教学最关键的就是要培养一支信息素质过硬的教员队伍。2000 年，美国国际教育技术协会制定了“全体教师的教育技术基本标准”，其中规定了教师应该具备的教育技术的基本能力，并根据标准需要对教师进行系统的教育技术培训。我国教育部在 2003 年也发布了《关于推进教师教育信息化建设的意见》，把对教师信息素养建设列为一项紧迫和重要的任务。基于此，国家或学校应该重视教师的教育技术培训，大力支持骨干教师积极参加网上教学实践，把信息技术内容有机地融合到学科教学活动当中，实现信息技术与学科的整合。

(三)网络教学资源有待丰富

网络教学的资源建设非常重要,加快资源建设是开展网络教育的关键与核心。随着网络教育的发展,媒体资源的表现形式和手段更加丰富和完善,学生可以通过网络方便地浏览、检索和共享资源,开展实时和非实时交互式教学和实现学生个别化自主学习。但是,从目前统计情况来看,网络教育资源还存在着重复建设,数量、质量不高等众多问题。主要表现在:一是资源建设缺乏统一规划,学校与学校之间缺乏协调,标准不一,内容重复,造成了人力、物力、财力上的浪费。教育主管部门应成立相关的组织机构,把资源建设统一管理起来。二是网络资源教育性不强。网络资源开发应该加强教学设计,规范开发流程,成立由教师、开发人员组成的课题组,或学校与有实力的开发企业进行合作开发。三是共享机制不健全。各种网络教学——学习平台林立,缺乏统一的标准。不同的学校、即便是同一学校内部不同学科课程间,使用不同的教学平台的现象非常普遍。应完善制度,使保护知识产权与开放共享统一起来。四是网络资源的类型比较单一,主要集中在网络课件和部分网络精品课程建设上。其他种类的资源,如音频资料、动画模拟资料、图像资料等,相对较少。五是网络资源更新缓慢,时效性和适用性较差。网络资源建设由于投入的人力、物力成本较高,开发周期长,因此,更新慢,时效性差。解决这个问题应该从提高网络教学的质量效益出发,如果投入资金建设的网络资源充分发挥了效益,大幅度地提高了学生学习的质量和学习的积极性、主动性,那么,资源建设就会得到各个阶层的支持,就会缩短网络资源建设的周期。①

(四) CAI 课件的质量有待提高

目前,CAI 课件大都存在着适应性差和开放性差等缺点。在教学过程中只是不断地向学生灌输知识,不能很好地通过学生的反馈信息对其学习进行诊断从而动态调整教学内容,达到因材施教的目的,导致学生获得的知识之间缺少联系,难以迁移和学以致用,不便记忆,不能发挥学生学习的主动性。另外,课件的网络化和智能化程度低,使得系统的交互性差、灵活性差,不能进行协同学习,相互交流,电子教学资源的利用率低下。针对这一问题,首先要求软件开发人员有较强的综合能力,不仅要有计算机专业方面的知识,而且还要熟悉教学环节、了解教学的新理念和教学模式的发展方向;其次,在 CAI 软件开发的过程中,尽量多让教师和学生参与,以便了解用户的需要,使 CAI 软件具有更强的网络性,交互性和界面的开放灵活性。

---

① 参见赵丹阳《网络教学面临的五个问题》,载《中国成人教育》2007 年第 4 期。

第五章

大学实践教学

【内容提要】

● 实践教学是高校教学工作中不可偏废、不可替代的重要组成部分，多种类型的大学实践教学活动有着不同的作用，共同构成一个完整的体系。

● 大学实验教学是基础性实践教学形式，教师、学生、教学任务以及教学条件是其基本要素，实验操作技能和实验问题解决能力培养是其主要任务，日益开放和灵活是其改革趋势。

● 实习和实训是职业性实践教学形式；强调真实情境的实践体验，建立专门机构和师资队伍，重视校内外实习实训基地建设，加强过程管理，是保证大学实习实训质量的重要举措。

● 学年论文和毕业论文（设计）是研究性实践教学形式，有严格的要求和规范的组织程序，当前高校应该在选题指导、过程指导和审查、评定与答辩各环节中予以加强。

● 社会实践活动是一种以学生为主体、学校为依托、社会为舞台的社会性实践教学形式，主要有社会调查、学生社团、勤工助学、志愿服务等类型，其核心目标是培养社会实践能力。

● 科技创新活动与创业教育是紧密相关、相互推动中发展起来的创新性实践教学形式，是培养大学生创新精神的重要途径，引导科技创业是大学生创业教育的重要方向之一。

第一节 大学实践教学体系

马克思主义认为，人类活动包括两种基本类型：实践活动和认识活动。区分标准是活动主体有没有引起客体的变化。如果活动结果主要改变了客体属于实践活动；如果活动结果主要发生变化的是主体，则属于认识活动。教学的主要目的是使学生获得关于自然界和社会各种现象及其规律的知识，并在学习过程中锻炼技能技巧、发展智力和能力、形成思想品德，而不是主要让学生改造世界，所以，教学本质上属于认识活动，而且是一个特殊的认识活动。

一、大学实践教学概述

(一)大学实践教学的内涵

在教学领域，有不同特点的两类活动：理论教学和实践教学。前者偏重于对学科的基本概念、原理、规律等内容的了解、理解和掌握，其教学内容主要是前人已经探索和总结出的概念、原理和规律，虽然不乏实例，但由于经过了缜密的理性思考和理论提炼，一般具有较强的逻辑性、系统性和抽象性等特点。而实践教学则更侧重于对理论知识的验证、强化和应用，是对理论学习的补充和拓展，需要以学生实践活动为基础。它往往针对的是具体的实物、真实的任务或鲜活的现实世界，一般具有较强的直观性、操作性和具体性等特征。所以，实践教学在学生活动方面属于实践活动，但从整个教学目的看，仍然属于认识活动范畴。

大学实践活动是指大学生除了课堂理论学习之外的各种实践环节，既包括与社会实际、生产劳动相结合的校外实践，又包括与课堂理论学习相结合的校内实践。而大学实践教学则是指高等学校根据其培养目标，组织和引导学生参与各种实践环节，并使大学生从中接受教育、培养综合素质的一类教学活动。由于高等学校不同于基础教育的特殊性质，实践教学在高等院校中占有更为重要的作用，它和理论教学共同构成了大学教学的完整体系。从大学实践教学的范围看，目前的实践教学主要包括实验、实习实训、社会实践、毕业设计(论文)、科技创新和创业教育等方面的教学、组织与管理。

(二)大学实践教学的特征

作为一类独特的教学活动，大学实践教学具有鲜明的特点：

1. 实践性

与理论教学不同，大学实践教学是在实践活动过程中完成的，这是实践教学区别于理论教学的本质特征。学生在实践教学活动中，借助于各种实际或仿真环境与条件，通过观察、操作、设计、调查、体验等一系列行为获得感性知识和经验，掌握操作技能和技术方法，通过对知识、技能的实际运用深刻领会知识，并把知识转化为实践能力，同时获得方法和过程的体验，发展积极的情感、态度和价值观。

2. 主体性

理论教学也倡导学生的参与，如让学生自学、参与讨论等等，但教师的主导作用贯穿了理论教学整个过程，所以这种参与无论在时间还是空间上都是有限度的。现实教学中往往以教师讲授居多，学生主动活动较少。而在实践教学过程中，学生的主体作用表现得尤为突出，大学生成为活动的真正主体，大部分时间、大部分环节都是在主动和独立的活动，教师只是在必要时候进行组织、引导和帮助，这一点与理论教学明显不同。

3. 现场性

实践教学往往采用现场教学的方式进行，从而把事物按其发生、发展、运动变化的本来面目"活生生"地展现在学生面前，使学生能够直接接触认识的客体。这种现场环境十分有利于培养学生的综合素质和能力，可以使学生更好地体验某些不易言传的经验。

4. 综合性

实践教学不同于理论学习，它除了理论知识的应用、实际技能的练习外，还包括社会适应能力的发展，科学研究的训练、创新能力的培养等。实践教学面对的问题是多种多样的，需要用到多个学科甚至多个领域的知识，需运用多种技能，需要整合校内校外多种资源。

5. 开放性

与理论教学相比，大学实践教学具有更强的开放特征。首先，大学实践教学的内容已经不局限于教材的知识体系，而是延伸到与社会生产实际和社会生活相关的各个领域；其次，大学实践教学活动的时空也突破了课堂、学校的限制和束缚；再次，大学实践教学活动的组织形式、过程以及评价也都表现出开放性特征。实践教学活动的这一特征要求教育者彻底改变一切从书本出发、从教室出发、以教师为中心的传统教学观念，引导学生关心书本知识之外、教室和学校以外的事情。

6. 协同性

实践教学中涉及人与人的关系、人与社会的关系、个人与集体的关系。由于社会实践活动具有开放性、跨学科性、互动性等特点，不仅要求各类学校、各科教师之间、学校教师与家长及社会有关机构人员之间相互配合，家庭、学校、社会形成合力，协同完成任务，而且还要求学生在充分发挥自主性，自己参与设计、自己选择主题、自己组织实施、自己进行评价的同时，充分利用与合作伙伴相互交流、分享成果的机会，协调各种关系。在这个过程中培养锻炼人际交往能力和组织活动能力以及团结合作的精神。

7. 丰富性

社会生活的丰富多彩决定了实践教学活动必然是多种多样的。不同地点、不同时间、不同人员，可采用各种各样的实践教学方式。实践教学有实验、实习实训、科研训练、社会实践、科技活动、创业教育等多种活动形式。活动场所可以是课堂上、学校内，也可以是课堂外、社会上；活动内容可以是理论知识的验证和应用，也可以是对未知世界的探索或技术上的创新；组织方式可以是规定的，也可以是建议的甚至自发的；活动时间可以是固定的，也可以是不定期的；活动结果可以是一件产品、一份调查报告，也可以是活动记录和社会效益。小到指导一个实验，大到帮助创办一个公司，这些都是实践教学活动。

8. 系统性

实践教学贯穿于人才培养的全过程。学校根据学生能力形成的不同阶段和认识发展的规律，合理安排实践教学的内容、时间和进度，尽管每项实践教学的时间长短不一，形式各异，但实验、实习实训、社会实践、科研训练、科技创新与创业教育等一系列实践活动可以形成一个完整的、不间断的系统。

二、大学实践教学的作用和地位

(一)大学实践教学对学生发展的意义

1. 实践教学可使大学生真正掌握专业理论知识

大学生从小学到大学接触的大部分都是书本理论知识，缺乏实践经验，这将对学生理解知识特别是经验性或应用性知识是一个不利的因素。结合专业所进行的各种实践教学活动不同于理论教学，它的教学过程是在实验室、研究室、设计室、工厂、社会等场所完成的，由于其内容与理论教学内容联系密切，因此可以促使学生的专业知识在运用中得以巩固，在服务中得以提高，在实践中得以检验。它通过学生的亲身实践，一方面将自己的感性认识上升为理性认识，另一方面把书本上静态、抽象的知识转化为鲜活、直观的知识，从而完成专业知识的提升、改造和升华。实践教学成为联系理论和实践的不可缺少的桥梁。

大学生进行实验设计和实验操作是对所学知识的验证和运用，在这个过程中不仅会增加直观印象，而且更能加深对知识的理解；实习实训直接与未来职业相关，是对学生专业知识和技能的一次全面考核，可以帮助学生在应用中更好地理解书本知识；毕业设计则让学生从一名知识的被动接受者变为知识的主动运用和创造者，让学生建立知识之间的内在深层关联，并关注专业前沿，从而使得对知识的把握上升到一个新的水平；社会实践活动除了能够巩固专业知识之外，更重要的是获得对社会的了解；而科技创新、创业教育等活动则是在更高层面上对知识的一种创造性应用。总之，离开了实践教学，学生就不能真正掌握所学的理论知识。

2. 实践教学可以改善大学生知识结构

在人类的知识体系中，有两类知识：第一类是可以用言语交流的知识，另一类是不可能用语言来交流的知识。英国哲学家波兰尼把前者称为“明确知识”或者称为“公共性知识”（explicit knowledge），把后者称为“默会知识”（tacit knowledge）。波兰尼认为，“公共性知识”对科学实践必不可少，但“默会知识”也不可或缺，而且，人类的“默会知识”远远多于“公共性知识”。“公共性知识”可以进行传授和交流，但“默会知识”的学习与更新是镶嵌于实践活动之中，是情景性、个体化的，不能以正规形式加以传递，通常要借助“默会学习”的形式即实践的形式才能掌握。以学习游泳为例，一个学习游泳的人尽管可以掌握许多别人告诉他的显性原则，但是这些对他来说，无论怎样都是不充分的，他必须在学习游泳的过程中个性化地理解和运用这些规则，并从中发展出许多只有自己才能够理解的新规则。没有这种个性化的理解、应用及难以分析的新规则，一个人是不可能真正学会游泳的。

由于长期系统的学校学习，大学生专业知识构成中绝大部分是“公共性知识”，而“默会知识”比较欠缺。大学实践教学强调在教学过程中通过在真实的或模拟真实的情境中、在教师和学生之间或在学生团体中发生的各种活动，将“公共性知识”的学习和“默会知识”的学习结合起来，把通过语言教学的方式和意会教学的方式结合，从而恢复知识赖以存在的现实背景和联系，使学生学到的知识不再是抽象的教条，而是与具体场景相联系的，可以灵活运用的、生动的知识，改善大学生知识结构。

3. 实践教学可以锻炼大学生综合实践能力和创新精神

学习的最终目的不在于求知，而在于致用，也就是实践和创新，这也是素质教育的基本精神。长期实践证明，大学生综合实践能力和创新精神的获得，仅靠课堂讲授、理论教学是无法达到的，还必须通过实践教学环节的训练才能获得。实践教学在这些方面所起的作用是理论教学所无法实现的，也是大学实践教学的核心价值所在。实践教学能最大限度地开发学生的潜能，培养学生运用知识、创造知识、投身社会实践的综合能力和创新精神，为学生全面提高素质，顺利进入社会创设必要条件。

不同类型的实践活动教学培养学生能力的侧重点不同。一般来说，实验教学主要培养学生的实验操作、实验设计和实验问题解决和创新能力；实习实训主要培养学生专业实践和创新能力，毕业设计主要培养学生学术研究和创新能力，社会实践活动主要培养学生社会实践能力；科技创新和自主创业活动则明确指向综合创新能力的培养。另外，这些活动都有利于学生人际交往能力、组织能力等方面的提高。

4. 实践教学有助于大学生非智力因素培养

一般来说，非智力因素主要是指人的动机、兴趣、情感、意志、性格等方面。它是学生学习的动力系统，是培养和发展智能过程中必不可少的重要条件。它和智力因素相互联系、相互制约、相辅相成，在人的发展过程中都起着重要作用。

由于成长经历和社会环境的影响，部分大学生中存在着学习动机不明确、学习兴趣不足、以自我为中心、对别人缺少关爱和理解、不喜欢主动与别人合作、不善于与别人交往、意志力薄弱、图安逸、怕吃苦等现象。参加各类实践活动可以使大学生真正发现学习的价值，体会知识的力量，感受成功的喜悦，激发他们的学习动机和学习兴趣；在实践活动中大学生之间的相互配合、合作的机会很多，有助于他们从比较中了解别人与自己，从别人的评价中认识自己，加强相互理解和相互体谅；实践教学活动中的挫折和失败也可以帮助他们更好地看清自己的不足，磨炼自己的意志，养成吃苦耐劳、善与合作、勤俭节约、珍惜劳动成果等良好品质。

5. 实践教学有助于培养大学生自立意识和社会责任感

受各种因素影响，中小学阶段实践教学通常被忽视，有的学生连实验都做得很少，别说其他形式的实践活动了，这也养成了他们"死读书"、"读死书"的习惯，让他们长期地生活在主观想象的世界中。因此，大学生中存在着未来职业规划不明确，学以致用、服务社会的意识薄弱，社会责任感欠缺等现象。

形式多样的实践教学活动，特别实习实训、社会实践、自主创业等活动使大学生有机会跳出书本、走出校园、接触社会、了解国情民意，走近工农，深入生产、生活第一线，以主人翁的姿态、社会参与者的眼光，分析、考察自身和社会，直接地领悟和体会世俗社会的生活。他们会在与群众广泛接触、交流的过程中受到真切的感染，从无数活生生的典型事例中得到启发和教育，从而有助于他们克服不切实际的"书生气"，找到评价自身价值的社会尺度。实践活动还可以更多地提供给大学生证明个人力量的机会，并不断地驱使他们以一个独立的社会人的姿态培养自己、管理自己、支配自己。久而久之，大学生自立自强意识便可在实践活动中不断发展起来。

综上所述，实践教学可以培养大学生的综合素质，促进大学生的全面发展，所以它是高校教学工作不可偏废、不可替代的重要组成部分，高校的培养目标和教学目的的实现，都不能缺少实践教学这一关键环节，它与理论教学一起构成了完整的大学教学体系，两者相互关联、相互促进，共同完成大学教学目标。在有关高等教育法规中明确规定，实践教学是学生必须参与并独立完成的教学任务，学生必须完成专业要求的所有实践教学内容，并达到教学要求，方能毕业。

(二)实践教学对于大学发展的意义

1. 实践教学有利于提高大学教育教学质量

高校理论教学和实践教学是相互关联、相互促进的两个方面，不注重实践教学或实践教学环节薄弱就不能成为高质量的学校，也不能保证高水平的理论教学，两者共同决定了一所高校的教育教学质量。在我国普通高等学校本科教学工作水平评估中，实践教学是一级指标“专业建设与教学改革”下的一个重要二级指标，而且在教育部有关文件中三番五次强调实践教学环节的重要性，提出加强实践教学的若干意见。如 2007 年教育部在《关于进一步深化本科教学改革全面提高教学质量的若干意见》中提出：高度重视实践环节，提高学生实践能力。要大力加强实验、实习、时间和毕业设计(论文)等实践教学环节，特别要加强专业实习和毕业实习等重要环节。推进实验内容和实验模式改革和创新，培养学生的实践动手能力、分析能力和解决问题能力。要加强产学研密切合作，拓宽大学生校外实践渠道，与社会、行业以及企事业单位共同建设实习、实践教学基地。要采取各种有力措施，确保学生专业实习和毕业实习的时间和质量，推进教育教学与生产劳动和社会实践的紧密结合。另一方面，也只有实践能力强、综合素质高、富有创新精神的毕业生才受社会欢迎，进而影响高等学校在激烈的市场竞争中生存下来、发展起来。

2. 实践教学有利于促进大学面向社会自主办学

高等教育工作的基本矛盾是学校教育与社会需要之间的矛盾。高等教育工作的社会价值就在于学校教育适应并满足社会的需要。它是评价一所高等学校办学水平高低、对社会贡献大小的主要标志。因此面向社会自主办学，就成为当代大学办学的根本方向。如何加速大学走向社会、更好地为经济建设服务，是每一所大学都应该思考的核心问题。事实证明，加强实践教学并拓宽它的范围是一种理想的“润滑剂”。实践教学因为带有一种很强的实践性和运用性，它反映出社会的需求和信息，又具有真实性，从而促使大学适应经济发展的要求。

3. 实践教学有利于大学学科、专业、课程的建设和改革

大学实践教学环节还是检测高校教育内容与方式是否满足市场需求，从而进行学科、专业和课程调整的重要途径。一方面，因为通过学生的社会调查、实习、毕业设计、创新创业等活动的组织和反馈，指导教师与社会、用人单位有了密切接触，可以帮助高校了解市场需求，把握市场变化；另一方面，学生各种实践活动中暴露出的对实际工作的不适应能显示出高校教学中的问题。高校就可以根据市场需要和学生表现来进行学科建设规划调整、专业改造和课程改革。

三、当代大学实践教学体系

随着社会发展和大学教育条件的逐步完善，很多高校已经不满足于仅仅落实各种类型的实践教学环节，而是力图围绕培养目标构建完整的、相互关联的实践教学体系，即将高校实践教学看成是由实践教学活动各环节构成的有机联系的整体，以此高屋建瓴、统揽全局，整体设计实践教学的各个环节、要素，形成结构和功能最优的实践教学"体系"，有效完成实践教学目标。

（一）当代大学实践教学体系构建原则[①]

1. 整体优化的原则

目前实践教学已经逐步摆脱理论教学的附属地位成为一个相对独立的体系，因此必须从人才的全面素质和能力发展的要求出发，遵循整体优化的原则对实践教学进行系统设计。不仅实践教学目标体系、内容体系、条件体系、管理体系要协调配合，发挥各自的功能，形成有机的整体，而且还要注意实践教学体系与理论教学体系的互相渗透，有机整合，避免孤立、形式化地设置实践教学环节。

2. 有序递进的原则

学生实践能力的提高是一个循序渐进的过程，实践能力的掌握也是一个由易到难、由简单到复杂的过程，因此应有序地构建实践教学体系。应以培养目标为依据，分析在不同阶段学生应掌握的专业知识和专业技能，循序渐进地设计安排实践教学环节，并按照组成实践教学活动的各环节的地位、作用及相互之间的内在联系，将不同层次的实践教学环节互相衔接，形成具有连续性、全程性的有序实践教学体系，使实践教学低层结构向高层次结构转变，最终保证实践教学培养目标的实现。

3. 个性化的原则

由于学生个体之间在兴趣、爱好、观念和思维方式和知识结构等方面呈现多样化的特点，学校必须根据所培养人才的多样化和层次化特点，构建个性化的实践教学体系。通过开设不同能力培养层次的实践教学项目，丰富实践教学形式、综合实践内容等对不同能力、不同志向的学生，提供有所侧重、有所选择的实践教学培养平台，努力做到实践教学体系的个性化。

4. 有效性的原则

有效性的原则即是必须真正有效地构建实践教学体系，做到有计划，有布置，有落实，有监督，有考核。目前，实践教学流于形式的重要原因之一，就是对实践教学实施的全过程缺乏有效的质量监控机制，因此必须从实践教学实施的

---

① 参见刘海燕、蔡则祥《体系化——实践教学的必由之路》，载《教育与职业》2006年第10期。

关键环节质量监控入手，有效地提升学生实践能力的培养。

（二）大学实践教学体系的内容

在以上原则基础上，整个实践教学体系可以分为实践教学目标体系、实践教学内容体系、实践教学管理体系和实践教学支持与保障体系。

1. 实践教学目标体系

实践教学目标体系的构建是实践教学"体系化"的关键，它对实践教学内容体系、管理体系和实践教学支持与保障体系发挥着导向和驱动的功能，直接决定着整个实践教学体系发挥的功能和水平。

如前所述，实践教学具有丰富而独特的功能，其丰富性体现在可以使学生在知识、技能、能力、思想品德等各方面得到全面发展，其独特性主要体现在学生综合实践能力和创新精神的培养方面。知识、技能的培养、思想品德教育都是在实践能力培养过程中实现的，而创新精神又是在综合实践能力基础上形成的。同时，创新能力也是综合实践能力的一部分。因此，应该以综合实践能力培养为核心，构建全面的实践教学目标体系。

首先，应构建整体的综合实践能力培养目标。学校应在明确人才定位和专业特色的基础上，根据社会对人才的知识、技能、能力、思想品德的要求来确定各专业人才培养所必须具备的综合实践能力，从而制定出实践教学培养整体目标。因为大学生实践能力不是单一的某种实践能力，而是由相互联系、相互影响的若干种能力构成的一个实践能力体系。它包括动手操作、设计等一般实践能力，运用所学的理论知识分析、解决专业领域中实际问题的专业实践能力和科研能力，与人交往、沟通与组织的社会性实践能力，以及在此基础上形成的创新能力。

其次，将整体实践教学目标细化、分解，明确各阶段目标和各具体环节目标。对大学生实践能力的培养必须根据大学生实践能力掌握的规律，循序渐进地将各实践环节有机联系起来，使之体系化、科学化，方能有效实现培养目标。所以要把学生在校期间希望培养的整体目标具体分配到不同的学年、学期当中，形成阶段性目标。一般来说，大学生综合实践能力形成的规律是先形成一般实践能力，然后以此为基础，逐渐形成专业实践能力、科研能力和社会性实践能力，最终发展创造能力。因此，在大学前半段实践教学应该主要以一般实践能力培养为基础，渗透其他能力培养，后半段再设置专门活动逐渐发展专业实践能力、科研能力和创新能力。

最后，每一阶段目标又要具体分解到这一阶段的不同实践教学环节上去，也就是构建实践教学内容体系，并最终固化到实践培养方案中去，通过各具体实践教学环节子目标的实现来保证整体目标的实现。

2. 实践教学内容体系

学生综合实践能力内涵的丰富性决定了实践教学内容体系的多样性。围绕着大学实践教学总目标,可以把实践教学活动大体分为基础性、职业性、社会性、研究性和创新性实践教学五大类型,每一类型中又可以包括具体的活动。

(1)基础性实践教学。基础性实践教学指的是那些与理论学习关联较密切、活动的时空开放性相对较小的实践教学环节,主要包括为某门课程所配置的基础实验和基本技能训练等活动。它们具有明显的基础性特征,主要内容是学生对理论知识的基本应用和专项 技能的训练。

(2)职业性实践教学。职业性实践教学环节指的是帮助学生熟悉职业环境、锻炼职业技能,为其今后从事职业做好准备的一系列教学活动,是综合前期所学知识的一种系统训练和设计。主要包括综合职业技能训练、见习、实习实训等几种形式,其核心是实习实训。在某些专业性较强的高校如师范学院、医学院、法学院,或职业技术院校中职业性实践教学环节尤为重要。

(3)研究性实践教学。研究性实践教学环节主要引导、组织学生综合运用学过的知识完成某项专门设计或探索性、研究性课题的一系列活动。主要包括科研训练、探索性实验、课程设计(学年轮文)、毕业论文(设计)等,集中体现在毕业论文(设计)的完成过程中。研究性实践教学的主要特点是探索性和规范性,主要目的是培养学生的科研意识、科研方法和科研能力。

(4)社会性实践教学。社会性实践教学环节是指高等学校根据其培养目标的需要,积极地引导大学生走出学校、接触社会、服务社会的一系列活动,也称为社会实践活动。主要包括社会调查、学生社团、勤工助学、志愿服务等活动。这种实践教学可以与专业紧密相关也可以和专业关系不大,其主要特点是面向社会实践,主要目的是让学生了解社会,增强其社会性实践能力。

(5)创新性实践。创新性实践环节是在学习理论知识基础上充分发挥学生创造性的实践教学活动。主要是对大学生科技创新和自主创业活动两类活动的组织与指导。前者主要以科研课题、第二课堂、各种课外科技竞赛为背景,后者则突破了单纯科技研究范畴,以产品、信息、技术投资等方式进入社会市场,它们都是充分利用大学的人才、成果、实践基地等资源,充分发挥大学生的知识、信息、技术等优势,使学生在掌握专业基础知识的基础上,进入专业科学研究、开发和应用领域以及与此相关的经济领域,通过实际的研究和运作,培养学生的创造精神和创新能力。这类活动的主要特点是自主性和创造性。

当然,各种实践能力之间是相互关联的,上述活动类型常常是相互交叉和融合在一起,而不是可以截然分开的。正是这些活动的交叉与融合,才使得各种实践能力的培养并不是一个简单的直线累积性的过程,而是一个相互联系和渗透的、螺旋上升的过程。

3. 实践教学管理体系

与理论教学相比，开展实践教学所需要的物质条件多，投入量大，制约因素多，教学过程复杂，可控性比较差，因此，更需要科学化的教学管理体系。首先，应成立精干实效的专门的实践教学管理机构，对实践教学进行统一管理，主要负责全校性实践教学的计划组织、管理协调、质量监控与考评以及校内外各种实践教学资源的优化配置、合理利用等。其次，要针对不同类型的实践教学建立科学规范、与时俱进的管理制度，保证实践教学被重视和落实。同时，加大实践教学管理信息系统的建设力度，使用先进的实践教学管理手段。此外，还必须建立严格的实践教学评价、质量监控机制，对实践教学的体制与体系、教学队伍、内容、教风与学风、改革和效果等进行评估，不仅进行总结性评价，而且还要进行形成性评价，对实践的全过程进行考核，以便及时掌握实践教学过程中存在的问题，及时反馈、调整和改进实践教学。

4. 实践教学支持与保障体系

开展实践教学对资金、师资、设备、基地建设和产学研合作等条件要求很高，这些条件能否满足已经成为制约实践教学效果的重要因素，直接决定着实践教学的成败。目前实践教学面临的一个很尴尬的局面就是实践教学条件上的限制，很多学校对实践教学的资金投入严重不足，实践教学设备设施老化、陈旧，实习实训基地建设困难重重、实践教学指导教师在质和量上都达不到要求，因此，必须建立健全有效的实践教学支持与保障体系。首先学校领导要高度重视实践教学，把它作为学校的一项重要工作常抓不懈。其次要保证资金投入，尽量做到专款专用，加大实验室建设、科技创新基地和校内外实习基地建设，建设好实践教学的“硬件”。再次要有计划地引进和培养实践教学方面的教师，建立一支质量高、专业过硬的专兼职教师队伍，保证实践教学引导和组织到位。最后，还应建立适当的奖惩措施，真正给实践教学提供积极的促进和坚实的保障条件。

第二节 实验教学

一、实验教学概述

(一)实验与实验教学

实验是人们根据一定的科研目的和任务，运用仪器设备等手段突破自然条件限制，在人为控制和干预客观对象情况下观察、探索事物本质和规律的一种科技创造的方法，也称“科学实验”。它是人对自然、对环境的一种积极干预，是人类发现客观规律的一种很重要的科学方法，人们通过主动地改变环境，提取所需要的科学信息，从中找到客观规律。自从近现代科学诞生以来，以伽利略、牛顿等为代表的科学家就开创了自然科学实验的研究方法，并成为科学重要的本质特征，随着科学的发展和科学技术日益结合给人类带来的巨大变化，实验方法也被应用于社会科学领域。

由于科学的进步和教育的发展，人们逐渐把实验作为验证知识、训练技能和培养能力的一种教育手段，引入到教学过程中来，逐步形成了实验教学这一重要环节。实验教学就是按照一定的教育目标、培养方案，在教师指导下，让学生观察研究自然现象的运动变化，练习实验技能，深入理解理论，领会科学方法，形成科学能力，养成科学态度，从而全面发展科学素质的实践性教学过程。

随着国际人才竞争的加剧，我国传统教育重理论教学和知识传授，轻实践教学和能力培养的弊端越来越明显。原国家教委在《关于加强领导和加速实验室建设的意见》中指出：当前我国科学技术与国际先进水平相比，有理论方面的差距，更突出的是在实验技能方面的差距。诺贝尔奖金获得者丁肇中先生在得到诺贝尔奖金时曾说："我希望，我得到诺贝尔奖金能提高中国人对实验的认识，过去中国人从小就受到'劳心者治人 劳力者治于人'的观点影响，普遍不重视实验，觉得理论比实验更高明，理论更高深，大家认为学习就是学理论，从来没有说学习就是要好好地学实验。我是第一个通过自己的实验得到诺贝尔奖金的，我这次得奖，希望从此以后能够摆脱中国人轻视实验，过分重视理论的旧传统。"他的这段话是非常深刻的，我国大学教育阶段应该切实加强实验教学。

（二）大学实验教学类型及其特点

根据实验教学的组织形式，可以分为三种：一是课程中的实验教学，一般安排在课堂教学中，学生在教师讲授和指导下进行观察和操作；二是单独开设的实验课程，一般安排在某门课程结束后针对该课程所涉及的理论和具体要求到专门实验室集中进行操作和设计；三是学生根据自己的兴趣和需要自选的实验，一般是遵照一定规则到实验室自行设计和操作。

根据实验教学目的，又可以分为验证性实验教学和探索性实验教学。验证性实验教学指的是为验证某个理论的正确性而让学生进行实验的教学活动，探索性实验教学是指让学生通过实验探索一个对于他们来说未知的现象、规律、理论或制造一个新产品的教学活动。

根据实验教学的功能作用，可以分为以下几种实验教学类型：

1. 观察性实验教学

观察性实验教学是实验教学的初级形式，主要是教师示范，学生看动作、步骤、现象和听实验要点、注意事项等，为学生今后的独立操作打下基础。这种形式侧重培养学生的注意力、观察力和辨别力。

2. 学习操作性实验教学

学习操作性实验教学是在教师示范后让学生亲自动手尝试操作，主要让学生能正确选择和熟练使用最基本的实验仪器设备，能分析和排除一般仪器设备的故障。

3. 独立操作性实验教学

独立操作性实验教学指教师组织学生根据实验教材中给出的仪器药品、实验步骤、操作要点独立完成实验的教学活动。学习操作性和独立操作性实验教学都侧重实验操作能力培养。

4. 设计性实验教学

设计性实验教学是由教师指定课题或学生自拟课题，根据所学内容确定实验方案，选择实验方法和步骤，选用仪器设备，独立操作完成实验的过程。通过设计性实验，可以培养学生查阅文献、确定实验方法、选择实验仪器设备，独立完成实验的思考能力、组织能力和技术能力，从而为将来从事实际工作打下良好基础。

5. 研究性实验教学

研究性实验教学就是教师组织和指导学生面对探索性的课题，综合运用多方面知识、多学科内容、统筹考虑多因素的影响，不断设计、调整和改造实验方案，并持续地开展实验探索的活动。研究性实验教学能培养学生分析问题、解决问题的实际能力、研究能力和创新能力。

(三)大学实验教学过程要素

实验指导教师、学生、实验教学任务以及实验教学物质条件构成了实验教学的基本要素，这些要素的集合与相互作用就构成了实验教学过程。

1. 实验指导教师

在不同类型的实验教学中，教师的具体职责和角色是有区别的。在观察性实验教学中教师的角色主要是讲演者，任务是为学生提供直观现象，以加深学生对理论知识的理解，同时，示范实验操作，为学生今后的独立操作打下基础。在学习操作性实验教学中教师的角色主要是讲演者，任务是在示范一练习过程中让学生联系和初步掌握实验操作技巧。在独立操作性实验教学中教师的角色主要是指导和管理者，任务是检查学生预习情况、讲明实验关键点和注意事项、巡视和维持实验秩序、协调实验室管理人员帮助学生解决实验中的各种困难，使得实验能够安全顺利完成。在设计性实验教学中教师的角色主要是帮助者，他要启发、引导和检查学生的实验设计方案并依照实验方案提供相应仪器、材料，并提供适当的指导和帮助。在研究性实验教学中教师的角色主要是合作者，教师要帮助学生寻找课题，共同研究、探讨和修正实验方案，共同面对研究实验过程中出现的问题并提供信息支持。

2. 学生

学生是实验教学过程中的主体。学生的主体性在观察性实验、学习操作性实验、独立操作性实验、设计性实验和研究性实验中呈现出越来越明显的变化趋势。学生的主体性在观察性实验中主要表现为主动、积极的观察；在学习操作性实验和独立操作性实验中主要表现为严格按照要求练习和操作；在设计性实验中主要表现为综合应用学过的理论知识和实验技巧合理设计实验方案，而在研究性实验中则主要表现为主动寻找课题并创造性地应用所学知识解决问题。

3. 实验教学任务

实验教学都是围绕着实验任务来进行的，不同性质的实验任务来源不同。观察性实验、学习操作性实验、独立操作性实验和设计性实验的实验任务一般来自实验教材，实验教材是根据一定学科课程的任务和情况编写的，是实验教学的主要依托。而研究性实验教学任务则可能来自于社会实际问题、学生兴趣或教师的研究课题。

4. 实验教学物质条件

实验教学物质条件主要是指进行实验教学的场所、设备、材料等，这是进行实验教学的基础。实验教学辅助人员在教学之前应按照实验任务，检查实验室水电、通风、防护等情况，准备好各种实验用品，并使它们处于完好可用状态，以满足实验需要。

二、实验学习理论[①]

实验学习不同于理论学习，理论学习侧重认知领域的活动，而实验学习则既有认知活动参与又有动作技能的发展。在实验学习中主要有两类任务：一类是按要求完成实验操作，另一类是根据实验任务设计并实施实验。前者需要学生实验操作技能，后者则需要实验问题解决能力。两者既有区别，又有联系，实验操作技能更多表现为动作技能，主要表现在观察性实验、学习操作性实验、独立操作性实验中，实验问题解决能力更多依赖于认知水平，主要表现在设计性实验和研究性实验中；实验问题解决能力包括实验操作技能，实验操作技能是实验问题解决能力的基础。

① 参见贾晓东《高校实验教学质量管理与评价研究》，天津大学管理学院 2006 年硕士论文。

(一)实验操作技能

1. 实验操作技能的形成阶段

实验技能形成的过程包括三个阶段,即认知阶段、联结阶段、自动化阶段。认知阶段是指学生在老师的指导下对实验的原理、操作程序或操作规则进行领会与理解。这一阶段主要出现在观察性实验教学中。联结阶段指学生根据认知阶段所得到的知识进行操作。这一阶段主要出现在学习操作性实验教学中。自动化阶段,是指学生各部分动作变得熟练而准确、自动而迅速。这一阶段主要出现在独立操作性实验中。

2. 实验操作技能的表征——生成子

目前,一般用生成子表征实验操作技能。生成子的概念源于数学和计算机科学,是由卡内基—米兰大学的阿兰·纽万厄尔(Allen Newll)和海伯持·西蒙(Herbert Simon)于1970年提出、应用并引入心理学的。为了对生成子有一个具体的认识,下面以"天平横梁调节"为例加以说明。

"天平横梁调节"生成子的组成:

判断:如果横梁左边高。(条件)

而横梁左边有一个调节螺丝。(条件)

那么,调节左边的调节螺丝并向左移动使天平横梁趋于平衡。(结论)

执行:如果将左边的调节螺丝向左移动能使横梁趋于水平。(条件)

那么,必须将左边的调节螺丝逆时针旋转。(结论)

从上述生成子可以看出,每一个实验生成子包括判断与执行两个部分。由条件与结论两项组成,其中判断部分根据观察获得条件,经过思维获得结论。而执行部分则根据判断获得结论,经过大脑发出指令执行操作,达到调节的目的。

对于同一目标的实验操作,可以组成不同的生成子模式。比如,上述天平横梁调节生成子,是通过左边螺丝的调节而组成的生成子,同样我们也可以通过右边螺丝的调节或左右螺丝同时调节组成新的生成子。

实验技能的正确表征是实验教学的重要环节,是学生实验操作的前提。对于一个没有掌握实验操作正确表征的学生来讲,实验的操作将是盲目的,其表现为:目标不明、步骤不清、程序混乱、动作错误。因此,在实验操作前,学生必须在教师指导下掌握实验操作技能的正确表征方法。这种表征方法的掌握,并非通过学生语言表述,更不是通过书面阅读去掌握,而是通过教师的操作示范,通过自身的观察而在大脑中形成的一种认识,从而使自身的操作,在特定思维流程的指引下展开,形成最佳的操作序列。

必须指出,为了提高学生的操作成绩,选择优秀的生成子是很重要的。比如说,利用双手同时调节左右两个调节螺丝来使天平平衡将比单手调节一个调节螺丝更快。生成子的作用是连接问题与目标之间的路径。尽管从问题到目标可以有多种路径。但是就如两点之间的线段才是最短的路径一样，在实验操作生成子系统中存在着一个最佳操作生成子。当然，对于特定的实验技能，其最佳生成子并不是绝对的，它只存在相对的价值。而实验教学指导只是让学生找到一个最佳表征的方法。研究发现，实验操作过程中，当达到熟练操作时，生成子系统在操作者的大脑中将变成一种意识流而自动地流淌着，从而使操作变得熟练、准确。这时我们可以讲，该学生已经获得了这项实验操作的技能。

3. 实验技能获得

(1)动机：动机是实验技能学习过程中的一种内在动力，它对实验技能的掌握有非常重要的作用。实验动机的获得是通过实验对个体的内驱力刺激而引起的反应，对于不同的实验者，动机水平也不相同。它与实验者的知识结构和通过学习获得的自身的目标有关。具有良好的动机水平的实验操作者与无动机欲望的实验者，会表现出极大的差异。前者将呈现出对实验操作的强烈兴趣、积极的手脑配合，全神贯注地观察与思考，从而加速动作的视觉形象与动作表象的结合，促进实验技能的获得与形成；而后者反映出动作的迟缓、思维呆滞，动作视觉形象与动作表象不能很好地结合，从而导致练习的失误。因此，实验教学的艺术不仅在于对实验中认知结构指导与实验动作的示范，还必须注意实验动机的激发与动机水平的提高。

动机水平的强弱对练习具有的影响并不是一直呈正比趋势，研究表明，中等动机水平具有最佳操作。因为适中强度动机水平的实验者通过注意力集中，思维活动的激活对实验操作产生促进作用。对于过低的动机水平的影响前面已述，过高动机水平实验者由于动机太强，由于紧张而导致动作忙乱，程序失调，具体表现为：紧张、忙乱、动作的迟缓与失调。

(2)练习：操作练习对于实验技能的形成具有决定性的作用。练习应当是有目的、有步骤地进行。首先，建立适当的目标，激发与培养实验动机而进行操作练习。目标的适当体现在为获得某种技能而进行的练习次数和完成一次实验所达到的时间水平，以及实验课题的难度与实验结果精度等指标要适合学生的个体情况。其次是练习的有序性，为了达到预定的目标，要由易到难循序渐进，在实验技能获得的亲身体验中激发动机水平的提高。

(3)操作与反馈：在实验技能获得的过程中，反馈对实验技能的获得具有非常重要的促进作用。实践证明，及时反馈对于实验操作技能的形成比知识学习更为重要。实验操作过程中的反馈主要包括两方面的内容：一是对操作动作信息的反馈，这种反馈主要是评价动作的正确与错误。二是对操作程序信息的反馈，这种反馈信息将判断其操作是向正确的方面还是错误的方面发展。实验操作过程中这种对操作结果的反馈之所以对技能的获得有显著促进作用，其主要原因在于反馈信息可以使操作者及时校正动作或程序的错误，将操作的过程与实验的预期结果联系起来，从而使操作者沿着正确的途径进行操作，并且品尝到成功的情绪体验，强化操作的目标与动机。同时，操作者可以及时分清自己操作的错误，区分自己已经掌握的技能与尚未掌握的技能，从而使实验操作者把主要精力集中于需要加强的部分，促进操作技能的获得。另外，要提高反馈效果，应特别注意反馈时机。在实验操作技能获得的过程中，动作过程往往不像文字那样能够复述、回味，而实验操作则必须在动作表象仍然活跃在记忆之中时及时给予纠正。否则，这种动作反馈信息将不能得到有效的应用。

(二)实验问题解决

1. 实验问题解决的程序

实验问题的解决是指对特定实验的完成。完成实验必须与原有的知识结构相联系，并在运用原有的某种规则的过程中，组成更高级的规则，这些规则将贮存在记忆库中，成为解决新问题的经验。问题的解决所依据的认知程序和操作程序如图 5-1 所示。

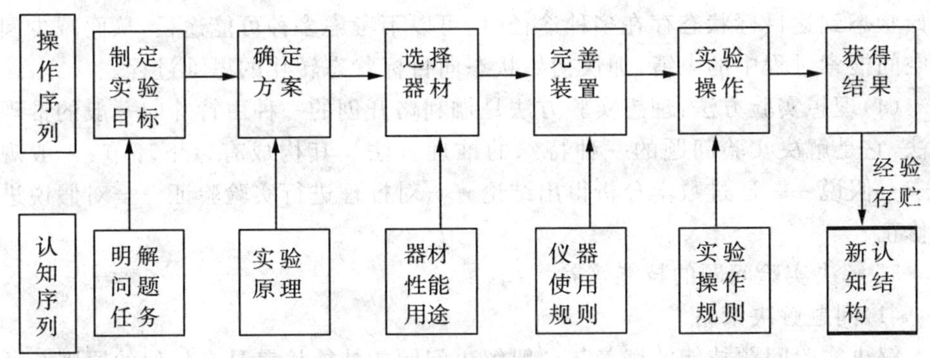

图 5-1　实验问题解决的程序

由此可见，实验问题的解决是一种从初始状态向目标状态的搜索过程，并在这种搜索中寻找达到预定目标的操作序列。从初始状态到达目标状态的操作序列并非一种，实验的艺术性就在于寻找一条简洁与经济的操作序列，并在完成实验的过程中有效地改造与完善原有的认知结构。实验问题的解决侧重的是学生创造性的培养，实验中的创造性是较高层次实验能力的表现。

2. 实验问题解决的途径——实验思维方法

实验思维方法是指导实验寻找解决问题的各种途径，即指导对问题进行搜索的各种方法。

(1)原理一目标分析法:这种思维方法从实验的基本原理出发,逐步消除初始状态与目标状态的差异,从而达到解决问题的目的。

(2)目的手段分析法:目的手段分析法是把问题解决活动组织起来,并且引进一种制定蓝图因素的方法。纽厄尔和西蒙对这个方法作了广泛的研究,并把它应用到一般问题解决程序的计算机模拟程序上去(简称 GPS)。GPS 主要方法同时也体现了目的手段分析法的搜索线路。目的手段分析法的一个典型例子就是下述这种常识性的推理:我送我的儿子去幼儿园。我已有的跟我想有的之间的差别是什么?地理距离。什么东西能消除这种距离?汽车。我的汽车现在坏了,开不动了。修车需要什么?一组新的电池。什么地方有新电池?汽车修理铺。我想要汽车修理铺替我安装一组新电池,可是铺里并不知道我需要。困难在哪?在于通信。什么东西可以通信?电话……如此等等。这种分析方法,把事物按其功能分类,把需要达到的目的、事物的功能、能产生这种功能的手段三者联合起来分析,从而构成 GPS 基本的线路的探索系统。

(3)目标反推法:目标反推法是从实验问题所要达到的目标出发,反向推理,从而找出解决实验问题的操作序列。在目标反推法解决实验问题的过程中。当初始状态到达目标状态存在多种途径时,可以不考虑多种可能途径,从而减少问题空间搜索过程中的束缚,加快初始状态向目标状态转化的思维过程。

(4)理想实验方法:理想实验方法是伽利略开创的一种由特殊向一般的推理方法,它是解决实验问题的一种特殊的推理方法。其构成有以下环节:一般观察——假说一一通过数学分析得出结论——对推理进行实验验证——对假说进行修正。

3. 解决实验问题的技能培养

(1)问题解决策略

解决实验问题技能的培养与一般解决问题的技能培养具有相似的原则。通过对思维过程的理论与成功解决问题和不成功解决问题的实际观察与比较,可以得出解决问题的十点启示:

①在试行解决问题前,对问题进行简单的陈述,并规定界限。

②力戒将注意力局限于问题的一个方面。

③超越显见的现象,深入问题的本质。

④警惕与避免产生功能上的固定性和负迁移的可能性。

⑤抛开很少有希望的那些先入为主的想法,另作其他的考虑和选择。

⑥思考提出的证据有多大的可靠性与代表性。

⑦弄明白任何前提的凭借的假设。

⑧清楚地区分开数据与推理。

⑨利用未经证实的假设中推演出来的信息。

⑩谨慎地接受与自己意见一致的结论。

(2)实验问题的解决策略

上述解决问题的启示对解决一般问题具有普遍的意义,但实验问题的解决具有其学科的特殊性,因此在解决实验问题的过程中应进一步考虑其学科的特点,并合理地参考上述要点。具体到实验问题的解决应注意以下策略:

①在对实验问题表述的过程中,首先应列出实验的目标状态。

②根据实验问题的目标状态,考虑实验问题应遵循的基本原理。

③从实验问题的基本原理出发,全面地考虑到达目标状态可能的各种途径。

④在多种途径中,依据现有实验条件谨慎地选择一种。

⑤实验观察,应首先确定观察目标,然后根据目标制定观察蓝图。

⑥在制定观察蓝图过程中,应注意考虑同类现象的不同点与不同现象的相同点。

⑦在实验现象分析中,应注意把握现象与本质之间的差异与联系。

⑧在实验数据分析时,应首先理出数据系统所依据的知识结构,然后再确定处理方法。

⑨对分析所得结果,先考虑是否符合事实,再谨慎地接受与事实相符的结论。

教师应注重在实验活动过程中有意识地培养学生的实验问题解决技能。在实验操作过程中,让学生不断地体会上述建议和策略,并在解决实际问题的过程中,逐步积累并完善自身的经验系统。而经验系统的形成与完善是解决实际问题的最可宝贵的财富。同时,还要特别注意特殊实验问题的解决过程。这些问题的解决往往包含着新的途径、新的方法或解决问题的特殊策略。因而,特殊实验问题的解决为创造性的思维能力的培养提供了范例。在对新途径与新方法寻觅的过程中,往往需要持久耐力、自我批评精神以及思维与观察的敏锐与机警,这正是实验者良好素质所包含的成分。

三、大学实验教学组织与过程管理

(一)实验教学组织

1. 实验教学计划

教务部门及实验室管理部门根据专业培养方案编制实验教学年度计划,对一个学年的实验教学作出总的安排。其内容主要包括学年中应开设哪些实验课,每门实验课控制学时数,开课名称、系(专业)、班级名称、学时数、考核考查方式等。通过主管部门、学院(系)向各有关实验室下达指令,再由教研室及实验室共同落实主讲及指导教师，并提出排课的意见和要求，以便具体执行。

2. 实验教学准备

实验教学准备一般是由准备实验和撰写教案两部分内容组成。

(1)准备实验：对于观察性和操作性实验(包括学习操作性实验和独立操作性实验)，一般是按照实验教材所写的方法、步骤、所需要的仪器设备、材料、试剂等准备实验，同时，实验教师和实验辅助人员一起按实验的全部过程，进行预做实验，即操作性备课。而对于设计性实验，准备时就需要估计学生可能会设计的实验方案中用到的仪器药品，尽量把这些准备充足，对几种可能出现的设计方案进行预实验，并针对与实验中的情况考虑指导和帮助方案。对研究性实验则更多地要根据学生要探究的问题，在知识、信息、方法、仪器设备等多方面进行准备，为学生探索做好支持和辅助工作。

(2)撰写实验课教案：教案一般包括实验课的目的和要求、实验原理、实验步骤、实验装置、实验的基本技术、基本操作、实验教学方法、实验注意事项，以及实验中容易出现的问题和处理办法等。当然，不同类型实验教学教案的写法也有差别，教师要根据实验类型灵活掌握。

3. 实验教学实施

首先，实验教学之前要检查学生实验课前预习情况。教师应要求学生在实验课前仔细阅读实验教材，基本了解实验的目的、要求，结合实验内容，复习有关理论知识，熟悉或初步设计实验步骤和操作程序，预测实验中可能出现的结果。在正式实验之前教师要检查学生的准备情况，对于没有预习或预习情况不好的学生，教师要帮助、督促他们充分预习后才能允许他们进行实验。

其次，教师要针对学生预习中的情况，简明扼要讲清实验的注意事项或疑难问题，对于设计性实验和研究性实验，则可以组织学生进行讨论，并在此基础上帮助学生完善实验方案，然后才可以巡回指导学生进行实验。实验讲解和指导工作是实验教学过程中的重要一环，是培养与发展学生自己去获得知识、进行实验、锻炼能力的关键。一堂实验课的成功与否，学生的收获大小，就要看教师实验教学的方法是否合适、有效。

再次，要做好实验课的结束工作。教师的实验教学工作并不是随着学生实验的完成而结束的，教师要在实验课后半段检查学生的实验记录和结果，引导与启发学生如何分析归纳、撰写好实验报告；对实验中出现的普遍性和典型性问题教师要进行分析讲解；对实验中的疑难现象可以作为思考题让学生课后解决；发现实验设计和操作有重大错误或失败者，可以提示原因，安排其重做；对实验过程不认真或抄袭、篡改实验结果者应提出批评。

最后，教师还要安排学生整理仪器及其他实验用品并打扫实验室卫生。

4. 实验报告的批阅

批阅实验报告是实验教学的延续，它可以帮助教师更好地了解学生情况，同时也加深学生对实验的理解和掌握。批阅实验报告时的一般标准是：实验目标明确、格式清楚、记录真实、数据完整、图表设计制作规范合理、科学分析、实事求是地作出结论。一般来说，实验报告常作为评价学生实验状况的一个重要依据。

5. 实验教学的考核

应建立实验教学考核制度，每门实验课、每个阶段都要进行严格的考核，实验成绩不合格者，必须在规定的时间内补考或重修。

实验考核的方法主要包括：笔试（实验方案、仪器原理、实验原理、实验结果分析等）、操作考试（每人一组抽签独立操作，在规定时间内完成）、平时考核（出勤、实验表现、实验报告情况等），而且，往往这些方法要相互结合，才能对学生实验情况进行综合评价。

6. 实验教学的评价

实验教学的评价可分为实验教学开出率和实验教学质量的评价两方面：

(1)实验教学开出率：实验教学开出率是指实际开出实验课项目（题目）个数或学时数和培养方案（教学大纲）所规定的应开实验课项目（题目）之比。可从两方面进行计算：

实验课个数开出率＝（实际开出的实验课项目个数/规定应开的实验课项目个数）×100％

实验课学时开出率＝（实际开出实验课学时数/规定应开的实验课学时数）×100％

(2)实验教学质量是由实验教学计划、内容、方法、实验手段以及考试成绩等多因素共同作用形成的综合结果。所以，实验教学质量评价应根据影响实验教学质量的不同因素，采取不同的评价形式和评价方法。

实验教学计划包括实验教材或实验指导书，是进行实验教学的指令性或指导性文件。实验教学计划的系统性、完整性和科学性，是从全局角度衡量和评价实验教学质量的重要标志和客观标准。所以，评价一个学校、一个系、一个专业、一个实验室的实验教学质量，首先，要看它有没有一个系统的、完整的、科学的实验教学计划。其次，实验内容、方法和手段是影响实验教学质量的最基本的因素。实验教学手段主要指实验用的仪器设备。仪器设备的优劣，包括仪器设备发展进步的精度、灵敏度的技术指标等，对实验教学质量有很大影响。最后，实验考试成绩是实验教学效果的体现。实验考试成绩的评价，一般采用优秀、良好、中等、及格、不及格五级制评分方法评定。将参加一个实验项目的全体学生按评分等级分档次排列，如果中等以上成绩学生数占的比例大，说明实验教学质量高;如果及格、不及格学生数占的比例大,则说明实验教学质量低。

(二)实验教学的过程管理

实验教学的过程管理,是通过对实验教学过程各环节的调查、分析、研究和管理实现的,它是提高实验教学质量的基础。

1. 实验教学过程的管理内容

(1)建立实验教学过程全面管理体系。这个管理体系构成应是一支从上到下,既懂实验教学又懂实验室管理的队伍组织体系,由这个管理体系制定一套完整的实验教学质量评价指标体系,作为进行管理的依据。

(2)建立健全各项检查制度,加强对各个实验教学环节的检查和考核,对每个环节的管理都应有相应的规章制度,做到有章可循。

(3)对学生的实验技术和实验能力要进行跟踪考核。

2. 实验教学的管理策略

(1)建立教务处、实验设备管理处、院、系人员的听课制度以及实验教学的督导制度。

(2)建立实验教学质量的常规检查和常规信息制度,如进行期中或期末实验教学质量检查。

(3)定期向学生进行实验教学质量的问卷调查或者召开座谈会,征集学生对实验教学质量的意见。

(4)建立实验教学质量评价制度,定期组织对学校实验教学质量进行评价。

(5)划分与处理实验教学差错、教学事故。

(6)奖励实验研究与改革成果。

(7)利用高校实验室评估,以评促建,加强实验教学管理。

对高校实验室的评估,包括了实验室体制与管理、实验教学、仪器设备、实验队伍建设、实验室的环境与安全、实验室管理规章制度、实验室特色等七大部分内容,其中,实验教学方面包括:实验教学任务完成情况、实验教材或实验指导书、实验考试或考核的办法、实验报告的撰写与批改、实验项目的管理、实验研究的情况、每组实验人数等。定期地进行实验教学评估,“以评促建,以评促管,以评促改,评建结合”,可以推动实验室的建设,改善实验教学手段,加强实验室管理的标准化、规范化、科学化,提高投资效益,更好地为培养合格人才服务。通过评估,也可以客观地衡量一个学校实验教学的整体实力、教学质量及管理水平,找出存在的问题,研究解决问题的对策和措施;总结和推广先进经验,奖优促劣,从而促进全校实验质量的不断提高及实验教学的不断改革。

(8)采取多种形式的实验教学考核方式。主要有定量考核,自评记分;组织实验听课,评议记分;组织学生进行问卷调查;召开各种形式的座谈会;抽查学生实验技能操作;抽查学生的实验报告等方式。

四、大学实验教学现状与改革趋势

当我们审视传统实验教学时就不难发现,传统实验教学远远没有达到实验教学应有的培养目标。

(一)传统实验教学的弊端

1. 实验教学内容陈旧滞后、脱离实践

传统实验教学由于长时间自我封闭、实验仪器设备不能及时更新的限制等等,学科发展的新成果、新的实验技术、新的实验方法不能被及时吸收到实验教学中来,实验教学内容的更新非常缓慢,远远落后于时代发展的步伐。同时,在传统实验教学封闭式的教学环境里,师生很少接触到直接来源于生产实践第一线的实验课题,学生很少有解决实际问题的机会,缺乏实际锻炼。习惯成自然,久而久之,学生对生活中的实际问题漠不关心,很少去思考周围的生活环境。尽管学习了许多高深的理论,但对身边的简单现象不能作出科学的解释,虽然做过不少的实验,却对实践中的小问题束手无策。理论和实践脱节使得学生对实践漠不关心,也没有能力解释和解决实践中的问题,这是实验教学的悲哀。

2. 实验教学成为理论学习的附庸,验证性实验过多

首先,在实验课程的设置方面,传统实验教学不是先制定某门学科宏观而又具体明确的实验教学培养计划,再根据这个整体计划设置不同任务的实验课程,而是什么理论课程需要实验,就设置什么实验课程,实验课程的设置依附于理论课程,这样一来,造成了两个问题:一是实验安排缺乏全局性,各实验课程之间前后脱节,简单重复现象严重;二是主要以验证性实验为主,探索性实验很少。

其次,在具体的某门实验课程里,传统观念认为如果理论课还没讲到,实验就不能先做,实验必须从属于理论。这样,实验事实上只能起到验证理论的作用,实验变成验证的手段,实验教学成了理论教学的附庸或辅助手段。这样的结果,导致学生认为理论高于实验,如果自己已经相信了理论、理解了理论,做实验就没有什么意义了。这些完全是对实验教学的误解。验证性实验是最低层次的实验,实验教学更重要的是培养学生应用所掌握的知识去解决实际问题的能力,而这种能力的培养,仅靠验证性实验是无法实现的,必须借助于探索性实验来完成。

3. 实验教学方法僵化

在传统的实验教学中,实验内容、所需仪器设备材料以及实验过程都是由教师规定的,实验前教师准备好实验器材,调试好仪器设备,排除了可能出现的问题和障碍,一般还要对实验步骤进行详细讲解,甚至操作示范。实验教材也把实

验原理、步骤甚至某些实验现象都写得一清二楚。这些本应由学生完成的部分，都让教师、教材代劳了，在整个实验教学过程中，学生只是被动机械地执行实验步骤，尽管教师在安排实验及选题时精心策划，用心良苦，但是学生只是简单重复操作，没有独立思考，更没有创新的机会，使学生失去了独立思考、独立设计、进一步探索的空间。这种教学方式无疑束缚了学生的想象和思维，窒息了学生的创造力，实验中没有失败的体验和成功的喜悦，学生就不可能领会实验的真谛，这种机械的教学方法没有摆脱理论课的教学模式，实验室只是变成了教室的另一种形式而已，完全失去了实验教学的生机，使实验教学根本未能发挥它应有的作用。这样的实验教学学生学到了什么呢？大概只能是实验的理论内容、操作技术和"不要损坏仪器，不要轻易动手"的教训而已。国外普遍反映中国学生动手能力差，不仅不会摆弄仪器设备，而且在观念上还缺乏一种主动出击的创造性思维，这显然与我们传统实验教学方法的僵化有极大的关系。可见，实验教学方法的老化是制约实验教学质量和有效性的重要因素，同时也是阻碍学生创新精神和实验能力发展的重要制约因素。

4. 实验教学组织管理强调大一统，漠视学生主体

传统实验教学的组织管理机械模仿课堂教学，在教学安排上按班级进行（如果班级学生人数多，而同一类型的仪器设备套数少，则把学生进行分组，每一组重复同样内容的实验教学，等所有小组进行完同一项实验内容后才进行下一项内容）。学生对实验内容没有发言权和选择权。尽管教学班一直是教学管理的有效载体，但它却往往是教学，尤其是实验教学漠视学生主体性的前提。学生之间客观存在着个体差异，学生的基础不同、兴趣不同、智力不同，思维方法也不同。传统的实验教学漠视这种客观差异，在实验时间、实验时数上全班齐步走，不仅规定学生同时进入实验室，而且规定所有学生在统一的时间内完成实验任务。这样，实验能力强的学生没有机会做一些深入的探索性的实验，实验能力差的同学还不能很好地完成实验，有特殊爱好的学生不能做一些他们自己感兴趣而规定的实验内容所没有的实验。这种无视学生能力差异和个性发展的实验教学，使学生在实验教学中的主体地位根本无法体现，学生做实验的积极性自然调动不起来。

5. 实验室仪器设备的利用率不高，隐性资源浪费大

实验教学是高等学校实验室的基本工作任务，是实验室建设与管理的出发点与归宿。高等学校实验室一般是高校除基建外投资最大的部分，理应在人才培养中发挥与之相称的重要作用，但是，目前很多高校的实验室的管理模式一般是由各学院、系分管或者由教研室管理，实验室的设置往往是根据实验课程设置，实验教学的任务就是保障该课程的教学需要，这些投资巨大的实验仪器设备

学生仅能在固定的实验课中使用,实验课结束后学生便无权使用。有的实验室间隔一学期才安排实验课,在没有安排实验课的整整一学期内,实验仪器设备尘封闲置。实验设备的利用率不高,造成了不必要的损失。另外,由于各学院、系管理实验室的模式,形成了封闭型或半封闭型的管理模式,各专业实验室工作人员之间缺乏技术交流与协作,各实验室都盲目地追求仪器设备求全求新,造成仪器设备置复购置,但设备却仅限本专业教师使用。这些也都造成了隐性的资源浪费。

总之,传统的实验教学在教学内容、教学方法、组织管理以及实验仪器设备的利用等方面都远远落后于时代发展的要求。

(二)当前实验教学改革趋势

1. 实验课程体系更独立

实验教学从理论教学中解脱出来,建立自己的独立地位,这是大学实验教学改革中的一个趋势。因为就实验教学本身而言,每项实验、每门实验课程之间都有某种内在联系和某种制约关系,独立的实验教学体系应该是按照人才培养目标,以实验能力为主线,把实验教学按固有的联系科学地组合起来,构成实验教学内部最优化,形成体现实验教学的特点和规律,便于最佳发挥实验教学功能的科学性课程体系。当然这个实验教学体系并不能与理论完全脱节,而是应该与理论教学紧密配合、相辅相成的。

2. 实验教学内容更开放

实验教学内容的开放首先表现在其动态发展特点,即应及时根据现代科技发展的新知识、新技术和新的实验方法而发展,不断推陈出新,形成一个动态的实验教学内容体系,以先进的实验内容吸引、激发学生的求知欲;实验教学内容的开放还表现在其与社会、生产实践的结合,一方面,教师要经常参与来自社会的实践课题,并使其及时转化为实验内容,从而使学生也参与到实践课题中来;另一方面,鼓励学生自己设计来自生活实际的实验内容,这样,既充实了实验内容,又锻炼了学生的实践能力和创新精神。另外,实验教学内容的开放还表现在可选性上,即实验教学内容上要准备超过教学基本要求的实验项目,这样可以使不同专业的学生根据专业特点进行选择,使有不同兴趣、爱好的学生能选择自己感兴趣的内容,使不同层次的学生在实验内容的深浅、层次上有不同的选择权,学生还可以自拟实验题目。这种可供学生选择的实验内容使不同专业、不同爱好、不同层次的学生都能选到切合自身实际的实验内容,从而使每个学生对自己选择的实验内容兴趣高,并在实验过程中得到最大的发展,这样有利于学生个性的培养。

3. 实验类型结构更合理

由于传统实验教学侧重实验技能培养和对理论学习的促进作用，因而实验教学表现为以操作性实验为主，设计性实验很少；验证性实验过多，研究性实验缺乏，造成了大学实验教学类型结构的不合理。现在已经有很多学校开始尝试精简一些操作性和验证性实验，增加设计性和研究性实验，这将改善实验教学类型结构，大大增强实验教学对学生分析解决实际问题的能力和创新精神培养的功能，更好地发挥实验教学的作用。

4. 实验教学方法更科学

学生是实验教学的主体，教师的作用应着重于启发、引导，充分发挥学生的积极主动性。教师的指导应克服怕出问题的顾虑，鼓励学生多尝试，教师要从实验现象、故障或异常现象入手启发学生积极思考，引导学生结合所学理论知识，独立分析产生故障或异常现象的原因，进而得出正确结论，要改变那种有问必答，甚至代替学生排除故障的习惯做法，辅导时注意不仅要让学生掌握实验内容，更重要的是要让学生掌握实验方法，并能举一反三，灵活应用。要充分调动学生的创新意识，培养学生的科学精神。对不同阶段、不同层次的学生，在不同类型的实验中，应提出不同的要求。对低年级学生、操作性实验，教师的指导应较细致，基本训练要严格统一要求；在学生初步掌握了实验的基本方法和技能后，实验指导可简单一些，实验步骤、实验注意事项等可以让学生在预习时准备，以发挥学生的主动性；随着学生年级的增高，实验讲义除了原理的说明外，着重方法性的综合介绍，教师应指导学生明确实验要求，介绍一些参考资料，引导学生自己拟定详细可行的实验方案，并具体组织实施。另外，应根据个体差异区别辅导，因材施教，对实验能力好的学生提出更高的要求，鼓励创新，对基础差的学生要求进一步加强基础训练。

5. 实验教学管理更灵活

实验教学内容的开放性要求实验教学管理的灵活性。首先是实验时空的灵活性。很多高校已经尝试实验室开放制度，即对学生实验时间不再统一要求，学生可以在一定时间内根据自己的情况随时要求进入实验室，每项实验在时间长短上也没有限制，每个学生可以根据自己的实际情况进行实验，实验技能不强的学生可以反复操作。实验结果不理想的学生可以重做实验，实验能力强的学生可以深入进行探索研究。同时，学生不一定在本院系规定的实验室中做实验，可以通过一定程序到别的院系实验室完成自己想做的实验，还可以到校外科技单位甚至田间、地头完成一定的实验任务。另外，开放式实验教学的管理手段也趋向于现代化。很多高校已经用计算机进行实验教学管理，极大地提高了管理效率，方便了师生。如将开放时间、可选择的实验项目、实验室拥有的仪器设备、仪器的操作说明、仪器结构图等信息公布在教学网络上，学生可以随时随地方便查阅，并且可以在网络上预约和登记，节约了师生的时间。

6. 实验教学评价更注重过程性和全面性

首先，对学生实验能力的评价不只重视实验的结果，还重视实验的过程。因为同样的结果其过程可能不一样，有克服困难、真正理解后做出来的；有机械模仿别人做出来的，甚至还可能有请人代做、抄袭数据的。教师重视实验结果往往会导致学生也只重视实验结果。学生一旦只重视实验结果，就会为实验而实验，使实验失去了本来意义。实验过程中学生所表现的独立分析问题的能力、解决问题的能力及创新意识等应成为评价关注的方面。

其次，实验考核应注重全面考核学生的实验能力，包括学生的动手能力、思维能力、查阅资料的能力、提出问题的能力、设计能力、创造能力等等，即使学生在基础常规实验中完成情况一般，但在开放实验中有独特见解和创新的也给予较高的评价。

(三)实验教学改革提出的新要求

总的来说，大学实验教学改革的总体趋势是越来越开放和灵活。这种开放是实验教学改革背后需要相关的支持和保障。其中关键是师资队伍建设和实验室管理模式改革。

1. 大学实验教学改革需要一支高素质的实验师资队伍

大学实验教学改革对实验教师和实验技术人员的素质提出了更高的要求，要求他们不断进行实验教学内容的改革，不断地开发新实验；要求他们加强实验教学和社会需要的联系，加强实验教学和学科新动向的联系，加强实验教学和学生需要的联系。随着验证性实验逐渐减少，设计性、探索性实验的比例逐渐增加，会涉及大量新理论知识、新实验知识，如设计实验方案、仪器设备配套、确定实验步骤、实验数据的多种处理方法等，这些都要求实验师资队伍要不断学习掌握更多的新知识，经常参与实验课题的开发研究工作。随着实验教学内容的改革，实验教学的教学方法也必须进行相应的变革，以往单一的实验教学模式被打破，实验教学向分层次、多元化教学发展，向素质教育转变，为了适应开放式实验教学的这些要求，实验人员也必须不断学习和探索新的教学模式和方法。但现在高校的实验队伍还很难适应这种改革，这是很多高校需要迫切解决的问题。

2. 大学实验教学改革要求实验室管理模式的改革

开放式实验教学必然要求实验室开放。由传统的只在“有课”时间开实验室，到实验室尽可能开放，开放时间越长越好，开放的学生对象越广泛越好，开放的内容越多、越灵活越好，这为实验室管理带来了很大冲击。开放式实验教学促使实验室特别是基础课实验室，从单一的实验教学型向多元化实验室转变。规模较小、实验教学任务单一的实验室不再适应开放式实验教学改革,分属院系的实验室必然要向实验中心管理模式发展。此外,开放式实验教学会要求实验室的管理工作进一步现代化、科学化。开放式实验教学的管理工作任务重、头绪多,因此利用微机编制各种管理软件来管理实验室的各项工作势在必行,而且也只有这样,才能满足开放式实验教学的要求。开放式实验教学还要求实验室在各种资料的收集建库、仪器设备的规范管理、自制和改造维修仪器等诸方面的工作都要进一步加强。

第三节　实习实训

一、实习实训概述

(一)实习实训的概念及其关系

严格来说,实习和实训是有区别的。实习指的是学生到未来职业场所进行的综合职业练习,包括观察和学习与从业有关的技能和规范,体验职业工作特征等方面,而实训侧重对学生进行单项技能和综合技术应用能力的训练,可以在校内实训基地进行,也可以在校外企事业单位进行。但两者都指向职业训练,都强调真实情境的实践体验,实习可以看成是到职业场所的实训,校内实训可以看成是实习的准备或模拟实习,一般并不对两者做严格区分。所以在高等教育教学过程中,让学生在真实或仿真的环境中进行掌握专业技术或技能的训练活动,可以统称为实习实训,其目的是使学生熟练掌握职业技术技能,培养学生的职业素质。习惯上在本专科学校一般称为实习,而在高等职业院校则多称为实训(也有的学者把实验、实习、项目设计和毕业设计等教学环节都纳入实训体系,这里的实训已经是广义的了)。

高等教育的任务是培养社会各行各业所需要的专门人才,而且各职业机构,不管是事业单位还是企业都希望毕业生能具备实际工作技能,尽快胜任相关工作任务,因此要求大学应尽可能多地创造真实的职业情境,在真实职业情境中培养学生的实际能力,使大学生能够把所学的知识和技能应用于真实场景。按照真实程度的不同,可把职业教育的教学情境、教学目标和教学类型作如图 5-2 的划分,这样可以帮助我们更好地理解实习实训对大学生培养的重要意义。

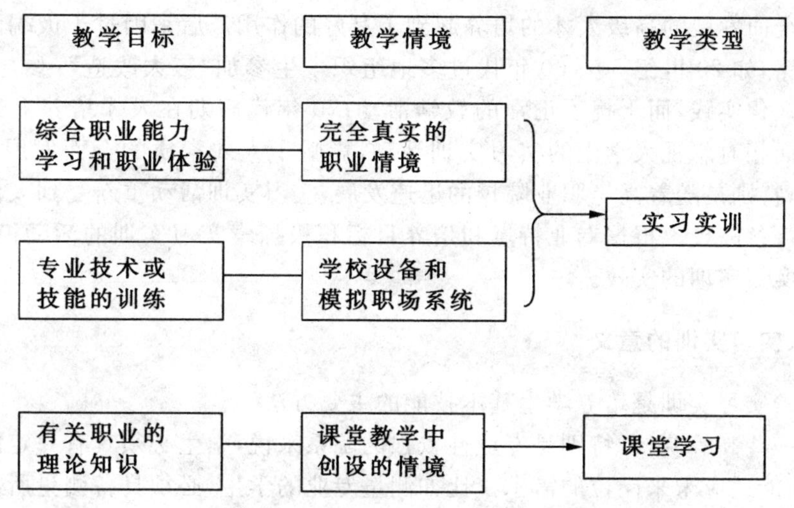

图 5-2 不同情境中职业教育目标和类型

高校实践证明，真实职业情境虽然有利于学生实践体验，但往往学校控制能力较弱，如果实习单位配合力度不够，则学生真正实践的机会并不多，或者只能从事较为简单、重复的工作。而在学校设备和模拟职场中，虽然不如实习单位时间体验真实，但学校控制性更强，组织更为严密，训练更为系统。因此，两者各有优势，这也是很多高校把实习实训结合在一起的重要原因。

(二)实习实训的发展

我国古代高等教育中就有实习实训制度，即国子监实习历事制度，是中国古代太学发展至封建社会顶峰时期的明代首创的一项教学管理制度。它源于明朝初期官吏的不足，并受明代开国皇帝朱元璋人才观的影响而产生。实习历事就是让国子监生在完成课堂学习任务的基础上，被分派到政府各部门进行实习，接受实践教育，如果监生历事后经考核合格则能取得授官的资格。它真正实现了书本、课堂教学与实践教学相结合，造就了学术和培养能力相结合，是对明代太学影响深刻的教育教学制度；同时在实习历事制度正常执行的时期里，它为明代统治者培养了大批实用型人才，成为明统治时期的一项重要的人事制度。

这种传统在近现代中国高等教育中得到了发扬，尤其是建国以后，国家政府确定了教育要同生产劳动相结合的教育方针，更加重视实习实训环节。1953年，中央人民政府国务院通过了《关于加强高等学校与中等技术学校学生生产实习工作的决定》，肯定了生产实习是使学生的“理论知识密切联系实际并使学用一致的重要方法之一”，“对提高教学水平起了积极的作用”。以后一部分高等学校相继办起了校办工厂、农场和林场作为教学实习和生产劳动的基地，对建国初期我国全面发展的高级人才的培养起到了良好的作用。后来因过于极端而走过一些弯路，如 20 世纪 50～60 年代过多地组织学生参加“三大改造”，参与建厂、科研和文化实践，而干扰了正常的教学活动；70 年代后期在人才培养上又因急于求成而相对忽视大学生的实习实训活动，影响了人才素质的全面发展；80 年代以来，特别是随着高等职业院校的迅速发展，实习实训活动重新受到人们的高度关注。各高校也根据专业特点和培养目标积极探索实习实训的活动模式，不断提高实习实训的实效。

二、实习实训的意义

(一)实习实训是培养学生基本技能的主要方法

对一些高等院校，特别是专业性较强的院系来说，学生必须具有一定的专业技能，才能适应未来岗位的需求。比如测量专业的学生，必须具备测量所需的理论知识和掌握熟练操作测量仪器的能力；机械专业的学生必须具备维修钳工的操作技能；师范院校的学生必须具有教学设计、实施与教育管理的基本技能；医学院学生则必须掌握诊断病情、制定治疗方案和开处方等基本技能。这些技能的形成一方面要通过专业理论课程的学习，更重要的是要通过实习实训，让每个学生通过亲自动手操作，在真实或仿真情境下反复训练，才能真正掌握这些基本技能。

(二)实习实训是了解职业状况，形成职业素养的有效途径

很多大学生对于将来要从事的职业并没有深刻的认识，在他们脑海中只有片断式的、模糊的、理想的看法。通过实习实训，可以让学生在实践中体验职业特点，形成明确的职业意识，巩固职业思想。同时，在实习实训过程中还可以了解职业动态、社会需求，感受理论知识对于未来工作的重要性。另外，实习实训过程中还可以让学生发现自身的不足，明确今后努力方向。

(三)实习实训是高校与用人单位建立合作关系的重要平台

高校培养出的人才就是为将来职业场所提供的，从这个意义上说，高校和用人单位之间是人才供需关系，只有以社会需要为导向，断调整专业与课程结构、改革教育教学方式，才能使培养的学生有竞争力。因此，高校可以利用学生实习实训的机会采集到结合实际的专业题目和各种对学校发展有用的信息，寻找学校专业设置与企业需求实际的结合点。同时，高校和用人单位之间并不是简单的供需关系，在学生实习实训期间，应该利用高校人才多、知识新、信息广等优势，对用人单位技术、制度等方面的发展和改革提供有效的指导和服务，并通过实习实训学生的实践展示新的职业理念。这样，在双向互动中，不仅有利于学生培养，而且还可以发展高校和用人单位的合作关系，促进良性循环。

(四)实习实训是提高学生就业率的有效手段

一方面,通过实习实训可以锻炼学生职业素养,了解职业需求,在以后就业竞争中更为主动;另一方面,实习过程中既是学生锻炼的过程,又是用人单位考察学生、物色人才的过程。在实习过程中,有的学生就直接与实习单位签订了就业协议,通过自己在实习实训中表现出来的职业素质和精神面貌竞争到了自己的工作岗位。

三、实习实训的一般要求与环节

(一)要有明确的教学目标

实习实训是大学实践教学活动的一部分,有独特的教学目标,整个实习实训活动都应围绕着目标进行。为此,每次实习实训要明确总的教学目标,围绕教学目标进行总的活动设计。然后把总教学目标分为几个阶段性目标,根据阶段性目标组织具体的活动,严格按照计划执行,使得教学目标能分段完成,步步落实。实习实训过程结束后要根据教学目标进行检查、评价和反馈,确保教学效果。

(二)要做好充分的准备

首先要做好实习实训计划。实习实训计划的内容主要包括:对实践性知识和技能的要求、进程、组织、成绩考评等。在制定实训教学计划时,应做好必备的组织工作。首先,学校要成立实习实训领导小组,聘请校外具有丰富从业经验的专家和学者担任委员,根据他们提出的建议,制定实习实训方案,这样有利于实习实训的专业性和可操作性;其次,教师要确定活动场所,一般应选择那些专业对口、合作热情高、条件良好的实习实训场所,使学生真正有所学、有所用、有所得。

(三)指导教师要认真进行组织和指导

对于每一个实习学生,都是学校的一扇窗口,他们的表现直接反映着学校教学水平,影响着学校的声誉。在实习实训期间,教师要认真负责地进行管理和辅导。指导教师应采取讲解与示范相结合,个别指导与巡回检查相结合的方法,使学生尽快掌握技能操作要点和工作规范;指导中要推行激励机制,鼓励学生用所学的知识分析实际遇到的难题并启发学生提出问题,探索解决问题的途径,培养创新精神和创新能力;同时,要对学生进行职业道德教育、纪律教育、爱护公物教育、礼貌教育、安全教育等,把学校的好传统、好作风带到实习单位,把对学生的教育管理贯穿于实习实训教学过程始终。

(四)实习实训必须有考评措施

实习实训考评是实习实训教学的重要环节,是实训过程中考核学生动手能力和实践水平的手段和方法,起着督促学生努力完成实践操作任务的作用。学校应根据专业实际认真制定相应的量化考评标准，考评内容一般包括完成专题教学目标程度，实际技能的掌握情况，完成成果的质量情况，实习实训的态度表现等，应该体现过程性评价和总结性评价相结合的原则。实习实训教学考评应由阶段性考评和抽查性考评为主，依据各次的考评结果对学生的实习实训成绩给予综合评定。每次实习实训活动结束后学生都要写实习实训报告，指导教师进行总结，肯定成功经验，找出不足，以便在后继实习中改进。

四、校内实习实训基地建设原则

高等学校校内外实习实训基地，是指针对行业或岗位群的技能培养而设立的、供学生进行有关专业的生产实践（理工科）、教育实践（师范）、临床实践（医科）、业务实践（应用文科）等活动的真实或仿真的工作环境或场所，如工厂、农场、林场、牧场、学校、医院、图书馆、档案馆、博物馆、出版社、报社、法院等。建设实习实训基地有两种途径：一是充分利用学校自有的模拟实训室和其他设备或者在校内办附属学校、附属医院、校办工厂等校内实习实训基地，这些基地以学生训练为主，又紧跟现代科技、生产、服务、管理发展前沿，主要功能是实现课堂无法完成的技能操作。二是与一些企事业单位在校外建立长期稳定的实习实训基地，让学生“零距离”接触生产、管理第一线，发展综合从业技能，进行全方位职业体验，是对校内实习实训基地设备和场所不足的有效补充。长期实习实训实践证明，一所高校必须要有稳定的校内实习实训基地。

校内实习实训基地建设一般应该遵守以下原则：

（一）真实性原则

实习实训基地应充分体现真实的、现场的特点。即使校内实习实训基地也要具有针对性很强的、数量和场地，提供足够的、与社会上实际的生产和服务场所尽可能一致的岗位；实习实训基地要提供真实的职业环境，按照未来专业岗位群对基本技术技能的要求，进行实际操作训练，帮助学生专业技能、技巧的形成，培养学生的技术应用能力；要具有可供训练的反复性，能给学生创造反复训练的机会，在反复训练中不断提高技能熟练程度；对于不具备反复训练条件的工作现场，就需要易于直观教学的模拟示教设备和图文音像资料；要能进行主要专业课程教学和培养毕业实习的能力，使学生体验生产操作过程，基本完成毕业上岗前的准备和训练。

（二）综合性原则

职业素养是一个复杂的整合体，在实习实训基地要让学生受到整体的职业体验，而不是脱离职业环境的单项技能训练。因此，建设校内实习实训基地一方面要注意设备、仪器、厂房等硬件建设，让学生能够接触真实的或仿真的设备仪器，进行实际或模拟技术操作；另一方面要关注制度、环境等软件建设，让学生了解相关制度、职业道德甚至职业着装、仪表等方面，逐渐形成全面的职业素养。

(三)先进性原则

现在培养的人才要适应未来的需要，学生今天掌握的技术关系到他们明天的就业，他们一旦掌握未来所需要的职业技能，那么毕业后就能较早地具备一定的技术优势，有利于就业和个人发展。所以校内实习实训基地应具有一定的先进性，尽可能体现专业领域的新理念、新技术、新工艺、新模式。不论是设备、仪器硬件开发和制度、文化等软件建设，校内实习实训基地都应该尽可能靠近专业前沿。

(四)适用性原则

要使先进的设备适合课堂教学，使实习实训教学更适应迅猛发展的社会对人才的要求。对于那些不可能搬进校内实习实训基地的大型流水线和重型设备，必须进行模块化、模拟化、仿真化处理，使之既具备实物的一切特征，又能放在实训室里作为训练对象；既有助于教师的讲解，又能使学生感受到以往课堂上无法感受到的那种职业氛围。另外，这些设备是给学生训练用的，使用频率高，要求设备必须安全、方便、可靠、适用，不片面追求高、精、尖、洋。这就需要开发研制人员既要有扎实的理论基础，又要有丰富的实践教学经验，能根据实际需要购置、开发实训设备和模块。

(五)开放性原则

校内实习实训基地不仅可以为学生提供实践训练场所，还可以为某些行业、岗位的在职人员提供培训。当前国家规定各个工种职业岗位实行持岗位技术资格证书上岗，实训基地最有资格成为这些高技术资格证书的指定培训点及考点，为社会提供多方位的服务，成为对外交流的窗口和对外服务的基地。同时，由于基地的建设和“双师型”教师的聘任，学校与企业的联系更紧密了，社会对人才的要求和生产发展的动向可以及时地反馈到学校来。学校根据这些信息调整教学，使学校教育改革能更及时、更准确地反映经济的发展和社会的进步，而学校也可及时将科技方面的成果及学校办学的有关信息与社会沟通，有利于科技成果向生产力转化。所以说，校内实习实训基地虽然属于学校，但应具有较强的开放性。

五、大学实习实训现状与改革

(一)实习实训中存在的问题

1. 对实习实训的重要性、必要性认识不到位，工作积极性不高

虽然实习实训对高等院校的人才培养具有重要的现实意义，但至今还有部分高校及学生对实习实训的重要性、必要性缺乏整体的把握，工作缺乏主动性；少数院校倾向于校内实验室的建设，对校外实习实训基地的建设缺乏战略研究和考虑；

有些师生对实习目的和任务认识不清，对实习实训过程中的“教育”两字认识不够深刻，仅仅停留在职业技能训练层面，影响了实习实训活动的开展和教育效果。

2. 实习实训基地建设不健全

在实习实训基地建设上，部分高校存在几个误区：一是重“内”轻“外”。这些院校在实习实训基地建设上，重在校内，他们不惜加大经费投入，更新仪器设备，但在校外实习实训基地建设上却差强人意，不少院校部分专业连一个校外实习实训基地都没有。二是重“量”轻“质”。这些院校在校外实习实训基地建设上满足于有一定“数量”，“质量”赶不上“数量”，实习实训基地建设不是按专业设置，往往文、理、工科一锅煮，达不到实习实训的真正目的。三是重“硬”轻“软”。这些院校在选择校外实习实训基地时，过分重视实习点硬件设施，对它们的管理、制度、人文环境不注重考察。

3. 实习实训管理松散

部分高校没有设置专门的组织机构和配备专职人员，教务部门、学生工作部门、实习指导教师、实习接受单位等对自己应承担的职责不明确，互相之间缺乏沟通；没有按照职业要求，认真制定实习、实训教学计划，明确基本要求；学生在实习实训前缺乏必要的教育，学生对实习实训的目的和任务认识模糊，以至于在实习实训中暴露出诸多的问题，如学生的骄娇二气、学生与当地员工的相处、上下级关系的处理、对就业岗位的认识等；学院与用人单位沟通不够，对实习实训学生存在管理空白，实习单位感到学生不好管，学生实习实训成了实习单位的一种负担，以至于他们不愿接受高校的实习任务。

（二）完善大学生实习实训的有效运行机制

1. 规范化的实习实训机构、队伍建设是基础

在规范实习实训过程中，首先应成立专门的组织机构，配备专职工作人员，根据每个专业的不同特点，聘请行业专家、企事业领导与学校教师共同组建“实习实训教学指导委员会”。“实习实训教学指导委员会”的职责是明确专业人才的培养目标，确定专业实习实训教学计划的方案，提供市场人才需求信息，协助学校确立校外实习、实训基地。其次是建设一支具有实施产学研结合能力的师资队伍，寻求一批具有行业代表性和合作条件的企事业单位、引进开发组合一批能将产学研结合在一起的项目，制定一套鼓励实习实训的政策和形成一套有效的产学研运行机制，以确保实习实训的进程。

2. 实习实训基地建设是保证

高等教育的实习实训教学，不是一种简单理论教学与实际的结合，而是培养学生形成岗位特色要求的知识—能力—素质结构的一种教育过程，这种知识—能力—素质结构的培养只有通过学校与用人单位联合设计，共同培养，校内与校

外相结合，才能达到预期效果。因此，高校一方面要改革实践教学，加大经费投入，更新仪器设备，加强实验室和实习、实训基地建设，努力提高学生的专业实践能力和综合技术运用能力；另一方面，要按专业大类组建、探索和建设教学、科研、生产、培训相结合的多功能校内实训基地。同时，要建立一批相对稳定的校外实习、实训基地，在互惠互利的基础上，充分发挥社会教育资源的效益。

3. 加强对实习实训的管理是关键

各高校要加强对实习实训工作的指导，统筹规划，设置专门的组织机构和配备专职人员，明确教务部门、学生工作部门、实习指导教师、实习接受单位、学生等各自应承担的职责，互相之间加强沟通。要按照培养高等技术应用性人才的要求，认真制定实习实训教学计划，明确基本要求。针对不同岗位、不同阶段，确立明确的实习实训内容。实习实训计划不仅要有知识体系的内容，而且还要有能力培养的要求，以及素质提高的标准。

加强学生的实习实训管理。一方面要提高学生对实习实训的目的和任务的认识，学生参加校外实践活动，不仅是为了使所学知识与实践相结合，同时也是使自身能力素质得以提高，譬如职业道德、协作精神的形成，意志力的锻炼，工作环境的了解，人际交往能力，心理承受能力的培养等等。另一方面，要加强对实习实训过程的管理。学生实习实训期间，院校不便于集中管理，容易造成放任自流，达不到预期效果，因此，学院必须和实习单位共同建立一整套学生实习管理办法，实行校内外联合管理，学生在实习期间，必须遵守实习单位的管理制度；学院对学生实习制定相应的《学生实习管理条例》，学院定期和实习单位交换意见，鉴定学生的实习情况。对于实习期间表现突出的学生，进行表彰，对于违纪学生同时给予相应处分。学生实习结束后，学院要通过座谈会、实习报告的形式认真进行总结，使学生完成“理论——实践——理论”的过程。

建立实习实训的信息反馈系统。校内教学要根据用人单位对人才需求的变化不断进行调整，建立一个由学生、实习单位培训指导人员、校内实习指导教师组成的信息反馈渠道，根据市场人才需求的变化，调整教学内容。

六、全程实习实训的教学改革案例

由于实习实训基地建设过程中遇到了很多困难，很多高校已经开始把实习实训教育思想融入整个教学过程中。如下例：开放、互动的化学教育类课程整体教学模式[①]：

化学教育类课程是以化学教学论为核心、与中学教学密切相关的一系列课

① 参见马勇军《化学教育类课程的整体改革理论与实践》，载《高等理科教育》2007 年第 1 期。

程，是师范院校化学系的传统专业必修课程，是研究化学教育、教学规律，全面提高学生化学教育素养，对于培养合格中学化学教师最直接因而也是最重要的一类课程。它一般包括化学教学论、中学化学教材分析、中学化学实验教学、现代教育技术、教育见习与教育实习等内容。把全程实习教育理念贯彻化学教育类课程教学中，形成了一种整体教学模式。

模式的总体指导思想是发挥学生主体作用，充分利用各种手段，加强学生的活动和体验，理论学习与实践锻炼相互穿插、把实践化整为零、循序渐进，有意识、有目的地完成全面化学教育素养目标。之所以把这种模式称为整体教学，是因为这种模式把化学教学论、中学化学教材分析、现代教育技术、中学化学实验和教育见习与实习作为一个整体统筹安排，把培养化学教育素养作为总的课程目标，把化学教师所应具有的各种技能如语言表达、板书设计、多媒体教学技术、备课、教材分析、说课、评课、化学实验、教育研究能力等有序地融入各种活动中，使之协同发展。

这种整体教学模式是开放的，不仅有课堂讲授、学生实践等活动，而且还把学生实践活动延伸到课外，延伸到教育见习和教育实习，经常带学生参加市、区级教研活动、观摩课，接触一线教师。这种整体教学模式还体现了理论与实践的互动。在整个课程安排中，学生各种实践活动占总课时的40％左右。其中包括交流讨论、备课、试讲、讲评、教材分析、说课、评说、观摩优质课、参与教研活动、微格教学、组织实验等多种形式。整体教学模式的整个环节，如图5-3所示。

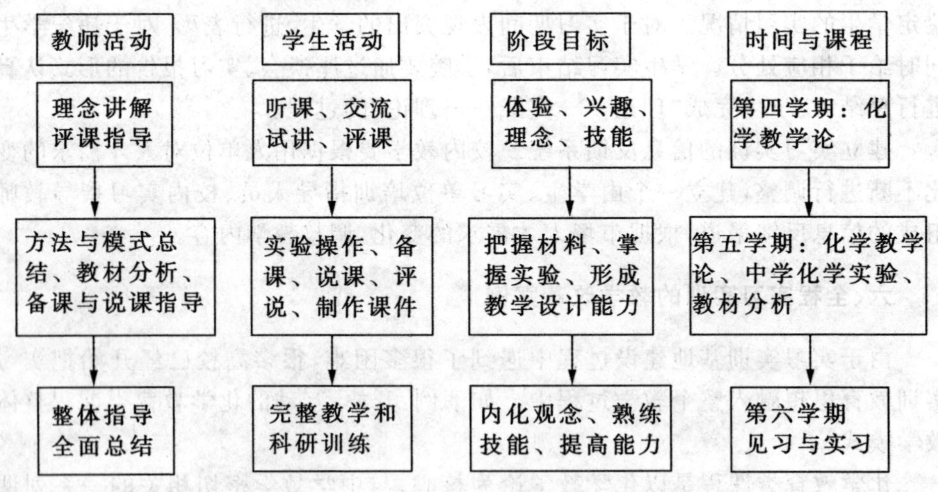

图5-3　化学教育类课程整体教学模式图

具体来说，在第四学期，一方面在《化学教学论》课上先学习化学教学的最基本的知识，作为学生实践的理论先导。然后，让学生运用第一部分所讲的理论知识进行试讲实践，一般每节课安排1～2名学生在课堂上讲授初中化学的一段任选内容，要求每人讲10～15分钟。教师会在学生上课前一周"关注一下"他们的备课情况，但并不过多干涉，希望学生能够少受束缚，完成一次真实体验。学生讲完后，让其他同学组成小组评论，然后由一名代表主题发言，对主讲同学提出意见和建议，教师进行综述并进行评价。通过评课，使学生从整体上了解化学教学设计的基本思路，具体讨论化学教学模式、化学教学方法与手段等具有较强可操作性的内容。

第五学期，把中学化学实验、教材分析和说课结合在一起。首先给学生分组，一般三人一组（A、B、C），实验、说课和教材分析基本按初中教材顺序，每组负责对一个单元或部分进行教材分析，选择其中的一个课时内容进行说课。三人既是一个集体，又承担不同任务。A主讲实验，B负责教材分析，C负责说课，但实验、说课和教材分析的过程是全体参加的。B、C不仅和A 起与教师、实验员共同准备实验，而且在实验课上，要辅助讲课，课下要共同批改实验报告。同样，A、B都要参与说课的准备，A、C也要参与教材分析的准备。这种做法能锻炼学生的"实验教学"、"教材分析"和"说课"技能，把上学期讲的教学设计、教学模式、教学方法与手段加以具体应用，促进学生形成基本教学技能与教学观念。

第六学期，首先，高度重视教育见习和模拟实习，通过分析教材、写出教案、小组说课、制作课件、演示实验等环节，让学生全面展示前两个学期学习成果，使用微格教学手段，使学生能够既有成就感，又能够发现自己的不足。其次，在教育实习期间，每个实习点由带队教师和中学指导教师共同负责，除指导学生完成一般教学教育任务外，还特别重视学生的教育科研体验，全面熟悉和练习教育教学的各种活动。最后，强化实习反馈与总结过程，把教育实习总结变成化学教育类课程的整体总结。

另外，通过改革课程评价来促进学生实践。不管是考试课还是考察课，非常注重平时成绩，各门课的平时成绩占学期成绩的40%～100%。平时成绩根据学生练习的综合表现（态度、准备情况、基本功表现、创新性等）评出分数，其中，学生打分和教师得分要各占一半。对小组任务（如实验教学、说课和教材分析），不仅要针对每一个学生完成的个人任务质量，而且还要根据组内的配合程度打分。有时，学生参与讨论问题的表现也作为平时成绩的重要根据。这样，学生不再是临考试背课本，而是珍惜自己的每一次表现机会，注重小组合作，在实践中对化学教育有了深层次的感悟。

通过这样一系列过程，学生不仅学习了有关化学教学的主要知识，体验和练习了与化学课堂教学有关的几种基本技能，还理解和内化了新的教育教学理念，形成了对于中学化学教学的深层次理解，最终形成完整的化学教育素养。

第四节　学年论文（设计）、毕业论文（设计）

《中华人民共和国学位条例》和《中华人民共和国学位条例暂行实施办法》规定：高等学校本科毕业生完成培养方案的各项要求，经审核准予毕业，其课程学习和毕业论文，包括毕业设计和其他毕业实践环节的成绩表明确实已经比较好地掌握了本门课程的基础理论或专门知识和基本技能，并且有从事科学研究工作和负担专门技术工作的初步能力的，授予学士学位。因此，严格教学管理，确保学年论文和毕业论文的质量，是普通高等学校的重要任务。

一、学年论文（设计）、毕业论文（设计）的内涵

（一）学年论文（课程设计）、毕业论文（设计）的概念

学年论文（课程设计）是指在一定学年或一门课程范围内进行论文写作或技术设计的初步训练。本科生一般到了三年级（有时还可以提前在二年级），就可以开始写学年论文或做课程设计。通过学年论文、课程设计活动可以培养学生查阅文献，搜集和整理资料，说明问题，发表见解和独立地进行简单的科学实验或技术设计的初步能力，为毕业论文（设计）打下基础。

毕业论文（设计），则是在学生已经掌握全部专业理论知识和技能的基础上进行的综合研究训练，往往在最后一个学期到毕业之前完成。论文是指理论性的独立作业；设计是指工程技术性的独立作业。一般来说，工科各专业规定做课程设计、毕业设计，其他各科的专业写学年论文、毕业论文。工科有的专业还规定在设计的基础上就设计课题再写论文。

（二）指导学年论文（课程设计）和毕业论文（设计）的意义

首先，学年论文（课程设计）和毕业论文（设计）是大学生在校期间向学校所交的一份综合了知识和能力的作业，从教师的角度来说，指导学生写学年论文（课程设计）和毕业论文（设计），是教师对学生所做的一次科研训练。大凡一个人第一次独立地完成某项工作，都离不开老师（或家长、师傅和其他人）的指点。对大多数学生来说，做研究、写论文在他们的经历当中还是第一次。他们在导师的指导下，更加认真、深入地分析问题，形成论文大纲。依据大纲完成论文初稿，经过不断修改，最后形成论文。这个过程培养了学生认识问题、分析问题的能力，提高了逻辑思维能力和书面语言表达能力，是一次初步的、较为完整的科研

训练。

其次，学年论文（课程设计）和毕业论文（设计）的指导过程，是教学相长的过程；是教师检验其教学效果、改进教学方法、提高教学质量的绝好机会。平时布置练习，批改作业以及考试测验等，固然也是检查教学效果的重要手段，但那是单项的、零碎的。唯有学年论文（课程设计）和毕业论文（设计）写作，是学生对所学知识的综合运用，是学生应用理论知识分析实际问题、解决实际问题能力的生动反映，也是对教学效果的一次全面反馈。尽管有的学生平时学习成绩不错，对书本的内容掌握较好，但未必能写出一篇有质量的学年论文（课程设计）和毕业论文（设计）。这里，除了学生的学习基础、整体素质等方面的原因外，从教师的教学方面来看，是否也存在某些问题和不足？今后怎样改进之？对教师来说，这正是指导学生写作学年论文（课程设计）和毕业论文（设计）的一大收获。

最后，学年论文（课程设计）和毕业论文（设计），特别是毕业论文（设计）是学生留给学校的一份宝贵财富。教学是一种双向交流的过程，学生从学校获得的是知识，接受的是文化和道德的熏陶；同时，学生也以各种方式影响学校，许多学生的才华、见识、经验等等，都给学校和教师留下深刻的印象。而毕业论文则是学生留给学校的另一份特殊的精神财富。每届学生毕业，都留下一批毕业论文，其中不乏优秀之作。学校可以用它来丰富教师的教学内容，启发教育后来的学生；可以用它来分析解决某些实际问题或理论问题，填补这些领域科研的空白；还可以推荐给有关部门或报纸杂志，以扩大学校影响。

二、学年论文（设计）和毕业论文（设计）的要求和教学组织

（一）学年论文（课程设计）的要求和教学组织

1. 学年论文（课程设计）的基本要求

学年论文（课程设计），是在教师指导下，学生运用一门或几门课程的知识来解决一些不太复杂但却是具有一定综合性的问题。它的性质，基本上还是习作性的作业，但不同于课外作业。课外作业只是配合课堂教学的进度，根据教师所设计的典型条件，解答某个具体问题；或根据教师所给的数据进行运算，绘图或阐述，它所涉及的范围是课程中的某一单元（章、节），题目是全班统一的；而学年论文（课程设计）则是一门或几门课程有关知识的综合运用，它要全面地考虑相互联系着的各个方面、各种条件，即使是最简单的机械设计，也不能仅应用一些现成的公式做一些计算工作，而要根据设计题目，综合地考虑材料强度、机械性能、生产条件等等因素及其相互关系。由此可见，学年论文（课程设计）在独立思考、独立工作和联系实际上比课外作业的要求高得多。它要求：能独立地运用理论知识和实际材料来解决问题；对参考书、文献所提供的论点和所搜集的材料有

周密的组织能力；能用通顺的文字或准确的图表系统地完整地表达研究的成果。

2. 学年论文（课程设计）的教学组织

学年论文（课程设计）的课题是每个学生各不相同的（有时也可以几个学生合作一个课题，但要求各自独立负责一部分）。因此，教研室要在学期初就征集、审定教师或学生自己提出的课题，课题要和所学课程的理论知识有关，并有一定的实际意义，使学生认识完成这类课题的任务不同于做平时课外作业，以加强学生的兴趣和信心。课题难度要适宜，太难的题目，如完不成，将影响学生的信心，或负担过重，影响其他课程的学习；过于简单的课题，不能达到科研训练的目的。课题审定之后，再根据学生的专长、能力和兴趣，指导他们选定自己的课题，并分配有关教师指导。

指导教师的主要任务是确定论文的（或设计）的目的和基本要求，介绍必读的参考资料或引导学生查阅文献资料，指导学生制定论文写作计划或设计计划；审定学生所拟订的论文提纲，经常检查学生论文或设计工作的进度、存在问题和疑问并及时予以帮助；审阅学生论文或设计方案，评定成绩，总结工作。

学年论文或课程设计，由于还是一种习作性质，需教师较多的指导和帮助。教师的指导主要应放在研究方法上，不要过多地为学生解决具体问题，不代做学生应做的工作。

（二）毕业论文（设计）的要求和教学组织

1. 毕业论文（设计）的基本要求

毕业论文或毕业设计一方面是专业学习的总结性作业，另一方面也是作为独立的工程师或科学研究者的开始。这是一个从学校学习过渡到实际独立工作的关键性环节，是学生从事实际工作之前的最后的考验。毕业论文或设计本身已是一项初步的科研成果。水平较高的毕业论文或设计，应当具有一定的科学价值。它不仅对于学生的学习是重要的，对于国民经济建设与文化事业也可以有现实意义。因此，毕业论文或设计的要求应当比学年论文或课程设计高。毕业论文或设计虽也可依附于一门主要的课程，但它的范围却要使得学生必须运用全部的专业知识与技术；同时，它需要有创造性的因素，能解决较为复杂的问题。所谓创造性因素，不一定是全新的发明或发现。凡是能对前人的理论提出不同见解或独特的意见、在另一种条件下或用另一种成分来进行前人曾经进行过的实验因而获得新的结果、运用新的方法或新的视角对老问题重新阐释、把前人的研究进一步细化或者拓展等等，都可以认为具有创造性的因素。

2. 毕业论文（设计）的教学组织

毕业论文（设计）的教学组织主要分成三个阶段：选题指导，过程指导和审查、评定与答辩。

(1)选题指导。毕业论文或设计的选题,一般应坚持下列几个原则:

一要符合专业培养目标。要使学生通过毕业论文或设计,对于专业的知识技术得到进一步提高,并与专业的实际工作联系起来。

二要使学生能够全面地运用专业中主要的知识技能,并保证在写作或设计过程中能够全面地训练其科学研究与工程设计的方法。学生在工作过程中既要有设计构思,又要有分析计算;既要有理论探讨,又要能够运用现代方法或最新设备和精密仪器。课题太简单、狭窄,资料太少,条件限制太呆板以及课题太陈旧,都不可能达到这种要求。

三要尽可能结合社会实践或生产实际中的问题。这是提高论文或设计的质量、加强学生专业信心的最好方法,使学生真正地解决社会实践或生产实际中的问题,对国民经济建设或文化事业有实际价值,是毕业论文或设计的努力方向。当然,不能理解为只考虑社会和生产的需要,而不考虑教学与培养的意义。

四是应当能够获得结果的。如果做一个实验而结果不可预期,或学生搜集了材料之后发现没有写作的价值,时间又不允许重换题目,这将给学生造成不好的心理影响。

毕业设计除了课题之外,教师还应当制定设计任务书,规定设计的项目、要求以及提供必要的资源、条件等等。

每年,每个专业都有几十、上百名的学生要写毕业论文或做毕业设计,课题的要求又是严格的。选择适当的课题,并做好资料积累,是教研室的重要工作。平时就要有所准备以免临时难于选到适当的课题。

毕业论文或设计的课题,可以从下列几个方面去寻找:

①接受社会委托。由有关部门或生产单位提出课题,且具有现实意义。学校应当和有关部门或单位密切联系,积极争取获得这类课题。

②同教研室的科研课题结合,将教师研究的一部分课题,作为学生的毕业论文题目。这样,教师指导可较省事而又易于深入,学生研究的结果又可提供教师参考或作为教师研究工作的一部分。

③从生产实习或学年论文中发现问题,可以使毕业论文或设计成为生产实习或学年论文的继续。这对学生熟悉课题、继续学习、深入钻研、提高效果,也有现实的意义。

④学生自选课题。可以根据学生平时思考、发现的问题,或从报刊、情报资料中发现待解决的问题中选择。这类题目可以更好地符合学生的兴趣、爱好,发挥他们的专长。

由此可见,选题不能由教师主观设想,而应该从各方面不断积累,精心选择。

(2)毕业论文(设计)的过程指导。虽然在各种教学形式中,毕业论文或设计最具有学习上的独立性,但并不降低教师的指导作用;相反,毕业论文或设计的指导教师,应由学术水平和科研能力较高的教师担任,以保证学生在正确的方向下,学会科学的方法,发挥独立工作能力,从而由学校的学习阶段顺利地过渡到研究阶段。

教师对学年论文或课程设计的指导任务,基本上也适用于毕业论文或毕业设计的指导工作。例如,提出论文或设计的目的要求,介绍主要参考文献,指导学生制定论文写作计划与论文大纲或制定出设计任务书,经常检查学生工作进度,给予必要的指导帮助,最后要审阅毕业论文或设计,评定成绩组织研究成果的交流等,但要比指导学年论文或课程设计艰巨复杂得多。教师既是这一工作的全面领导者,同时又是一位教育者,应负起毕业论文或设计的业务指导与思想教育的双重任务。

首先,教师必须指导学生树立正确的科学研究态度。学生应以负责的态度来从事论文写作或工程设计,要有实事求是的精神,考虑到工作的实际效果与价值。例如在建筑设计中,应当根据安全、适用、经济、造型美观等原则,进行设计,而不应当设计出在安全上不可靠、效用不高、造价过高的脱离实际需要的建筑物来。在论文写作中,不容许材料不可靠、内容华而不实以及抄袭他人文章等行为。教师必须对学生提出严格的要求来培养学生的负责态度和科学道德。

其次,教师应当指导学生在工作中贯彻理论联系实际的原则,正确地运用科学的研究方法与设计方法。

由于毕业论文或设计比较复杂,要解决一连串的问题,有些问题虽然在专业范围内,但并非教师所熟悉的。教师应当先有充分的准备,必要时自己先做某些研究或设计。有些问题超出教师业务范围的,可以聘请其他教师或校外专家、工程师来当顾问。例如工科一些专业毕业设计,除了主要的技术指导教师外,还应当有企业技术人员参加指导;师范专业面向基础教育教学的毕业论文则可以请具有丰富经验和一定理论水平的中小学教师担任兼职导师。吸收研究机关和生产部门的专家、工程师来共同指导毕业论文或设计,是高等学校今后应当努力的方向,这对提高论文或设计的质量,使之更符合实际需要,提高教师和校外专家、工程师的水平,都有一定的好处。这样获得的科研或设计成果,一般也该易为生产部门或实际工作部门所采用。

(3)毕业论文的审查、评定与答辩。毕业论文或设计完成后,应进行审查并评定成绩,并尽可能组织答辩。毕业论文(设计)的审查、评定与答辩是大学整个学习阶段的知识与能力的综合检验。

本科生的毕业论文没有统一规定公开答辩的要求,当前各高等院校做法也不一样。多数高校一般不进行答辩,有的高校对部分论文进行答辩,有的高校要求所有论文都进行答辩。

不进行论文(设计)答辩的学校,论文(设计)经指导教师审查评定成绩并写出评语之后,就送教研室主任或系主任审批。但如果指导教师审查后,先在一定场合,例如以学生班级或小组为单位,邀请有关学科教研室教师参加,由作者报告论文要点,听取意见,然后才由指导教师参照各方面意见评定成绩、写出评语是较好的做法。因为这样对学生能起鼓励作用,促使他们更认真地写好论文(设计)。教师的评定也可由于听取各种意见而比较客观全面。

进行部分论文(设计)公开答辩的学校,一般是论文(设计)在指导教师审查后,提出书面意见,经教研室主任或系主任审阅,根据论文(设计)的水平及其现实意义,选择若干篇组织公开答辩。其余未组织答辩的论文(设计),一般按上述不进行答辩的论文(设计)的审评步骤处理。

全部论文(设计)进行公开答辩的学校,以工科院校居多。工科院校的毕业论文(设计),较多是由企业或生产单位提出的课题进行研究、设计的。毕业论文(设计)完成之后,不仅学校要通过答辩对学生学习全过程进行综合的检查与评定,而且生产单位也要求通过答辩形式,审查、论证该项研究或设计的可靠性与实际应用价值。

进行答辩的论文(设计)如由两名以上学生合作,每名学生应有自己独立承担的部分。答辩与评定也应按每人承担的部分分别处理。

毕业论文(设计)答辩一般由校、系学术委员会有关成员参加,并邀请校外有关专家、学者参加指导。但在毕业生人数较多的院校,也可由专业教研室主持答辩,系学术委员会派人参加。

公开举行的论文答辩,应先将论文原本或简介分送有关人员,并放在适当地方供公共阅览。要提前公布答辩的时间、地点、主持人员、论文(设计)题目和作者,并欢迎师生旁听。

答辩之前,论文(设计)作者应认真做好准备工作,包括所要说明的内容要点,说明时必须借助的挂图、图表或有关资料等等。

答辩进行过程,一般是主持人宣布答辩开始,先由论文(设计)作者简明扼要介绍论文(设计)的主要内容、指导思想和本课题的实际意义,然后由参加评阅者就论文(设计)提出问题,其他参加者也可提出问题,由毕业生一一答辩。所提问题,不得超出论文(设计)范围,或横生枝节。最后由主持人宣读评语。

答辩是在严肃、隆重、诚挚的气氛中进行的,对答辩人来说,不仅是接受审查,也是接受教育的过程。顺利通过答辩对毕业生是一种光荣和认可。

答辩之后,由校、系学术委员会根据答辩评语、参考指导教师的评语,进行讨论,然后用表决方式通过。

三、本科生毕业论文(设计)存在问题与改革趋势

(一)当前本科生毕业论文存在问题及其原因

尽管毕业论文对于教师和学生都是一个重要的实践教学环节,但近年来本科生毕业论文质量下滑现象严重,部分本科毕业论文写作只花上几周时间;很多学生的毕业论文东拼西凑,甚至大量粘贴,毕业论文指导环节流于形式。究其原因,主要有以下几个方面:

1. 功利浮夸的学术风气影响

学术研究讲究的是踏实和创新,但由于一些评价体制等原因,中国学术界的学术腐败现象日益严重。为了评职称、搞课题、完成研究任务,很多学者不愿做长期、踏实的研究,而热衷于搞“文字游戏”真正有学术创新价值的论文少,甚至有的网站专门提供服务代人写论文,这种风气也影响到了学生。

2. 就业压力与考研冲击

高校扩招虽然暂时减缓了就业压力,但却无法从根本上解决巨大的求职人数与有限的职位需求的关系,再加上大学生定位不够准确,大学生就业难成为当前一个非常突出的社会问题。由于毕业论文一般都安排在最后一个学期完成,这个时期为了能够找到一份称心的工作,大部分学生急于参加就业交流会,到处奔波,使得部分学生对毕业论文写作不够重视,同时,就业难也引发了考研热潮,而且考研在时间上和毕业论文有冲突,学生把重点放在考研复习和复试准备上就不足为奇了。再者,本科毕业论文答辩时间一般安排在毕业前夕,此时一部分学生已经和用人单位签订了协议,工作找好了,他们对毕业论文答辩也不放在心上。由此可见,就业压力与考研冲击是本科生毕业论文质量下滑的一个重要原因。

3. 教师指导和学校管理不力

部分教师认为学生在校四年,理论、技能学习都通过了,毕业论文就不再严格要求,对毕业论文指导流于形式;还有部分教师本身指导许多研究生,还要给本科生上课,教师的精力有限,也影响了毕业论文的质量。同时,毕业论文的监管力度不够,重结果、轻过程现象严重;尽管学校都制定了一系列的规章制度和规范,但操作起来难度较大,不合实际;还有些教学管理人员甚至个别领导对毕业论文工作重视程度不够,没有按照学校的规定去执行。这些也助长了学生对毕业论文的应付现象。

(二)提高毕业论文质量的措施

1. 提高学生对撰写毕业论文的认识,明确毕业论文写作方法与规范

学生是撰写毕业论文的主体,只有从思想上高度重视,才有信心和动力将任

务完成好。在毕业实习前，要给学生作撰写毕业论文的动员，强调毕业论文的重要性，让每个学生明确自己的任务、职责。同时，要为学生毕业论文写作提供必要帮助。因为很多学生由于平时缺乏学术训练，找不到可写的题目；即使找到题目，有了自己的想法以后，也不知道如何了解相关的学术知识和前人研究情况；还有的学生不了解研究方法和学术规范，不知如何来写。所以，为帮助学生顺利完成毕业论文的写作，各级学院应专门开设《研究方法》、《毕业论文指导》等课程或讲座。《研究方法》旨在让学生了解本专业领域的一般研究方法，教师可以通过一些研究案例和相关实践练习帮助学生学会本专业特有的研究方法；而《毕业论文指导》则通过范文分析，让学生了解毕业论文写作程序及要求，从而为学生顺利完成毕业论文打好基础。

2. 提前安排毕业论文指导工作

目前大部分高校将毕业论文安排在最后一个学期，这与学生就业和学生考研复试相冲突，如果将毕业论文提前一至两学期进行，效果会好一些。这样，一是避开学生频繁参加各类就业交流会和准备研究生复试的时段，学生可以安心进行毕业论文的撰写；二是学生有充足的时间为毕业论文的撰写做准备，提前拟定毕业论文题目，收集大量素材，毕业前写出质量较高的毕业论文。另外，若发现毕业论文很难进行下去而不得不换题目时，也给学生留下了必要的时间。

3. 加强指导教师队伍建设

毕业论文的质量高低，一定程度上反映了教师的水平，指导教师的专业知识结构和教师的水平直接影响着学生毕业论文的质量。因此，充分发挥指导教师的作用是提高毕业论文质量的关键。首先，指导教师的专业知识面的宽和窄、深与浅以及专业知识掌握的多与少，在很大程度上制约着指导教师对毕业论文的指导和评审所能达到的水平。因此在指导教师的选配上应坚持以下原则：教师必须是讲师以上或硕士研究生毕业，具有较丰富的教学经验、实践经验，参加过一定的科学研究工作；为了确保毕业论文的教学质量，应合理限定指导教师指导毕业生的数量；让科研课题多，科研水平高，具有丰富的实践经验的教师充实到指导教师队伍。

4. 强化指导过程的管理与组织

在传统大学里，导师带毕业生写论文都是采用见面的方式进行论文指导工作。在这种方式下，一个学生见一次论文导师要经过预约、找地方、见面等这些步骤。显然，随着导师所带学生数量的增加，导师的工作量将会越来越大，并且也是一件十分费时的事情。随着计算机应用的迅速发展，网络应用的不断扩大，很多学校已经尝试通过网络管理系统加强导师和学生的交流，提高导师的工作效率，也使学生得到了更充分和及时的指导。同时，网络管理系统也更有利于学校对毕业论文的监控。

网络管理系统分可为三个子系统，即学生子系统、导师子系统、管理员子系统。

(1)学生子系统。学生可以通过系统，查看可选指导教师及指导方向相关信息，查询历届论文课题信息，在规定的时间内，学生选择自己所选课题，确认后，由系统抽签最后决定该学生用户最后所选教师及指导方向。之后，学生与选择的指导教师沟通确定最终课题，通过网上提交课题，由指导教师确认，即可以开始论文的编写。学生在规定的时间内通过网上系统先后提交论文提纲与第一稿。学生根据指导老师对论文的意见反馈作出修改，最后在规定的时间段内提交最终稿。待论文答辩后，学生可以登录查看论文成绩与评语。

(2)导师子系统。指导老师确定所指导学生的论文课题。在指导过程中可以通过系统给学生及时发布有关论文方面的信息，如通知、论文写作指导等。待学生提交提纲后，指导老师可以给以指导，并将有关意见传递给学生，学生根据意见修改，指导老师最后审议通过。待第一稿审议通过后，发布中期考核会议通知，组织中期考核，根据考核情况给学生评分。学生提交完论文定稿后，指导教师在网上撰写评语和评分。

(3)管理员子系统。对于管理员来说，该系统可以管理所有毕业学生信息、指导老师信息、论文指导方向相关信息；可以对选题、提交论文的开放时间控制；对所有学生的论文信息进行管理，包括查看论文及修改评语；及时向全部学生发布通知公告；可以对所有学生成绩进行统一管理，记录优秀论文评选结果；统计打印学生、指导老师及所指导方向基本情况；统计打印学生成绩、学生论文选题、优秀毕业论文评选等情况。在管理员子系统中的过程信息都可以作为考评教师指导论文和学生论文写作的主要依据。

第五节　社会实践活动

大学生社会实践活动是我国高等教育的一项重要内容和教育形式，是课堂教学的有益补充，是贯彻党的教育方针，培养具有创新精神和实践能力的人才的重要途径之一。

一、大学社会实践活动的内涵

哲学意义上的社会实践是指人类能动地改造自然和社会的全部活动。社会实践活动是一种以学生为主体、学校为依托、社会为舞台的广泛教学形式[①]，是大学生在校期间有目的、有计划、有组织地走向社会、深入实际，识国情、受教育、学知识、长才干、作贡献的一系列物质与精神活动过程的总称，也是高校学生在校园内外更广阔的社会环境中获取并掌握新知识、认识社会、了解社会、服务社会，从而使其德、智、体等各方面得到全面、协调发展的教育形式。

根据其组织和开展的形式，大学生社会实践活动可以划分为三类：由教学部门组织的教学计划内的社会实践活动、由团委或学生会组织的教学计划外社会实践活动和学生个体从事的社会实践活动。[②]

社会实践活动既有教学活动的属性，又有社会活动的属性，它是联结学校教育和社会教育的重要纽带。把社会实践纳入社会活动是因为无论其内容、对象、活动场所都体现了社会性；而把社会实践活动纳入教学或学习活动，是因为社会实践活动有明确的目的，整个过程中能体现教师的主导和学生的主体作用。因为无论在何种情境中、在哪个阶段，学生都是社会实践活动的主体，而教师的主导作用则表现为对社会实践活动的倡导、引导、帮助、支持、谋划、组织、指导、评估和反馈等不同的方式。因此，既不能片面强调社会实践活动的教学属性，将社会实践活动单纯理解为第一课堂的延伸或作为第二课堂，也不能只强调社会实践活动的社会活动属性，排斥理论知识学习和教师指导，以实践代替教育。

大学生社会实践活动应当包括两个过程：一是实践中的认识过程，即大学生向社会学习的过程，也就是大学生个体角色的实践过程；二是实践中的服务过程，即大学生对社会施加影响的过程，也就是大学生角色的社会化过程。他们在服务的过程中，实现个体角色向社会角色的转化，自我价值得到体现和升华，个体的社会属性增强。大学生社会实践的这两个过程是相辅相成、相互依存、相互促进的，不应偏舍其一。

构成大学生社会实践活动过程的基本要素包括实践者、实践环境、实践内容、实践形式、实践评价等。

二、大学生社会实践的核心目标——社会实践能力

（一）实践能力

能力通常指完成一定活动的本领，包括完成一定活动的具体方式，以及顺利

---

① 参见王荣党《大学生社会实践的理论渊源》，载《学术探索》2000 年第 3 期。

② 参见顾成昕《谈大学生社会实践活动的现实意义及其基本形式》，载《辽宁高等教育研究》1996 年第 5 期。

完成一定活动所必需的心理特征。① 能力是知识与智力的结晶，也是人的主体性在活动中的外现。

在哲学层面上，一般把人类活动划分为认识活动与实践活动两个方面。相应地，可以把人的能力划分为认识能力与实践能力两个方面。实践能力有广义与狭义之分。狭义的实践能力一般指改造自然、改造社会的能力，如实验能力、管理能力、操作能力等；广义的实践能力还包括认识（或适应）自然、认识（或适应）社会的能力，如生活能力、社会交往能力等。

实践能力主要具有以下几个方面的特点：

1. 综合性。任何实践能力都是综合能力。各种具体能力之间相互影响、相互促进、相互支撑，不同能力的组合可形成能力模块。

2. 渐进性。实践能力的形成是一个逐步发展的过程，需要长时间的积累，不可能像知识学习那样短期内获得。

3. 稳定性。实践能力的形成期长，保持期也长。知识学习服从遗忘规律，能力获得后往往终身受用。

4. 创新基础性。实践能力是解决问题的能力，解决新颖问题要求具备创新能力，但创新能力是在实践能力基础上发展起来的。

5. 兼容性。能力是一个复杂的系统，有其结构层次。低层次的实践能力是高层次能力形成和发展的基础，高层次的实践能力对低层次的实践能力具有兼容性，二者可互相交叉。

（二）大学生社会实践能力

大学生社会实践能力指大学生在有目的、有针对性地参加社会实践活动过程中，了解社会、研究社会、主动参与社会生活和社会建设的能力。它服从于社会对大学生素质的总体期望和要求，具有未来指向性，即大学生社会实践能力的形成，是他们未来工作、学习和社会生活的准备过程。②

着眼于信息化社会、知识经济时代以及 21 世纪对中国社会发展趋势对人才的要求，当前大学生社会实践应该特别关注对以下几种能力的培养：

1. 信息整合的能力。农业文明时代，土地是最重要的资源；工业文明时代，资本是最重要的资源；信息化时代，信息是最重要的资源。在信息化社会，人的最重要的能力是对信息的加工处理能力，即从纷乱无章的信息中提炼、整合出新信息、新知识的能力。大学生社会实践活动就是要大学生在社会实践赋予的大量的、复杂的信息中，找到问题、分析问题和解决问题。

---

① 参见《辞海》（教育、心理分册），上海辞书出版社 1985 年版，第 116 页。

② 参见朱志仁：《大学生社会实践能力的界定与构成要素》，载《南京晓庄学院学报》2003 年第 9 期。

2. 获得方法的能力。对于信息化社会来说，一切现成的知识都是过去的信息，信息爆炸和知识爆炸迫使知识的学习与掌握必须让位于方法的学习与掌握，学习能力不再是指获得知识的能力，而是指获得方法的能力。大学生社会实践活动既是一般学习和研究方法的运用过程，更是在实践中发现和体验方法、获得方法的过程。

3. 社会交往能力。人的本质是社会关系的总和，社会关系不单是政治关系、经济关系，还表现为以地缘、业缘、血缘为纽带的多种社会关系。信息化社会的一个趋势是全球化，全球化的结果是经济的一体化和文化的多元化；地球村概念的形成突出了社区生活的重要性，人类社会关系越来越趋向于互助互利的关系；网络社会的崛起扩展了人类交往的空间范围，平等交往成为未来人际交往的共同追求。所有这一切都要求未来的人应具有良好的社会交往能力。人类社会实践活动的本质是社会交往中人际关系的处理，因此社会交往能力是当代大学生社会实践能力的重要组成部分，培养大学生社会交往能力也是大学生社会实践活动的重要任务。

三、社会实践活动的一般类型

(一)社会调查

所谓社会调查，是指应用科学方法(采用问卷或结构访问的方法，系统地、直接地从一个取自总体的样本那里收集资料)，对特定的社会现象进行实地考察，了解其发生的各种原因和相关联系，从而提出解决社会问题对策的活动。社会调查主要包括以下要素：明确的调查目的；具有社会意义的调查对象；科学的调查方法；实际的调查效果。其任务可以总结为以下几个方面：及时搜集社会现象的真实资料；客观描述社会现象的现实状况；正确解释社会现象的本质属性；科学预测社会现象的发展趋势；中肯提出改进社会问题的对策方略。

(二)学生社团

社团是高校第二课堂不可缺少的组成部分，是校园文化的有效载体，也是素质教育拓展的重要舞台。随着高等教育体制改革的不断深化和学分制的全面推行，传统意义上高校最基本的团体活动阵地——班级的概念正在逐步淡化，而立足于共同追求和共同兴趣爱好的、由学生自发组织并自主开展活动的新型学生团体——社团，正在成为校园文化中越来越靓丽的风景线。学生社团是具有共同追求者的精神乐园，她从原来自己创造、自己管理发展到有组织、有纪律、有生气的一个团体，正以她独特的魅力吸引着越来越多的同学加入其中、参与其中，使之成为自我展示、自我实现的舞台。

自我管理是大学生通过社团组织进行社会实践的重要特征。大学生在自己的组织中，充分地调动自身的主观能动性，发挥个人特长，卓有成效地利用和整合自我资源，积极开展一系列自我学习、自我教育、自我发展的活动。这种围绕自己身边熟悉的学习、生活环境进行的社会实践，相对走出校园的其他社会实践的形式和内容，有着自身显著的特点、优势和适应群体。

（三）勤工助学

勤工助学在其发展的历史上，又称之为勤工俭学。现阶段，勤工助学比较普遍的界说是："学生个人或者团体，以获得或改善学习条件为基本目的，将教育与学生社会实践紧密结合，全面培养学生素质和能力而进行的教育经济活动。"① 它强调"勤工"和"助学"是不可分割的整体，"勤工"为"助学"提供经济和物资上的支持，勤工助学不同于义务劳动、公益劳动，在实施过程中必须考虑经济效益；另一方面，追求经济效益并不排斥获得社会效益，其过程本身就是一种学习和锻炼，是在改善学习条件或教育效果，其活动也内含着"合法经营，造福社会"的要求，所以，"助学"是其追求的根本性主题，勤工助学是一种教育经济活动。

在我国，勤工助学具有悠久的历史传统，是在近代继承我国封建社会"勤俭办学，勤俭求学"的观念基础上形成和发展了"工读互助"的思想，而后提出了"勤工助学"的概念。而当代高校勤工助学的发展开始于 20 世纪 80 年代，由于刚刚起步，从"无偿劳动"到"按劳取酬" 观念的转变，使许多师生一时难以适应，曾引发了"经商＝勤工俭学"的大讨论。为规范勤工助学活动，1988 年，国家教委在《普通高等学校学生管理规定》中明确指出：学校提倡和支持学生开展勤工助学活动，并对勤工助学的目的、内涵、范围、时间等作了要求，使勤工助学逐步走上了有序发展的轨道。1994 年，国家教委颁发了《关于进一步做好高等学校勤工助学工作的通知》，要求将勤工助学作为学生社会实践的重要方式，作为高校学生工作的重要内容，有组织地实施，逐步做到制度化、规范化。

（四）志愿服务

志愿服务是大学生参与社会实践的重要形式之一。志愿者是指在不为物质报酬的情况下，基于道义、信念、良知、同情心和责任，为改进社会而提供服务、贡献个人的时间及精力的人和人群。志愿服务泛指利用自己的时间、自己的技能、自己的资源、自己的善心为邻居、社区、社会提供非营利、非职业化援助的行为。

志愿服务最早发源于欧美国家，起源于 19 世纪初西方国家宗教性的慈善服务。当时英国为了协调政府与民间各种慈善组织的活动，在伦敦成立了"慈善组织会社"，而反抗宗教迫害从欧洲来到北美大陆的移民们，为了克服面临的困难

---

① 郭静、王宗霞、秦宗阳等：《新时期大学生勤工助学现状的探索与思考》，载《中国科教创新导刊》2010 年第 29 期。

而互相帮助,逐渐养成了志愿帮助别人的群体精神。这种精神成为美国人民的美德而保存下来,一大批怀有慈善之心的各阶层人士成为了最早的志愿服务人员。在我国,自从1994年中国志愿者协会成立后,符合时代潮流的志愿服务在神州大地蓬勃开展起来并很快在高校得到了积极响应。作为一支队伍庞大、朝气蓬勃的新生社会力量,组织大学生参加各种志愿服务活动能够充分展示当代大学生积极上进、服务社会的精神风貌,也是实现"和谐社会"战略的重要形式。目前的大学生志愿服务活动主要有三种指向:

1. 社区服务。为适应我国社会主义市场经济体制建立和发展的客观要求,我国社会逐步向"小政府、大社会"的模式转变。随着时代发展,"单位人"逐步向"社会人"转变,代替单位来扮演这个角色的正是社区,社区的发展也成为志愿服务开展的广阔天地,而志愿服务对社区功能的逐步完善和多样化发展也起到了积极的作用。"科教、文体、法律、卫生四进社区"活动,利用双休日和课余时间,摆个小摊、树面小旗、拉条横幅就能给周边社区带去实用科技知识、贴近生活的服务,丰富社区的精神文化生活,加强了高校与所在社区的联系,为社区与高校的良性互动作出了贡献。

2. 支农支边。我国是一个农业大国,早在20世纪60年代末,党中央就号召广大知识青年到农村的广阔天地里锻炼自己。我国地域辽阔,东西部、南北方经济和文化发展很不平衡,很多地区急需要各种人才。目前,大学生社会实践活动与支持"三农""开发西部"相结合是符合我国国情的一项重大工程,"文化、科技、卫生三下乡"是新形势下大学生参加社会实践的有效载体。大学生送到偏远农村地区的不仅是先进的科学技术、优质的服务和文化,更展示了一颗颗真诚的爱心和报效社会的优秀品质。

3. 公益活动。公益活动开展情况已经成为一个国家文明程度的重要标志,是形成和谐社会的一个重要举措。配合着节假日和各种大型活动,很多大学生积极参与社会公益活动,如世界地球日进行环保宣传、积极参加奥运会志愿者,宣传有关艾滋病知识,正确对待艾滋病人。

四、社会实践活动的组织与指导

(一)社会实践活动的组织程序

在大学生社会实践活动的过程中,教师应做好以下几个方面的指导工作:

1. 提高思想认识,激发实践热情

指导教师应通过专门课程、讲座、座谈会等形式,从时代需要和个人价值实现的角度,消除大学生在社会实践方面存在的种种错误的思想认识;使之真正认识到社会实践的意义不仅在于培养他们发现问题、分析问题和解决问题的能力,还为他们培养多方面社会活动能力提供了锻炼的舞台。让他们熟悉实践方案的制定、实践活动的方式方法、实践活动的总结等程序。同时增强他们的心理承受能力和战胜困难的勇气及信心。

2. 加强动态指导，搞好组织实施

首先要做好前期准备工作。"凡事预则立"，准备工作是提高社会实践效率，确保社会实践质量必不可少的重要环节。要编制社会实践指导大纲、帮助学生制定社会实践任务书，并且使之具有较强的可操作性。

其次，要重视大学生社会实践活动过程中的具体指导。由于长期书本学习，对社会了解少，实践能力欠缺，大学生在社会实践活动中，常常对一些具体操作性问题束手无策，这时候非常需要教师的指导。同时，大学生在社会实践活动期间，会遇到这样或那样的思想问题，特别是社会上的一些不良的价值取向及行为方式会对大学生产生负面影响，再加上他们的思想情绪容易波动，如不及时解决，势必会影响社会实践活动的顺利进行。这就要求指导教师对可能出现的新情况、新问题要及时掌握并予以妥善解决。帮助大学生把握主流，澄清思想上的模糊认识，提高他们明辨是非的能力和抗干扰的能力。这样也可以更好地把握大学生的思想动态，为改进平时的思想教育提供信息。

另外，还应该引导大学生搞好阶段总结。在社会实践活动的每一个阶段结束时，指导老师都要引导大学生进行阶段总结。对学生们所取得的成绩尤其是创新成果予以充分的肯定；对实践过程中遇到的具体问题加以分析；将社会对大学生的意见和要求及时进行反馈，使他们明确今后的努力方向及应注意的问题。

3. 指导总结交流，宣传实践成果

总结交流是大学生社会实践活动的最后阶段。经验交流工作有利于组织者和参与者互相取长补短、澄清思想、端正认识。指导教师应组织学生认真总结社会实践中暴露的问题和得到的收获，找出差距和不足，使每一位学生都能明白，有哪些值得肯定的经验，有哪些应该吸取的教训，撰写好社会实践报告或科技论文，从而为今后的社会实践提供理论指导。在总结交流阶段，指导老师应尽可能让学生进行自我总结，对自己的观点不必过分强调，只是在大学生的总结出现偏差时，才予以适当的补充和指导；要大力宣传社会实践成果，表彰先进典型，扩大教育面，强化教育效果，让更多的大学生了解社会实践活动，激励大学生参加社会实践的积极性。

（二）社会实践活动的指导

社会实践活动不同于一般的教学活动，也和实验教学、毕业论文设计等实践教学活动有很大区别，教师在指导大学生社会实践的过程中，要运用合适的指导方式。

1. 发挥学生的主体作用,避免"保姆式"的指导

大学生社会实践活动应遵循大学生是主体、教师是支持者、社会是大舞台的原则,充分发挥大学生的主观能动性。如果从活动的前期准备到活动的总结交流,都由指导教师一手包揽,必然会使大学生在实践过程中失去主体地位,被动地应付老师的各项安排。指导教师必须深刻认识到自己在大学生社会实践中的作用,做好"向导"和"助手",在社会实践活动过程中在宏观上给予指导,把握方向,不能"保姆式"地包揽;对大学生社会实践要求要严,但决不能控制过死,应做到"严而不死,活而不乱"。

2. 发挥教师的示范作用,避免单纯"授业"式的指导

教师在指导大学生社会实践的过程中,不仅要指导他们运用所学理论知识解决实际问题,了解社会,服务社会,而且还要让学生明白做人的道理,发现自己的价值,也就是不仅要"授业",而且还应"传道"、"解惑"。指导教师应该在深入基层、踏实工作、灵活处理实际问题、吃苦耐劳、团结协作等方面发挥榜样作用,不计较个人得失,身先士卒,以自身的实际行动影响和教育大学生,培养大学生艰苦奋斗、乐于奉献的精神。

3. 发挥教师的协调作用,避免"完全放手"的指导

很多社会实践活动都是大学生自己发起或倡导的,整个过程的具体实施也是由学生完成的,但这并不能说明教师就可以完全放手,教师应该充分发挥教师的协调和支持作用。如协调学生和社区、实践单位、组织单位之间关系,协调教学任务和实践活动之间关系,协调学校管理与实践活动之间关系,提供必要的资金、信息和技术设备支持,协调实践活动成员内部关系。在这种活动中,教师已经不是"导演"和"主演",甚至连"编剧"都算不上了,而应该担任起"监制"和"剧务"工作,为学生实践活动服好务,做好后勤工作。

第六节 科技创新活动与创业教育

一、科技创新活动

(一)科技创新活动内涵

大学生科技创新活动是指在教师的指导帮助下,学生利用课余时间自主开展的学术研究活动,是学校通过组织引导大学生对科技文化知识的学习、转化、运用和自主创造,培养其创新意识、创新精神和创新能力的教育实践活动,是高校培养具有创新精神和实践能力的高级专门人才的重要途径,是整个教育过程中重要的一个环节。

（二）科技创新活动形式

大学生科技创新活动要根据教学阶段和专业特点来采取相应的组织形式，一般来说主要包括以下几种：

1. 组织科技兴趣小组和课外活动基地。在学校范围内建立各种科技兴趣小组，积极组织学生参加科技兴趣小组活动，进行科技创新的初步实践，也可以建立课外科技活动基地，为学生提供良好的创新氛围，给学生提供科技创新活动的外部条件。

2. 参与教师的科研项目和课题研究。很多高校教师承担着各级各类研究项目和课题，让学生参与到这些科研项目和课题研究中是一种不错的科技创新活动，一方面可以让学生作为科研助手，帮助教师完成科研任务并在实战过程中学习研究方法，增强科研意识；同时，承担一定的辅助研究任务甚至负责某项子课题的研究工作，可以全面锻炼他们的科研能力。

3. 申报和完成学生科研项目和课题。学校可以组织和引导学生根据自己的兴趣和社会需要申报学生科研项目和课题。项目和课题的选择应既有一定的创新性，又要适合学生的课余研究计划，学生可以在研究中充分发挥学生的个性、各尽所长。

4. 组织和参与各类科技竞赛活动。各院系可以根据学生专业特点在学校范围内组织学科创新研究竞赛，积极参与各级乃至全国大学生范围内的科技大赛，为培养学生的创新能力提供舞台。

（三）大学生科技创新活动的主要特征

1. 活动内容的层次性

活动内容的层次性主要是由活动主体的层次性决定的。大学生群体有不同的学历层次，既包括专科生、本科生，也包括研究生（硕士生和博士生），还有高年级与低年级之分。不同学历层次的学生知识面、培养方式、能力是有差异的，因而科技创新活动的内容是有差别的，具有明显的层次性。

2. 活动形式多样性

大学生科技创新活动是大学生开展科学研究和开发的有效载体，研究内容非常广泛，涉及社会、人文、自然、经管等方方面面，也决定了研究形式方法的多样性：既有理论研究、程序设计，也有模型制作、实物研发，因科研内容而定，不拘一格，灵活多变。

3. 活动范围的宽广性

大学生科技创新活动的活动空间大、范围广，其研究内容不再局限于书本内容甚至专业内容，来自于实践的问题往往成为科技创新的主要研究对象，研究空间也从课堂、实验室和校园一直延伸到社区、企业、社会研究机构等。随着创新教育、素质教育的蓬勃开展，学分制管理的逐步推行，其活动范围还将进一步拓展。

4. 活动过程的创新性

科技创新活动过程包括问题、学习、消化、应用、创新等环节，是一个复杂的过程，创新环节是大学生科技创新活动的核心，不管是科研选题，还是研究过程以及最后结题评审，都始终围绕学生创新意识和创新能力培养这一主线，只有体现了创新性，大学生课外科技创新活动才有活力和吸引力。

5. 被动和自主结合性

根据我国大学生当前的现状，为培养大学生科技创新意识和能力，许多高校在培养计划上都规定了必须获得科技创新学分，而取得该科技创新学分的最主要途径就是参加各类科技创新活动，这说明学生参与科技创新活动存在一定的被动性。然而，从学生参与科技创新活动的过程看，由于科技创新活动大多要求学生利用课余时间，自己选择场地分散进行，特别是创新开发过程仅靠现有知识往往还不够，更需要学生不断地自学新知识、梳理整合旧知识，才能创造性地进行综合运用。因此，自主学习、自主实践、自主创新贯穿了大学生科技创新活动全程，这又充分体现了学生的自主性。

6. 团队协作性

科技创新项目具有一定的难度和深度，并且其中的许多课题又来源于交叉学科或边缘学科，因此项目很难仅由单人完成，往往需要由志趣相投、知识能力互补的多个学生组成的团队完成。团队在运作中既强调分工，又注重合作，协调一致是对科技创新团队的基本要求。

二、创业教育

(一)创业活动与创业教育

创业活动指创业者通过发现和识别商业机会，组织各种资源，提供产品和服务，以创造价值的过程，它常常与创新、开创、创造性等联系在一起。1989 年北京“面向 21 世纪教育国际研讨会”上首次提到“创业教育”，它主要是指以开发和提高青少年创业基本素质，培养具有开创型个性的教育。联合国教科文组织 1991 年 1 月召开的“教育革新与发展服务计划”东京会议的报告中，引申出广义的创业教育和狭义的创业教育这两个既有联系又有区别的概念：“创业教育，广义上来讲‘在于为学生灵活、持续、终身的学习打下基础’，是受教育者在接受全面素质教育的基础上，使综合素质与开创型个性得到培养和强化，现代创业意识与能力得到开发和提高的教育。狭义的创业教育则是与职业培训的概念紧密结合在一起的。"[①]从当前高校创业教育的实践来看，创业教育就是通过适当的教学活动来培养创业精神和创业能力，为大学生自主创业服务的教育。

（二）大学创业教育内容

1. 创业意识教育。创业意识是指在创业实践活动中对人起动力作用的个性心理倾向，包括需要、动力、兴趣、思想、信念和世界观等心理成分。创业意识是大学生自主创业的前提和动力条件。加强创业意识教育，对当代大学生有着特别重要的意义，因为他们在中、小学时期接受的是传统教育模式的培养，在人格特征上有较明显的依附性，创业意识和创业精神不强。通过创业意识教育，可以使大学生具有敢于独立开辟人生道路、自主创造人生价值的精神。

2. 创业知识教育。创业知识是大学生自主创业过程中需要用到的各类知识，主要包括创业发展方向所需要的专业知识，企业的设立及运营过程中所需要的管理知识，与创业有关的法律、政策、工商、税收、保险等方面的知识以及社会生活方面的其他知识。其中包含陈述性知识、程序性知识和策略性知识，并以程序性知识和策略性知识为主，这些都是大学生创业的基础。

3. 创业能力教育。创业能力是一种以智力为核心的具有较高综合性的能力，是一种具有突出创造特性的能力，是一种能够顺利实现创业目标的特殊能力。创业能力主要包括专业技术能力、经营管理和社交沟通能力、分析和解决实际问题的能力、信息接受和处理能力、把握机会和创造机会的能力等方面。创业能力是大学生自主创业的关键性要素，培养大学生创业能力是创业教育的核心内容。

4. 创业心理品质教育。创业心理品质是对创业者创业实践过程中的心理和行为起调节作用的个性心理特征，它与人固有的气质、性格有密切的关系，主要体现在人的独立性、敢为性、坚韧性、克制性、适应性、合作性等方面。创业的征程始终是机遇与挑战并存，希望与困难同在，对一个创业者来说，只要有一个难题没解决，一个障碍迈不过去，就可能一蹶不振。因此，加强创业心理品质教育，对大学生创业至关重要的。创业心理品质教育主要是培养大学生对事业追求的决心和信心，敢于冒险、不怕失败的勇气，坚韧不拔、持之以恒的品性和热爱生活、热爱工作的乐观态度。

（三）我国大学创业教育模式

1. 以中国人民大学为代表的以提高学生整体能力为侧重点的创业模式

这种模式以中国人民大学为代表，特点是把创业教育和素质教育结合起来，将创业教育融入素质教育之中，以学生整体能力、素质提高为标的。学校强调创

---

① 联合国教科文组织:《学会关心:21世纪的教育——圆桌会议报告》，载《教育研究》1991年第7期。

业教育“重在培养学生创业意识、构建创业所需的知识结构、完善学生综合素质”。实践上走的是第一课堂和第二课堂结合的路线。在第一课堂方面，调整教学方案，加大选修课开设的力度，增设《企业家精神》、《风险投资》、《创业管理》等系列创业“科普型”课程，拓宽学生选择的空间；改革教学方法，倡导参与和讨论式教学，鼓励学生的创新思维。第二课堂方面，学校支持兴趣类社团的发展，鼓励学生参与各种实践活动和社会公益活动，开办创业教育讲座、举办各种比赛和社团活动，逐渐形成了以专业为依托，以项目和社会为组织形式“创业教育”实践群体。

2. 以北京航空天大学为代表的以提高学生创业知识和技能为侧重点的模式

这种模式以北京航空航天大学为代表，特点以提高学生的创业知识、创业技能为目标，建立大学生创业园，教授学生如何创业，并为学生创业提供实践机会、资金资助以及咨询服务。具体来说，北航通过成立创业管理培训学院、北航科技园、北航科技孵化器，搭建了一个务实、系统的创业教育与实践平台，营造了浓厚的创业氛围。学校面向本科生卅设《创业管理入门》、《商务沟通和交流》、《财务基础》、《公司法与合同法》等；面向研究生，开设《创业融资》、《财务分析与管理》、《公司组织和管理》等创业知识课程；同时开设“团队训练”、“拓展训练”、“市场调查”等技能训练，培训学生创业技能，提高了学生的创业兴趣和创业意识。该课程的授课老师都是北航产业集团有企业经营经验的管理者。在上课过程中，学生要组成不同的创业小组，作业也都是与创业相关的实践类问题。课程结束后，如果学生所提交的创业计划或报告具有实际应用价值，经过有关专家评审，即可得到 3 万元的创业基金，进行项目启动。北航科技园和科技孵化器也都利用自身优势，设立创业基金，协助解决学生创业过程中的场地、资金及管理等问题，支持学生创业，对学生的创业计划提供种子资金，实行商业化运作，培育创业实体。

3. 以上海交通大学为代表的综合式创业教育模式

该模式一方面将创新教育为创业教育的基础，在专业知识以传授过程中注重学生基本素质的培养；另一方面，为学生提供创业所需资金和必要的技术咨询。学校投入 8000 多万元建立了若干个试验中心和创业基地，全天候向全校各专业学生开放，以培养学生的动手能力。现由该校研究生成立的学子创业有限公司，已经入驻上海“慧谷”科技创业基地。

除此以外，一些尚未进行试点的高校没有明确的创业教育的课程设置，但在教学实践中都正在逐步渗透创业教育的理念。如上海复旦大学以育人为中心，形成了一套“在校生创业精神、实践能力和团体精神的培养——毕业生创业指导——创业团体创业过程扶植”的模式。目前已有四五百个项目获得该校的资助,现在每学期都有100余个项目提出资助申请。

以上三种模式基本是在教育部高教司于2002年初借鉴国外高等学校创业教育经验进行试点工作中形成的。

三、科技创新活动与创业活动的关系

(一)科技创新活动与创业活动既相对独立又相互关联

首先,科技创新活动与创业活动是相对独立的,具有不同特征。科技创新活动是一种学术创新活动,是大学生通过对科技文化知识和技能的学习、转化、运用和自主创造的过程,其活动的内容主要集中于本专业领域,主要关注本专业领域的学术前沿,重视研究成果的学术创新价值。创业活动是大学生面对社会需求和经济发展规律,运用自己的知识和能力,根据自己的特长和爱好,自主创办经济实体的过程,其活动内容不一定局限在本专业,不一定具有较高的科技含量,它主要关注的是市场需求,看重经济效益和社会效益。因此,针对科技创新活动和创业活动的组织和指导目标与方式也是有区别的。科技创新活动教育主要培养学生专业创新能力;而创业教育则针对包括创新能力在内的学生综合实践能力培养;科技创新活动教育中更关注产品制造、方案设计或工艺改进等环节,而创业教育则更关注专利申请、公司注册、机构运营等方面。

其次,科技创新活动与创业活动之间是紧密关联的。两种活动都是学生课外进行的活动,都是大学生实践活动中的组成部分,都需要学生较高的创造能力;科技创新活动是大学生创业活动中的一种基础活动,大学生可以利用科技创新成果,利用高科技优势进行自主创业。

(二)科技创新活动和创业活动是在相互推动中发展起来的

我国大学生科技创新活动起始于20世纪80年代,主要以学生课外兴趣小组为组织形式,但很不系统,1989年下半年,在团中央的支持下,清华大学、北京大学等31所高校联合召开了第一届"挑战杯"大学生课外科技活动成果展览暨技术交流会,标志着我国大学生科技创新活动开始迈向比较系统的轨道。随后,清华大学借鉴麻省理工大学"本科研究机会计划"经验,在1996年实施我国首个本科科研训练计划:学生科技训练。之后,浙江大学借鉴清华大学的成功经验,于1998年试行了大学生科研训练,其他高校,如北京大学、北京工业大学、华中农业大学、武汉大学也陆续设立了正式的大学生科研训练项目,大学生的科技创新活动开展得有声有色,制度日趋完善,学生的科技创新成果日益增加。

创业教育的兴起晚于科技创新活动。1989年在中国北京召开的"面向21世纪教育国际研讨会"上正式提出了"第三本教育护照",即最早的"创业教育"的概念。此次会议的《学会关心:21世纪的教育——圆桌会议报告》中提出了21

世纪新的教育观念，其中就要求把事业心和开拓技能教育，即培养思维、规划、合作、交流、组织、解决问题、跟踪和评估的能力，提到学术性和职业性教育护照所享有的同等地位。1998 年 10 月，法国巴黎召开的世界高等教育大会宣言《21 世纪的高等教育展望与行动》在“高等院校行动框架”部分中进一步提出了大学创业教育的具体对策。[①] 1998 年，清华大学的几个青年学生从美国把创业计划竞赛引入中国，并在“挑战杯”大学生课外科技作品大赛基础上，拓展了比赛内容，举办了第一届清华大学学生“挑战杯”创业计划大赛，比赛期间，学校还组织了各种相关知识的讲座和培训。1999 年，团中央、中国科协、教育部、全国学联与清华大学联合发起“‘挑战杯’全国大学生创业计划竞赛”（又叫“小挑”），将该项竞赛从一个大学推向全国，使之与“‘挑战杯’全国大学生课外科技作品竞赛”（又叫“大挑”）一起成为中国大学校园文化的龙头活动，并催生了一批大学生创办的公司。“大挑”与“小挑”交叉进行，分别隔年举办。1999 年，我国教育部颁发的《面向 21 世纪教育振兴计划》中制定了加强对教师和学生的创业教育项目“提高青少年创业能力的教育联合革新项目”，我国创业教育的雏形开始形成。2002 年，我国高校开始试行创业教育。中国人民大学、清华大学、北京航空航天大学、黑龙江大学、上海交通大学、南京经济学院、武汉大学、西安交通大学 8 所高校率先进行试点工作。2003 年 4 月上旬，团中央、教育部和全国学联还专门组织“创业者风采”优秀大学生事迹报告团赴全国各地高校巡回演讲，对大学生进行了一次良好的创业教育，收到很好的效果。一场大规模的创业教育实践活动在全国高校开始拉开帷幕。

（三）引导科技创业是大学生创业教育的方向

创业既包括知识含量高的高新科技创业，也包括较低知识含量的低层次创业。近年来，大学生创业活动中有一些是知识含量较高的创业，如发明、专利、新工艺、新材料等等，这可以称为科技创业，但更多的却是低知识含量的创业，如商品销售、餐饮、打字、印刷等等，这些可以称为低端创业。从目前有关调查看，大多数大学毕业生进行的创业层次不高，科技含量很小。这种状况的出现，一方面是因为就业压力和生存需要；另一方面则是因为技术含量低的创业，导入比较容易，初期来钱快，而高技术含量的企业则前期投入比较大，且不容易走上正轨。两种创业类型都是有意义的，都有存在的价值，关于大学生究竟应从事哪一个层次类型的创业，无论是社会舆论界还是学术研究界都颇有争论。但对于学校创业教育来说，应该以科技型创业为主要导向。

创业教育的一个重要作用就是对学生创业的导引方向，这种导向包括了从

① 参见杨宗仁《我国高校创业教育的现状、问题和教育对策》，载《兰州交通大学学报》2004 年第 5 期。

国家、市场层面的考虑，也包括了从学校与学生个体特点的层面考虑。在当今知识经济初见端倪，工业经济向知识经济过渡之际，在科技竞争力成为国家核心竞争力的背景下，在目前市场处于买方市场，市场 90%左右商品处于供过于求的状态下，低端创业只会在现有的市场中加剧竞争。社会需要的是知识型的企业，只有以高科技产品来开创市场、引导消费的创业才更具有竞争力。所以，对大学生来说，只有利用自身的知识与技术，进行科技型创业，才会开拓新的市场，才不会在竞争已经非常激烈的现有市场中苦苦挣扎。李岚清同志在 1999 年全国教育工作会议的讲话中强调指出："要探索鼓励高校毕业生自主创业的有效途径和相应的政策措施。通过政府设立小额贴息贷款，或借助社会风险投资基金等方式，扶持大学生开办、承包和改造企业，特别是小型科技民营企业。"这也为大学生利用自身优势创业提供了大好机遇，引导学生进行具有知识含量和自主知识产权的科技创业，应该是大学生创业教育的方向。

另外，通过创业教育可降低大学生选择低端创业的比率。目前，很多大学毕业生走上了低端创业之路，其实也是与创业教育的缺乏是大有关系的。因为很多大学生毕业生的自主创业选择都是在无法实现岗位就业后的无奈之举，他们的创业是一种没有准备，没有规划，缺乏思考的创业。如果在大学期间对学生实施创业教育，既培养他们具有创业的意识，同时引导他们结合自己的特点与专业对创业及早进行选择、进行规划，使得创业不再是无奈的仓促之举，而是经过准备后的慎重的选择，就会降低大学生的低端创业比率。

四、大学生创新创业活动现状及改革经验

(一)当前大学生创新创业活动的现状

从当前状况看，大学生创新创业活动总体上呈良性发展态势。主要表现在：(1)学校重视程度明显增强，很多高校开始越来越重视科技创新活动，开设专门的创新创业课程，通过学生处、团委、教务处、科技处、学生就业指导中心以及学生社团等组织开展各种各样的学生科技创新和创业活动，活动组织形式日益多样。(2)高校涌现出一些大学生科技创新成果和创业成就。特别是在"挑战杯"创新创业大赛中出现了很多可喜的科技创新成果并和有关企业建立了实质性关联，这也进一步推动了高校科技创新活动和创业活动的开展。(3)除各级教育主管部门外，共青团系统、政府科技部门和科学技术协会、科技企业等纷纷加入大学生科技创新创业活动推动者行列，国家、省级或地区性的科技竞赛和创业计划大赛活动层出不穷。

但很多实证研究也发现了大学生创新创业活动中的不足。主要表现在以下几个方面：

1. 参加人数还不够普遍

从一些研究者的调查看，参加创新创业活动的大学生占全部在校生人数的比例还比较低，而且各院校、各层次学生参加情况存在明显的不平衡。

2. 学生参与热情高，坚持下去的少

参加科技创新和创业活动需要强大的精神动力和明确的目标，很多学生仅凭“一时之勇”，缺乏“坚持”的意志品质，遇到困难“流产”的多，持之以恒、锲而不舍的少。

3. 学生科技成果、创业计划突击的多，长期研究的少

学生参与科技创新和创业活动要有创新的态度和严谨的学术作风，欲投机取巧，不愿做锲而不舍的潜心研究，这是常有的一种错误倾向，也是大学生科技创新创业活动的一个误区。从目前来看，大学生科技创新和自主创业大多数仅是靠短时间的突击来完成的，长期坚持研究的学生非常少。

4. 学生从事科技创新和创业活动粗枝大叶的多，高水平的少

学生从事科技新和创业活动“起点低，小打小闹”的居多，绝大多数学生喜欢“短、平、快”的做法，这也是高水平科技成果不多的根本原因。

（二）造成当前大学生创新创业活动现状的原因

造成上述状况的原因主要有以下几个方面：

1. 大学生没有足够的时间

在大学四年中，大学生主要以学习专业基础课程为主，课时多、学习任务重，同时对大学生活也有一个适应的转变过程，加上有限的知识和研究能力，要参与科技创新和创业活动就显得力不从心。

2. 学校科技创新和创业活动教育导向存在问题

我国科技创新和创业活动主要起源于“挑战杯”这种竞赛形式，这就导致了很多高校把这些活动的参加者定位于“学生中的精英”，片面要求科技水平使得很多想参加学生望而却步。

3. 缺乏相应的资金和物质支持

创新和创业都需要相应的财力投入，否则只能是纸上谈兵。因大学生还是消费者，据不完全统计，目前对大学生的科技创新项目和活动进行资助的大学还不到全国高校总数的1/3。很多有创意的科技创新项目因得不到资金的支持无法开展或半途而废。①

4. 有关的管理、测评政策还不是很健全

我国高校学生科技创新和创业活动起步晚，这方面的实践经验和基础理论

① 参见陈军《以科技活动为载体推进创新教育》，载《教学研究》2004年第5期。

薄弱，相关的配套制度不够完善，这是目前高校学生科技创新和创业活动的一大难题。大多数高校未建立起大学生科技创新的管理机构和规章措施，这使得大学生科技创新活动处于无序进行的混乱状态，得不到制度的保障和保护，科技创新成果严重流失。虽然一些高校很早就开始了综合测评制度的改革探索，出台了一些相关的政策和制度，但一个有利于学生成长、成才的成熟机制尚未形成。

5. 缺乏教师的引导、帮助

专业教师的参与和指导是学生科技创新和创业活动得以发展的保障。要指导学生进行科技创新和创业活动，教师不仅要有理论知识，更需要实践经验，还需要和社会、企业、科研机构的密切联系。从目前来看，这方面的教师，特别是创业活动指导教师严重缺乏。由于教师的缺少，大学生科技创新有很多是在“地下”状态进行的，导致成功率低或科技含量低。

(三)大学生创新创业活动的改革经验

面对大学生创新创业活动中的问题及其产生原因，部分高校已经开始了积极的尝试，并在实践中总结出了很多大学生创新创业活动的组织与管理经验。

1. 加强活动的有效指导

采用导师负责制。院系可以在学生入学后提供一些有科研经验、从事过或正在从事课题研究的教师作为本科生导师的候选人，学生根据自己的专业特点和兴趣选择导师，院系负责平衡，最终保证每个老师负责一定数目的学生。学生作为他们的研究助手与导师保持密切的联系，在参与导师科研活动过程中逐步形成科研意识、掌握科研方法、发展科研能力。导师可以根据学生的特点因材施教，对不同年级的学生进行分级指导，为学生科技活动提供技术保证，逐步提高学生科研创新能力。低年级的学生主要培养其科研兴趣，更多地以跟、学为主，初步掌握信息的收集、资料的简单分析等。高年级的学生要进行全方位的训练，从课题的选择、方案的确定、数据的处理、结果的分析，论文的撰写都在老师的指导下完成。

对于创业活动教育，高校可以通过聘请创业成功人士或有创业实践经验的人员(可以是校内也可以是校外的)加强对学生的有效指导。可以开设专门的创业课程，让这些人员担任主讲教师，他们会结合自己的创业经历或丰富的社会阅历，把课程内容讲活，帮助学生了解创业基本知识；也可以有计划地聘请他们给学生作报告或交流，并帮助学生和他们建立联系，以便学生可以随时请教他们；他们还可以在学生创业实践中担任导师或顾问，参与、策划、指导、帮助学生创业。

2. 建立有效的激励机制

各种科技创新和创业活动的开展，离不开院系的支持，为激发大学生科技创新和创业活动的积极性和主动性，应建立相应的院系、教师及学生的奖励等有效的激励机制。对积极支持、鼓励学生进行科技创新和创业活动的院系,学校应给予一定的政策支持;学校应予以承认并计算教师对学生科技创新和创业活动的指导工作量,对表现突出的教师应给予表彰奖励;在学生综合测评中,对积极参与科技创新和创业活动的学生应给予创新学分,对于取得成绩的学生应给予物质上的奖励和一定的荣誉称号,在就业和继续学习中给予一定的政策,由此营造创新环境,激发创新热情。

3. 设立大学生科技创新和创业活动专项基金,建立科技创新和创业活动实践基地

应建立专项科技创新和创业活动基金,资助大学生创建兴趣小组、创业团队、课题立项、各类竞赛,以保证科技创新和创业活动的顺利进行。基金可以通过学校拨款、社会赞助等多种方式筹措。科技创新和创业活动本质上是学生的实践活动,仅仅纸上谈兵是不行的,必须建立校内外的科技创新和创业活动基地,让学生进行模拟甚至实际训练。其中校外活动基地主要调动研究机构、企业的积极性,运用互惠互利的政策,与地方相关单位建立长期合作的方式,使学生有机会深入工作第一线,在实践中实现自己的想法,提高自己的能力。如复旦大学科技园专门设立创新基金,资助学生的创新活动和项目,复旦大学和复旦科技园还共同为上海市大学生科技创业基金的复旦分基金来配套基金,组建"复旦大学大学生创业园",提供免费办公用地和服务。

第六章

大学教学评价

【内容提要】

● 大学教学评价既是高等教育研究的重要组成部分，也是近年来基于普通教学论而形成的一个新兴的专业研究领域。

● 大学教学评价的研究对象既包括大学教学质量的评价，也包括对大学办学条件、教学建设、教学管理、科研创新、学术队伍、学术环境、教师教学效能、学生学业等诸多方面的评价。

● 大学教学评价具有鉴定、诊断、自省、监督、导向、中介等功能，遵循方向性、教育性、科学性、可行性等原则。

第一节　大学教学评价概述

一、大学教学评价的本质及意义

(一)大学教学评价的本质

什么是教学评价？目前在我国教学评价研究界并没有一个较为共识的界说。有的研究者认为，教学评价是对教师的教学工作和学生的学习质量作出客观的衡量及价值判断的过程[1]；有的研究者认为，教学评价就是以一定的方法、

---

① 参见李秉德主编《教学论》，人民教育出版社 2003 年版，第 307 页。

途径对教学的计划、活动以及结果等有关问题的价值或特点作出判断的过程[①];还有的研究者认为,教学评价是以教学目标为依据,运用可操作的科学手段,通过系统地收集有关教学的信息,对教学活动的过程和结果作出价值上的判断,并为评价者的自我完善和有关部门的科学决策提供依据的过程。[②] 我们还不能贸然地判断上述那一种界说更具合理性。但从上述几种界说来看,既存在着差异,也反映出一定的共识。

从共识性上看,上述几种界说都认为教学评价"是一种价值判断的过程",如此看来,"价值判断"应是教学评价的基本属性和特征。而从差异性上看,其一,在"价值判断"的对象上,并没有取得一致性的看法,如第一种界说,价值判断的对象是"教师的教学工作和学生的学习质量",第二种界说,价值判断的对象则表述为"教学的计划、活动以及结果",第三种界说,就把价值判断的对象确认为"教学活动的过程和结果"。其二:在为什么要对评价对象进行价值判断以及其依据或标准是什么的问题上,也没有取得共识。前两种界说并没有明确地表达出来,而第三种界说则认为,目的是"为评价者的自我完善和有关部门的科学决策提供依据",其依据或标准是"教学目标"。我们认为,教学评价应包括如下几个方面:目的、依据、标准、方法及过程等。

参考上述的不同界说,我们认为大学教学评价是指由特定的评价主体运用一定的评价指标体系并通过一定的评价方法对大学教学评价客体所实施的评价活动,是多重评价因素组成的评价系统,大学教学评价也是为了教育的目的而进行的一种评价活动。

(二)大学教学评价的意义

大学肩负传播文化、创新文化以及服务社会的三大职能,每项职能具有完全不同的内涵和规律,并在实际工作中又互相交叉、互为基础、相辅相成。同时,不同的大学又在学科建设、专业设置、培养层次、服务方向等方面具有很大的差异。这些差异使他们在各自的教学运作机制方面具有很多独有的特点,不能追求整齐划一的风格。这些都使得对大学教学的评价成为一项非常复杂的活动。

教学工作是大学完成人才培养目标的基本途径,是大学的中心任务,因而对大学教学进行评价相对于大学的科研学术评价、产出效益评价等具有更为重要的意义。但大学教学评价并不是单纯地对教学质量的评价,而是涉及大学办学条件、教学建设、教学管理、科研创新、学术队伍、学术环境等许多因素的综合评

---

① 参见张华《课程与教学论》,上海教育出版社 2000 年版,第 365 页。

② 参见施良方等主编《教学理论:课堂教学的原理、策略与研究》,华东师范大学出版社 1999 年版,第 330 页。

价。因而，大学的教学评价实际上也代表了整个大学办学水平的评价。大学教学评价从起步到不断发展，在实践中越来越显示了它对大学教学的宏观管理、微观导引、适时监控的作用，成为大学教学过程和教学发展中必不可少的一个环节。步入 21 世纪，知识经济时代的到来又把高等教育在全球范围内推入了一个轴心的位置，大学教学评价尤其具有重要的现实意义。

首先，大学教学评价通过对大学教学规律的重新阐释，从理性认识上对大学教学进行引领与反思。在教育学的研究中，虽然教育理论工作者对教育学到底是不是一门科学有着长时间的论争，但是，无论哪一类教学活动都具有内在的规律却是不争的事实。在高等教育规模空前发展的今天，大学教学的发展面临良好的机遇，也身陷无数的困境。评价，可使大学教学从理性上保持清醒的头脑，并执著地寻求通达之道。从一般意义上讲，大学教学评价理应采用国家和社会共同认可的标准化要求对具体的高校教学的目标、过程及结果进行鉴定和评价，以找出它们之间的吻合度，挖掘出其内在的规律，并据此探讨改善大学教学工作的途径。

其次，大学教学评价通过系统的监控和调整手段，从大学外部和内部实施对大学教学的质量保障。20 世纪后期，全球性的高等教育扩招引起了人们对大学教学质量的关注，质量保障运动成为高等教育领域的重大课题。东西方国家高等教育质量保障运动各自具有不同的特色。目前，许多国家的经验都是尝试从大学外部和内部同时实施教学质量监控，一方面加强国家或社会从大学外部对大学的质量检查，另一方面，加强大学内部教学工作的自律机制，大学教学评价是其中的重要步骤。

最后，大学教学评价从思想上和体制上促进大学改革的加快进行。通过评价，大学办学行为的种种不良形象、不利行为得以显示，能够使高等教育的管理主体、大学的办学主体、教学主体等从思想上不断对大学教学工作进行重新认识和思考，不断革除旧弊、推陈出新，从而实现“以评促建，以评促改，以评促管，评建结合”的目标。

二、大学教学评价的功能及原则

(一)大学教学评价的功能

大学教学评价是评价主体对评价客体的一种认知性活动，这种认知活动在大学教学活动中表现出一定的功能或效用，通过功能的发挥起到直接为大学教学活动服务的目的。大学教学评价的功能是分析和研究大学教学评价价值的重要基础，具体表现在以下几个方面：

1. 鉴定功能

大学教学评价具有鉴定学校及有关学科专业的办学条件、办学水平、教学质量合格与否、发展程度高低以及办学状态优劣的作用。鉴定功能主要是通过收集学校教学评估对象的相关信息资料，采用一定的手段进行选择和处理后，将处理结果与有关标准进行对比分析，以判断评估对象的状况。合格鉴定、程度鉴定和状态鉴定是大学教学评价鉴定功能的三个主要方面。

2. 诊断功能

大学教学评价具有利用一切可行的技术与手段来获取有关大学教学活动的各种信息，分析教学活动过程或结果与预设的教学目标相符合的程度，以发现教学过程或结果所存在的问题及不足，以便采取相应的措施，改进教学工作，提高教学质量。

3. 自省功能

大学教学评价的对象主要是学校的办学状况和教学质量，办学主体是学校，教学主体是各院系、学科、专业的广大教职人员。办学主体和教学主体在大学教学评价中所开展的自我评价不仅是各种后续评价活动的基础，而且在一定意义上决定着整个评价活动的最终结果。在自我评价中，学校、有关部门和教职员工无疑需要根据评价标准与要求，就具体的评价对象和内容，对办学条件、教学状态和教学质量进行自省和反思，总结成绩，查找不足，探讨教学改革与发展的新路子。

4. 监督功能

大学的教学评价不仅是大学教学过程的一个重要环节，而且也是教育管理部门对学校的教学实施有效监督的一种重要手段。通过开展各种层次的教学评价，教育管理部门以及行政主管部门可以以此获取关于评价对象的丰富信息，为进一步的高教决策提供依据。同时，评价本身也是主管部门对学校实施宏观管理和监督的一个重要表现，通过评价可对大学教学活动，实施办学方向监督、教学质量监督和办学效益监督。

5. 导向功能

大学教学评价的过程，无论是制定评价方案、建立评价指标体系，还是评价结果的处理、利用，对大学深化改革、改进教学方略、提高教学质量，都会起着重要的导向作用。因为任何一种教学评价方案的推出，都是评价主体根据学校的教学目标、评价对象的本质属性、办学的发展方向来进行设计和制定的，体现着一定的指导思想和价值观，因而都会影响着大学的教学实践，引导着大学教学改革的方向。

6. 中介功能

大学教学评价的中介功能主要表现在三个方面：一是它把高等教育的投资者、管理者和办学机构紧密地联系在一起，在他们之间架起一座相互沟通的桥梁，使得整个高等教育系统的信息能够上下贯通，相互交流；二是把不同的办学机构或紧密或松散地联系在一起，使其相互之间有了一条更为直接的沟通机制；三是在高等教育系统与社会之间建立了一条有机的信息沟通渠道，使高等教育与社会的联系更直接、更有效。

(二)大学教学评价的原则

大学教学评价的原则，是开展大学教学评价活动的主要依据，是评价人员在评价活动中必须遵循的准则。大学教学评价的程序也必须根据大学教学评价的原则进行科学的安排。另外，大学教学评价的原则，必须符合高校的办学规律，也应是高教评价活动规律的客观反映。提出科学的评价原则，对于制定评价指标体系、开展评价活动、提高评价质量、发挥评价的功能，都有重要的意义。根据大学教学评价工作的目的、任务、性质与特点，我们认为，大学评价应遵循如下方面的基本原则：

1. 方向性原则

无论什么形式的教学评价，其实质都是要对一定的教学目标的实现程度作出相应的价值判断。一定的教学目标是教学评价的依据和出发点，没有目标的评价，是难以想象的。而目标本身总是要体现为一定的方向性，目标正确与否，取决于所引导的方向是否正确。由此可见，方向性原则是其大学教学评价的首要原则。

贯彻方向性原则，就应保证大学教学评价必须坚持社会主义办学方向，这一点应体现在整个评价活动的各个环节和具体过程之中。例如，建立教育价目标体系，必须满足社会主义建设对专门人才的需要；评价教育内容的要求，必须适应经济、科技与生产力的发展；评价教学方法的选取，必须符合大学的教学规律。因此，我国大学教学评价首先要明确大学教学评价的指导思想，确保大学教学为社会主义建设服务的方向。方向性原则对学校坚持社会主义办学方向起到监督与保证作用，使大学能真正为社会主义建设服务。

贯彻方向性原则，还应体现在教学活动与教学质量要符合国家的教育方针，符合教育发展战略的总目标。大学教学评价的目标就是要评价大学教学工作的质量及效果，它既要评价知识、技能的掌握情况，又要评价智能发展和思想提高情况。从具体的要求上说，教学评价对教学各个环节的评定、考核，要体现相应的教学目标要求，体现教学目标的要求方向与走向。教学评价要从有利于改进教学、推动教学发展的指导思想出发，本着为国家多出人才、出合格人才的教育教学目标，按培养方案、教学大纲的要求确定标准，实施评价。

2. 教育性原则

教育性原则是现代大学教育评价“改进教育”的功能所决定的。我国关于高等教育的一些规定明确指出：要使高等学校具有主动适应经济和社会发展需要的积极性和能力，这要求评价学校办学水平时，其目的就是要调动广大教职员工的积极性，使学校具有主动适应经济和社会生产力发展需要的机制，对专业教育质量的评价、对课程教学质量的评价或是对科研工作的评价，都要落实到调动教师“从教”的积极性、主动性与创造性。

贯彻教育性原则，就应重视自我评价的作用。无论是学校办学水平的评价，还是其他单项评价，都应在自我评价的基础上进行，都要认真调动学校领导者和教师参加评价活动的积极性，切忌使学校把评价看成是被动地接受检查，要防止教师产生抵触情绪，特别是评价教学工作质量时，教师的自我评价及教师对评价所持的态度，更有重要的意义。因为教师积极参加评价，既能提供更加全面、丰富的评价信息，从而得出更为客观的评价结论，这样也有利于改进教学工作、提高教学质量，使高教评价发挥出更大的作用。

贯彻教育性原则，还应把评价与指导很好地结合起来，使被评对象真正理解评价结论，明确改进教育工作的方向，增强做好教育工作的信心。

此外，在评价过程中要正确对待客观条件。例如，一所大学的办学水平除了与教育质量的高低、学校领导与教职工的主观努力程度（包括领导的决策水平、管理能力、教育与教学工作的效果等）起主导作用之外，国家给学校提供的办学条件（包括教育经费、物资设备、图书资料、师资队伍以及学生来源等）也起着重要的作用。因此，无论是哪一层次的教育评价，都要着重评价在一定办学条件下人的主观努力程度，最终必须落实到对人的评价上，这样的评价才具有教育作用，才能对其产生压力和动力，进而通过教育评价，才能真正调动起高校领导、教师、学生的积极性。

3. 科学性原则

科学性原则，是指我们在评价时，无论评价属于理论领域还是实践领域，都必须符合已经为人们所认识到的教育规律，都应该建立在客观事实的基础上。

贯彻科学性原则，就应使教学评价具有可信度与可靠性。教学评价的这种特点要求，实际规定了教学评价必须要建立在科学的基础上，要有充分的科学依据、科学态度与科学的方法。一定的教学评价的正确方向，是一定的教学评价科学性的前提和基础。要使教学评价真正具备比较充分的科学性，其根本与核心是要根据教学的基本原理，反映和遵循教学原则、教学规律，按照学校教学的基本要求去实施、把握教学评价。具体来说，任何教学评价，在根据教学目标分解指标、建立指标体系时，都要有相应的理论上的依据；每个指标项目也要有相对独立的、准确的科学含义。在确定各项指标的评价标准时，既要考虑到指标本身的科学内涵，又要考虑到要切合实际、便于衡量；既要注意方便实用，又要力求具体、明确。上述这些只有坚持科学性原则才能达到具有可信度和可靠性的目的。

贯彻科学性原则，还应必须坚决反对教学评价中的形式主义。形式主义是教学评价的大忌，不但直接违背了教学评价的宗旨、目的，而且为教学评价的科学性所不容。这就要求教学评价者必须要善于透过现象深入其本质，坚持反对流于一般的教学现象、缺乏深入的肤浅的判断。既要注意揭示被评价者教学情况的深层内涵，又要注意评价情况的可比性，需要运用相应的科学的方法，杜绝流于形式的教学评价现象的发生。

有人认为，大学教学评价的科学性就是实现评价的量化。这种认识，具有一定的片面性。因为事物的质与量总是联在一起的，质要通过一定的量表现出来，而没有质的量也是不存在的。因此，在大学教学评价中要采用模糊数学、统计学的理论与技术，对获取的信息尽可能地量化，使评价结果尽可能客观、准确，避免主观随意性。但是，大学教育是一种复杂的培养人的社会活动，其成果是精神产品，是高级专门人才，完全定量地对它评价。从目前的理论、技术水平以及人们认识的程度，有些内容是难以办到的。因此，大学教学评价中，不应过分追求量化，而应把评价结果的量化、评价结论的解释与写出综合评语很好地结合起来。

教育评价的科学性原则，是教育评价的生命力之所在。应该看到那种主观臆断、违背科学的评价，对于高教事业的发展、对于提高教育质量、对于调动人们的积极性，都会起消极作用，从而完全违背大学教学评价的目的。

4. 可行性原则

大学教学评价的可行性原则，应主要体现在评价对象之间的可比性、评价指标体系的可行性、评价工作的简易性。大学教学评价的可行性，在一定程度上将决定大学教学评价能否在更大的范围开展起来。

大学教学评价工作是对所开展的教学活动的一种价值判断的过程，因此，总要受到一定条件的限制。大学教学评价的可行性原则体现了条件性原则。如果大学教学评价不具备可以完成的主客观条件，准备得再充分也不能达到理想的目的，从这一层面上讲，可行性原则是影响教学评价能否成功的关键性因素。所以，展开大学教学评价活动，必须考虑是否可行的问题，或者说是否具有相关的条件。如理论方面的、技术方面的、资料方面的、各种人际关系方面的等等。因此，在展开大学教学评价的整个过程中，应当充分分析以下条件：

第一，现实的主观条件。主要是指：评价人员的组成结构、指标体系的拟定、被评人员对评价的理解程度、评价人员的责任心等。

第二,现实的客观条件。主要是指:资料、经费、时间、协作条件等,对大型的评价比如教育部开展的周期性的本科教学工作水平评估,还应考虑得更多。

第三,时机。这是指在进行教学评价时,要注意考虑当前教育教学的整体发展趋势和方向。了解国内外教育前沿的问题,将会取得事半功倍的效果。

开展大学教学评价在提高教育质量过程中起很重要的作用,不少大学教师都已经有所认识。但是直到现在,大学教学评价尚未很好地开展起来,其原因是多方面的,比如评价的理论普及问题、评价的技术问题以及评价的复杂性等问题。但其中的原因之一,则是评价的可行性原则没有受到应有的重视。例如,有的评价指标体系过于繁琐、主次不分,难以进行,有的指标体系又过于简单,不能反映评价对象的全貌,有失偏颇,按照这种评价指标体系进行评价而得到的评价结论,必然是片面的。这样的评价,自然不会起到良好作用,也不会调动教师参加评价的积极性。

由此可见,大学教学评价的可行性原则,还要求评价工作力求简化,做到简易可行、切忌复杂繁琐,从制定评价方案、确定评价对象、建立指标体系、选择获取评价信息的方法、对评价信息的统计分析以及对评价结论的运用,都要从实际出发,从可行性的角度来组织评价工作。

三、大学教学评价的基本类型及程序

(一) 大学教学评价的基本类型

1. 从评价主体来看,大学教学评价一般分为政府评价、社会评价、高校自我评价三种形式。从国外高等教育的发展来看,政府和高校的职能作用在不断变化,这种变化的趋势是由两个极端向中间发展,即大学自治型向政府干预增强过渡,政府集权型向高校主管理增强过渡。政府、社会、高校三方作用的结果产生了相对独立的中介性教育评价机构,并以此为桥梁达到了一种新的平衡。由于成熟的市场机制,在一些西方国家,民间的中介性评价机构在大学教学评价中占据着重要位置。从我国的情况看,长期以来形成了以政府管理部门为主的单一的评价机制。大学内部的评价机制根据各大学情况的不同而各有特点,没有形成完全制度化的评价体系。近年来,社会评价开始介入高等教育,但评价内容以大学的学术评价和社会声誉评价为主,成为大学教学评价的辅助力量。目前,这两种评价形式是我国大学教学评价的主要方式。

2. 从评价性质来看,大学教学评价根据评价的目的不同,可分为鉴定性评价和水平性评价。鉴定性评价又称"合格评价",是用来评价大学教学是否达到所规定的合格标准,能否得到国家及其教育管理部门或社会的认可而进行的一种评价活动,属于终结性评价。水平性评价是用来评价大学教学水平的高低而进行的评价活动，具有终结性评价与形成性评价相结合的属性特征。目前，我国大学教学评价则是以政府管理部门组织的大学本科教学工作水平评估方式为主。

3. 从评价内容来看，大学教学评价的内容主要集中在大学办学的人力、物力、财力等教育资源的领域和效度方面。从我国大学教学评价的指标体系来看，主要集中在以下六大方面：

第一，评价大学学校领导办学和组织教学的效能。主要是评价大学领导的眼界、胸襟、魄力，即发挥主动性、把有限的资源运用和发挥成无限的办学成效的能力。

第二，评价大学的办学指导思想和教学改革思路的效益。学校办学指导思想和教学改革的思路是统帅大学教学工作的纲领，其高度和深度将决定学校教学等方面的改革是否正确、路子是否顺当、处理是否到位。

第三，评价学校办学条件和办学设备的效用。评价的目的在于，促进学校和主管部门加大投入、提高效率、发挥人才的优势，不断改善办学条件和教学设施，充分发挥办学条件的可能性效用和现实性效用。

第四，评价学校教学运行机制的效率。教学运行机制是大学教学实施过程的依托，包括教学管理的机构体系、职能体系、人员体系、制度体系，对教学运行机制进行评价，即评价学校的各专业培养方案和教学执行情况对于教学改革措施的运作效率，教学管理制度对于促进教学发展的效率。

第五，评价学校人才培养模式的效果。人才培养模式是教学资源配置的方式、教学条件组合的形式和教学手段运用的范式的总和，是一所大学教学思想和观念最为集中、最为典型的一种表征。评价学校的人才培养模式，主要是评价这种模式在实践中实施的效果。

第六，评价学校办学传统与特色的效应。学校办学传统和特色是大学教学的灵魂和基石，决定学校办学的品位、层次和特色，是学校的优势所在。所谓传统和特色，意味着人无我有、有且甚优，人有我优、优且甚强。学校的办学传统和特色有理念型和项目型两种，前者是学校长期办学过程中形成、升华和积淀的精神底蕴和文化品位，后者是学校办学和教学运作中创立的行之有效的管理方式、方法和模式。学校的办学传统和特色以效应的形态让人们感受和意识，对它的评价同时就是对它的效应的评价。

(二)大学教学评价的基本程序

对大学教学的评价有微观评价和宏观评价，微观评价和宏观评价又包括很多种，评价的程序也不一样，但是无论何种层次的评价都可以按照以下程序：

1. 准备阶段

(1)建立评价工作机构，确定评价活动的主要组织者与参评人员。

(2)制定评价方案。制定评价方案是一项评价的基础性工作，它对提高评价质量有重要的意义。它包括的内容比较多，特别明确以下问题：确定评价对象，即明确评什么的问题，并对评价对象进行具体分析；明确评价目的，即解决为什么评的问题，只有明确评价目的，才能有正确的评价指导思想，才能选择合适的评价组织、评价方式与评价方法；提出评价工作的具体步骤、方法与要求（包括普及教育评价理论与思想发动和训练骨干等）。

(3)建立评价指标体系。指标体系是将目标进行细化与对目标的分类。建立评价指标体系是评价工作的中心环节，因为评价指标体系具有很强的导向性，而且它在很大程度上将决定评价结论的客观性与可靠性。

首先，在建立评价指标体系之前，首先要分析评价对象的特征，突出那些反映评价对象本质的指标，舍去某些次要的指标，这样，既不会对评价结果有明显影响，又能简化指标体系。

其次，设计指标体系。一般来说，评价指标体系以包括三级指标为宜，同级指标之间，既互不重叠又不能存在因果关系。

最后，确定指标体系的权重。这是一项十分重要的工作，因为指标的权重，不仅表示出它们在指标体系中的地位，而且还表示出各指标间的关系。评价结果的科学性在很大程度上要受到指标体系权重的影响。

2. 实施阶段

(1)组织评价。向各院系发放评价方案，进行评价。其中包括各院系教学的自我评价、专家评价等。

(2)获取评价信息。获取评价信息是教学评价的一项重要工作，只有获得评价所需要的大量信息，才有可能得出比较科学的评价结论。在实践中，获取教学评价信息的方法和途径是多样的：从方法的层面上讲，经常采用的方法有观察法、查问资料法、问卷法、测验法、实验法、个案法、统计分析法等；从途径的层面上讲，获取评价信息的途径有自我评价、同行评价、群众评价、领导评价、社会评价等，要特别重视自我评价，因为它能使评价获得更丰富的信息并提高评价信息的质量，又有利于评价对象自己发现问题，明确改进工作的方向，从而有效地发挥评价的优化教育的功能，而且还有利于评价对象接受评价结论，避免产生抵触情绪。

3. 结果分析与处理阶段

这一阶段的主要任务是分析资料，形成判断，作出决策，所以在实践中需要做好以下方面的工作：

(1)对实施阶段获得的资料进行整理,综合分析,对各个评价对象的状态水平作出价值判断,得出评价结果,并对评价结果进行检验。

(2)向被评单位反馈有关信息,提出建设性的改进意见。

(3)向教育主管部门报告评价结果,并提出决策性建议,如重点支持,需要整顿等。

(4)根据被评单位要求,对被评结果进行复议。

(5)由教育主管部门作出决策,公布评价结果。

(6)对本次评价活动自身的质量进行评估,总结经验教训,提出改进意见。

这是评价程序的基本模式,在实际评价工作中,需要从实际出发,边研究,边改进,根据不同层次、规模、目的等情况设计出合理的程序。

第二节　学生学业评价

一、学生学业评价概述

(一)学生学业评价的内涵

学生学业评价是教学评价中的基本内容,它是指以教育教学目标为依据,运用恰当的有效的方法和途径,对学生的知识、能力等发展水平进行价值判断的过程。评价的方法有:测验法、观察法、调查法、自我评价法等。衡量测验题目的质量指标主要有信度、效度、难度与区分度。评定的方式主要有考查和考试。

(二)学生学业评价应关注的基本问题

学生学业评价是指对学生个体学习进展和变化的评价。学习过程是学生在教师的指导下实现知识的同化、应用和迁移的过程。这是一个复杂的认识过程,没有这个过程就不会获得理想的结果。学习过程是制约学生学习结果的重要变量,重视对学习过程的评价是获得良好的学习效果的基本保证。而学习过程的评价就是针对学生获取知识的每个阶段所表现出来的动机、态度、活动、水平、技能、能力的评价。我们知道,影响学生学习的变量很多,在评价学生学习过程中,我们根据评价的目标和标准,选择那些最有影响的因素,例如,用学生的原有基础、学习目的、学习内容的难易程度、学习时间、教师的教学影响等来评价学生的整个学习过程。

学生学业评价的主要变量是学习收获或学习成果,其中包括某一学习阶段的学习成果、某一学期或某一学年的学习成果。学业的各级各类考试,例如期中、期末考试,四、六级考试都是反映学习成果的重要依据。当然,需强调的是,不能忽视学习过程的评价,应把学习过程评价作为学生学业评价不可缺少的重要组成部分。

二、学生学业评价的功能及原则

(一)学生学业评价的功能

学生学业评价对学生的成长发展和教学管理工作具有非常重要的作用。具体来说,它包括以下几个方面的功能:

1. 学生学业评价有助于把握学生的起点、选择教学策略

学生在学习新的课程时,要有相应的知识、技能和能力作为学习的基础,也要以一定的学习积极性和学习习惯作为学习的准备。此时教师可以用课堂提问、论文、个别谈话甚至测验等多种方式,对学生学习这门课程时的相关知识、技能、能力、学习态度、学习习惯以及学习方法有一个大致的了解。通过对学生学习前期准备情况的了解,教师在教学过程中,就可以采取有针对性的教学策略,选择适合学生特点的教学方法。对于某些学生的准备不足,或者全班性的问题,就可以分别采取不同的方法和策略进行补救,使学生都能够顺利地学好本门课程。

2. 学生学业评价有助于改进教学活动、改善学生的行为表现

在学校教育教学活动中,通过不断地对学生学业评价,可以使直接参与教学活动中的教师与学生对自己的教与学的情况有一个清楚的了解,并根据不同的情况,采取相应的行动。对教师来说,当教学比较成功时,他们就可以总结经验,设法巩固自己的成绩;当教学活动与预期目标有较大差距时,他们就可以设法找出问题所在,及时改进教学行为。对学生来说,通过形成性评价提供的反馈信息,也会对过去自己的行为表现有一个认真的反思,在此基础上,及时调整学习策略,不断改善自己的学习行为。

3. 学生学业评价有助于使教师和学校全面了解学生发展情况

在一个学期或一个学年结束后,教师和学校都需要对学生发展的整体情况有一个全面的了解,这是对教育质量的最好检测。因为学生的质量高低,可以十分清晰地反映一个班级、一所学校的教育质量。通过学生学业评价可以了解到学生发展的质量状况,进而了解到学校和班级教学质量方面存在的问题;通过对这些信息的分析和利用,可以为教师和学校决策者作出教学和管理决策提供必要的信息,以便准确地作出相关的教育教学决策。

(二)学生学业评价的原则

现代学生学业评价的原则,是在现代教育评价观指导下进行的,它对正确的评定有重要的作用。国内外的学者都对学生学业评价的原则作过研究,其中美国学者朗兰德在多年研究的基础上提出的三条原则最为著名。

1. 首先要明确评什么。按照格朗兰德的观点，对学生学业进行评价，首先要明确评什么，这意味着，在对学生学业进行评价时，先要为学生学业评定确立明确的目标指向，如确定学生学习的预期学习结果是什么，否则，目标不明确，就会带来学生学业评价的功能混乱。

2. 评价工具的选择，要与被评属性或被评的成就相一致。格朗兰德认为，诸如客观性、精确性或方便性这些要求，所适应的评价工具是不同的。评价工具并不是绝对的价值干涉或价值中立，也可以说，任何评价活动所使用的工具都内涵着一定的价值以及所使用的范围。所以，还要清醒地认识运用的评价工具的局限性，每种评价工具都有它适用的范围，超出这一范围，这一评价工具就失去了它的作用。因此，选择评价工具，必须考虑其价值适用性以及对象使用的范围，重视评价工具的选择与被评对象属性的内在一致性。

3. 全面的评价各种评价活动所采用的工具。如测验是学生学业评价重要的也是最常用的工具。但是，仅有测验远不足以评价学生学业的全部，观察、访谈等调查技术在学生评价中也应受到重视。此外，在测验中，客观式测验与论文式测验也各有作用，偏爱一种方法而忽视另一种方法都是偏颇的、片面的，不能有效地评价学生的学业。台湾学者何英奇在谈到学生学业评价原则时提出了符合原则、综合原则、反馈原则等 13 条原则。

上述这些关于学生学业评价原则的研究成果对我们是有启发的。综合各家的研究成果及我们的认识，关于学生学业评价，我们提出以下原则：

1. 发展性原则。学生学业评价要围绕学生的发展，为学生的发展服务，这是发展性原则的核心思想。为此，第一，要破除为评价而评价的思想和做法；第二，要反对站在学生对立面的评价，破除"只有难倒学生，才能体现评价人的水平"这种陈腐观念，对学生的学业进行评价，要注重帮助学生树立成功的信心，发现成长中的问题，通过反馈信息，促进学生更好地发展；第三，要反对仅仅为智育而进行的学生学业评价，使评价成为促进学生全面发展的工具和手段。

2. 全面性原则。评价学生的学业，要紧扣教育目标。对学生的学业评价不全面，必然会把学校教育引向片面。我国高等教育的目标，既包括德、智、体几方面的全面发展，也包括科学知识与人文知识、科学精神与人文精神的和谐与平衡，还包括大学生作为国家公民应具有的思想、道德及人格品性、创新精神和实践能力等，因而，评价学生的学业须充分反映这些方面，而不是单纯地对大学生的学科专业知识的掌握作出结果性的、量化性的验收。

3. 明确性原则。评价的目的和要求要明确，这是明确性原则的基本含义。评价的目的、要求明确，才能促进学生的发展。同时，明确的目的与要求要在教学活动之前就让学生了解和掌握，这样才能使学生朝着学校明确的要求去努力。

在实践中存在一种现象:有些教师到考试前才去订考纲,根据考纲再去拟试卷,这就失去了以评价促发展的作用。按照明确性的要求,学校要根据教学目标去组织教学,然后根据教学目标进行评价。教学目标不仅是学校组织教学的依据,也是指导学生学习的指南,教师要在教学活动之前了解,学生在学习活动之前也要掌握。

4. 过程性原则。评价学生的学业作为促进学生发展的工具,要贯穿学生学习活动的全过程,要充分利用定位性评价、形成性评价、诊断性评价与总结性评价的不同功能,融合学生学习的各个过程,提供各种不同类型的评价服务。

三、学生学业评价的基本类型及程序

(一)学生学业评价的基本类型

依据不同的分类标准,可以对学生学业评价进行不同的分类。下面主要依据学生学业评价在教学活动中发挥的作用,将其分为以下四种类型:

1. 定位性评价

定位性评价又称“安置性评价”。它主要是在特定的教学活动之前,了解学生对教学的前期准备情况。它要回答的问题是:学生是否具有学习预定的教学内容所必备的知识、技能,如学习统计的学生是否具有足够的计算技能,学习中文的学生是否具有一定的古文功底等;有多少学生在多人程度上已经达到了预期的教学目标,这决定了以后的教学中教学内容的详略安排;学生的学习兴趣、学习习惯以及个性特征怎样,这决定了教学模式的选择。

2. 形成性评价

形成性评价主要是在教学过程中,检查学生的进步情况,为师生提供有关教学情况的连续性的成功或失败的反馈信息。师生利用这种信息,不断地加强成功之处,纠正已经出现的失误,以达到改进教学的目的。

3. 诊断性评价

诊断性评价主要是针对那些用形成性评价没有解决的学习困难,特别是那些长期存在的和周期性出现的学习困难。诊断性评价利用诊断性测验和观察、访谈技术寻找产生问题的原因,并提出补救措施,作出全面和详细的处理。

4. 总结性评价

总结性评价在一段时间的教学结束后,用于确定教学目标达到的程度,主要用于了解学生的整体情况,评定学生的发展水平,同时也可以判断教学目标是否合适,以及教学内容及策略的有效性。

(二)学生学业评价的基本程序

学生学业评价的一般过程分为以下三个步骤:

1. 准备阶段

首先，在准备阶段，确定评价目的是进行评价准备的首要任务，因为不同的目的会形成不同的评价形式，如以了解学生学习前的知识、技能准备情况为评价目的，就可以进行定位性评价；如以分析学生学习困难的原因，就应进行诊断性评价；如果要了解教学过程中的学生学习情况，就可以进行形成性评价；如果要掌握一段时间以来学生学习的状况，就可以进行总结性评价。在具体评价中，评价方法的确定、评价工具的选择以及结果的分析，都因评价目的的不同而有很大的不同。

其次，要确定评价目标并考虑可能的非预期效应。教育目标是教学工作的出发点，也是进行学生学业评价的基本依据，在评价准备阶段，应根据所确定的评价目的确定明确的评价目标。对测验为手段的评价，还要建立双向细目表。一般而言，双向细目表有两个维度：一个是目标维；一个是内容维，他们根据教学内容而定。

最后，对于大型的评价活动，需要组织准备和方法准备。如全校性的评价或跨学校的评价项目，必须首先确立评价的领导和指导中心，一般分为评价委员会或评价领导小组，评价组织应由主管校长负责，有关职能部门如教务处负责人参加，必要时应吸收评价方面的专家参加进行技术指导。在领导指挥中心还可以设临时性的办事机构处理具体事务。另外，在大型的学生学业评价活动之前，还应对评价活动所需要运用的方法和工具作周密的准备，如测验的选择和试卷的编制等。

2. 实施阶段

这一阶段主要是通过不同的阶段收集评价信息资料的过程。学生学业评价的信息收集方法有以下几种：

(1)笔试：笔试是以学生集体为对象，让每个学生共同回答事先仔细拟定的问题。它是学生学业成绩评价中收集资料的主要方法。根据要求的不同可以是随机测试，也可以是有组织的期中、期末测试，一般由作为评价者的教师自行掌握，灵活性较大。对于规模较大的考试，还包括试卷的印制、考场的安排、考试的组织等项工作。

笔试方法的优点是在一定范围内，对学生的要求相同，学生面对的评价工具相同，评判的尺度也相同，从而在一定程度上保证了评价的相对公平。但这一优点同时也是它的缺点，这种方法常常使评价陷入单一化、僵化的弊端，使学校教育的模式化比较明显，学生学习的个性化难以体现。

(2)论文：这也是大学常见的考查学生学业成绩的一种方式，教师在不同的学期阶段给学生布置论文，可以是比较简单的随想或感想式的，也可以是严格按照论文格式进行的写作。

论文可以考察学生的综合素质，通过论文的学习和写作，能够使学生学会查找资料，获得相关信息。教师在笔试中获得的学生的信息是比较呆板的，通过论文学作，学生可以发表自己对一个问题的观点，使教师能够比较全面地了解学生的水平。写论文也可以使学生学会自己思考问题，慢慢形成独立的思维方式。

(3)教师观察及与学生交流：这是学生学业成绩评价资料的更直接的来源，笔试对学生的评价是通过学生对某些问题的反应而间接了解到学生的知识掌握程度和能力发展情况，而论文的写作也是一种间接的评价，教师的观察和与学生的交谈则是最直接的评价。英语中"对人的评价"(assessment)一词就来源于拉丁语"assidere"，意为"坐在旁边"，也就是说，只有坐在评价对象的身旁，才能对他们的行为进行直接的评价。由于教师经常与学生们在一起，应该说对学生的学习和发展情况最有发言权。教师通过上课和日常的观察以及与学生的交流，可以了解到许多测验无法了解到的东西。这种观察和交流可以对学生学习过程有一种更直观的了解，也是了解学生差异、诊断学生学习困难的主要手段，同时也是了解教学产生的各种非预期结果的有效手段。另外，还可以了解学生的心理状况，及时发现问题、解决问题。

教师观察和与学生交流足以高度聚焦的方式来收集学生学业成绩评价资料的方法，这种资料可以更丰富、更深刻地反映学生学习进步的情况。这种方法过去很少纳入我们收集学生学业成绩评价资料的方法之上，这在很大程度是由于长期以来学生评价对分数的过分依赖，没有通过日常情况的了解来评价学生造成的。作为学生学业成绩评价的主要评价者，教师应确定评价的信心，有意识地从日常教育教学活动中收集资料，事事处处留心，对学生学业成绩评价的资料才会更丰富、更全面。同时教师还要不断提高自己的观察能力和观察水平。毫无疑问，一个有经验、有洞察力的教师，可以非常准确、深刻地描绘出学生的成长变化情况。教师的这一能力并不是与生俱来的需要后天的学习和积累。要提高教师观察和与学生交流的技能，一方面学校应放手让教师对学生的学业成绩进行评价，另一方面，还应收集资料，使教师在不断地学习和锻炼中提高自己的评价能力。

3. 对结果的分析阶段

这一阶段的主要任务是对实施阶段收集的信息资料进行整理和分析，并作出反馈信息。这一阶段由整理、分析、反馈三个相互连贯的环节织成。

(1)整理：在整理资料过程中，出于使用的资料收集方法不同，所收集的资料也有很大的差异，其结果分析的方式也不尽相同。对笔试收集的资料进行评分之前，要确定评分标准，但是评分标准要灵活处理，允许学生有自己的想法，在不违犯原则的情况下,只要自圆其说就可以得分。在评分过程中,应尽可能保证评分的客观、公正。一般而言,出现评分误差的情况大部分来自对论文式试题的评分之中,在控制这些误差方面,除了要遵循评分细则、提高评价者个人水平之外,评价者还应该克服一些心理效应如“光环效应”、“序列位置效应”等对评分的影响。

(2)分析:由于资料的来源不同,对资料的分析也有一定的差异。对于笔试所得的分数资料的分析要考虑其信度和效度,成绩过高或过低都不是理想的状态;论文式的测验要看其老师对学生论文的评语;教师观察和与学生交流的得分应该作为论文式测验得分的参考。对于笔试部分的得分可以进行定量的研究,而后两者则需作定性分析。

(3)反馈:评价发挥作用的重要前提就是把评价信息及时地反馈给有关人员。学生学业成绩评价信息主要向学生、学校或院系的教学管理部门反馈。

学生应是学生学业成绩评价的直接受益者,学生学业成绩评价的信息应迅速全面地向学生反馈,用分数形式向学生反馈评价信息,不应在全班或全系进行公开张榜公布,而应该分别进行。因为一个学生的学业成绩作为学生的隐私,没有必要让其他学生知道,现在大部分的高校对于学生的分数都是进行网上查询的,每个学生可以通过输入自己的学号查询分数,这种方法很好地保护了学生的隐私。

向学校或院系的教学管理部门反馈学生学业成绩评价信息,应把学生集体作为一个整体,对测验分数可以用平均数、标准差、各分数段的比例以及及格率、优秀率等统计数据反馈,同时还应分析经过测验取得的成绩和发现的问题。通常评价学生论文和教师观察及与学个交流得到的评价信息的主要内容,应向学校管理和决策部门反馈,以便这些部门对学生集体有一个全面了解,为下一步的管理措施和决策提供依据。

第三节　教师教学评价

一、教师教学评价概述

(一)教师教学评价的内涵

教师教学评价,又可称为“教师教学质量的评价”,它是根据教学目的和教学原则,利用科学的评价技术,对教学过程及其预期的一切效果给予价值上的判断,以提供信息,改进教学。对教师教学评价是教学过程的有机组成部分,也是教育评价的一个重要组成部分。它既是对教师教授能力和教授效果作出评价的过程,也是对学生学习能力和学习成就的变化作出评价的过程。对教师教学质量的客观评价，不仅可以提高教师的业务素质，而且还可以鼓励教师以自己独特的见解和风格，形成教学特色，从而提高学校教学管理的效果。

(二)教师教学评价应关注的基本问题

教学是教师实现培养目标、完成学校教育任务的基本方式，教学工作也是教师最主要的工作。通过对教师的教学进行评价，可以有效地提高教师的教学水平，引导教师按教学规律进行教学，不断提高教学质量。同时，教师教学评价还是保证教学秩序、加强教师队伍管理科学化的重要措施。学校的教学工作涉及师资队伍建设、教学管理、教学活动和教学质量等诸多方面。

教师教学评价是对学校教学工作进行检验的一种必不可少的手段，是学校教学过程当中重要的组成部分。现代教育的发展，对教师教学评价越来越重视。由于教学活动本身的复杂性，教学评价过程涉及的内容广泛，教师教学评价不仅仅体现在教师的教和学生的学上，体现在具体教学过程、手段、方法、质量、大纲、教材等情况的评价，而且涉及对学校教辅工作情况以及学校办学思想、特色、教学地位、教研乃至办学水平等情况的评价，是加快学校建设和发展、促进教育质量和办学效益提高的重要途径和方法。

二、教师教学评价的功能及原则

(一)教师教学评价的功能

1. 教师教学信息反馈功能

通过教师教学评价，提供教学活动的反馈信息，以便教师能够调节自己的教学活动使教学能够始终有效地进行，提高教学效果。另外通过教师教学评价所提供的反馈信息，可以使教师明确教学目标的实现程度、教学活动中所采取的形式和方法是否有利于促进所规定的教学目标的实现，积累资料以便提供关于如何才能更顺利地达到教学目标和修改教学目标本身的依据。

2. 教师教学考察、鉴别功能

通过教学评价可以了解教师教学的质量和水平、优点、缺点、矛盾和问题，以便对教师考察、鉴别。通过教师教学评价还可以考察和鉴别学生的学习能力和潜力、学业状况和发展水平，以备国家选拔、分配、使用人才提供参考。

3. 教师教学强化功能

正确的、公平合理的教师教学评价，可以调动教师教学工作的积极性，激起学生进行学习的内部动因，维持教学过程中学生适度的紧张状态，可以使教师和学生把注意力集中在教学任务的某些重要部分。

4. 教师教学发展功能

教师教学评价可以帮助教师了解他们的潜力，更加有效地履行他们的职责，从而提高教育质量，帮助教师了解提高专业技能和改善工作的途径，支持他们确定切实可行的目标。另外，学校领导通过教师教学评价可以协助教师个人和教师集体按照学校发展规划的框架，制定未来发展计划，从而促进教师需求和学校需求的融合。

（二）教师教学评价的原则

进行教师教学质量评价，确定了评价指标，并非万事大吉。若评价的等级标准制定不当，操作方法不妥，不但不能发挥教育评价的功能，而且还可能引发别的矛盾。根据以往的实践经验和教育评价目的，要使评价客观、公正，在制定指标的评价标准和具体操作时，需坚持以下原则：

1. 定性评价与定量评价相结合的原则。由于评价指标中既有“显性”易定量化的，也有“隐性”模糊的，如教师的教学研究能力，不是仅仅用论文的篇数或是否进行教科研究，就能作出定量判断的。也有的评价指标变动性较大，往往与教学环境、教学对象等因素有关，如教法的运用、教学内容的组织、教学难点的确定等。如果机械地加以量化，进行定量评价，可能会导致评价结果与实际效果相反。所以，在制定评价标准时，应根据具体指标的性质，确定评价办法，实践证明采用定量与定性相结合的方法较妥。一种情况是先定量再定性，评出等级，如教学能力中的每个三级指标各 2 分。评分办法是：完全达到给 2 分，基本达到给 1.5 分，有一定差距的给 1 分，差距较大的给 0 分。以教师自评互评和领导评的平均分为最后得分，各项得分累计大于 54 分为优秀级，45～53 分为良好级，36～52 分为及格级，35 分以下为不及格级。另一情况是先定性再定量，如教学工作的每个三级指标最高分为 5 分，最低分为 1 分，评价时先确定等级，分成优、良、一般、差四等，再根据等级的对应分值 5、3、2、1 评分。各项得分的累计值就是该教师教学工作这一评价指标的最后得分。

2. 随机评价与定期评价相结合的原则。虽然我们都知道一堂课（特别是经精心准备的公开课、观摩课、汇报课）的水平并不能完全代表一个教师的真实的水平，但在许多情况下，人们还是不自觉地以一堂课去评价教师的教学水平。如优质课的评选，以听课为主的职评考核，教坛新秀的评比等等，严重影响了评价结果的客观性。所以对教师教学能力与教师工作的评价，对于各项指标的考核，必须采用随机评价与定期评价相结合的方法。一般可采用学期初自评，期中领导抽评，期末自评加教师互评的方法，使评价结果与实际更加相符。

3. 公开性与公平性相结合的原则。教学质量评价指标体系和评价标准、操作方法、评价的目的及意义等都应向教师公开，以促使教师间的公平竞争。为了保证评价指标的公平性、评价结果的客观性，评价必须以同学和教师间的互评为主，适当参考学生的意见和学校领导的意见，要力戒目前存在的“外行人”评“内行人”的形式。

4. 过程评价与结果评价相结合的原则。过程评价主要通过教学质量监控体系来进行。这个监控体系一般包括以下几个方面：一是重要教学时段的定期检查，如学期初教学准备情况检查、期中教学运行情况检查等；二是主要教学环节的抽查，如辅导与作业批改情况的抽查、毕业实习与设计指导情况的抽查等；三是各级各类听课检查，如教学管理部门和校、院系教学管理干部的听课、教学质量专家组及同行听课等；四是学生教学信息的日常反馈，教学管理部门在每个学生班聘请学生信息员，每周一次书面提供本班本周教学状况等。结果评价充分考虑过程评价的评价信息，重点结合课后学生对教师的书面测评情况，由校系管理部门汇总得出教师分级测评结果。

总之，对教师教学质量的评价是一项复杂的工作，制定的评价指标体系需在实践中不断充实、完善，只有这样才能更符合科学与实际，才能真正起到教育评价应有的作用。本文所述肯定有许多不妥之处，有待大家的斧正和实践的检验。

三、教师教学评价的类型及程序

(一)教师教学评价的类型

1. 学生评价

教师是因为学生而存在的，是为学生服务的，其素质和专业能力的高低直接决定着服务质量，学生是最大的利益相关者。另外，教师的劳动以与学生发生直接的接触为主，与学生接触的时间最多，对学生的影响最大，学生对教师的了解应该是最直接、最具体、最全面。所以，评价教师，学生最有发言权，学生的评价对教师的作用力也最强，因为学生数量大，造成的影响范围广。好学上进的教师都非常在乎学生的评价，认可学生的评价。由此可见，学生评价教师对教师的影响力最大，最有利于教师评价目的的实现，学生应该拥有教师评价的权利，并且权利还应该比较大。

2. 同行评价

教师同行评价是发扬民主的一种评价方法。同行教师是本学科知识的内行，对业务熟悉，能提出中肯的意见。但必须注意克服不正之风的影响，防止感情滥用。

3. 院系领导评价

与学生比，领导离教师的教育教学实践相对远一点，但他们一般都业务精、能力强，而且大多数都深谙教育教学规律，对于教师评价，应该较有发言权。国家将其对教师的评价权委托给了学校。这样，学校领导就要代行教师评价的权力，评价教师就成了领导的工作内容之一，他们责无旁贷地要去探讨，研究如何实现教师评价的目的。最重要的是，他们掌握着对教师进行“生杀予夺”的权力，教师是不能不在乎自己在领导心目中的形象和地位的。值得警惕的是领导在评价教师时不容易丢开他们的有色眼镜，所以领导拥有教师评价权的一个前提就是他必须能从大局出发、一视同仁，不会故意地厚此薄彼。笔者认为，领导的评价权应低于学生，因为毕竟教师是直接为学生服务的，教师的服务质量与学生有着最为直接的关系。

4. 教师自评

教师自我评价，除了意味着对教师的尊重、信任外，还能对教师自身的情况作出比较全面、客观、准确的分析和评价。因为，领导和同行在评价教师的工作时，很难对被评价教师的工作做到全面细致的了解，只有教师自己最了解自己。同时，教师用科学的指标体系来衡量自己的工作，可以明确哪些方面达到了要求，哪些方面还有差距，从而推动教师改进和提高工作。

5. 专家评价

在一些学校，专家评价往往是学校教师评价中的一种补充方法。通过聘请一些教育教学专家到学校听课，在此基础上对教师的教学进行诊断性评价，可以帮助教师发现问题，提高教学水平与质量。专家评价由于克服了囿于一校的局限和较为客观的立场，往往能开阔学校评价教师的视野，更客观地对教师教学作出判断。实践证明，专家评价有助于校内教师形成新的教学风格。

（二）教师教学评价的基本程序

1. 准备阶段

(1)建立组织机构。建立组织机构就是指成立有关的教育评价委员会或教育评价领导小组。其主要任务是：聘请有关专家组成专家组，确定评价方案，解决评价过程中遇到的各种实际问题，以及公布评价结果等。

(2)设计评价方案。在整个准备阶段中，带有实质性和关键性的工作就是设计评价教师方案。它是教师评价的前提，直接关系着教师评价工作的成败。一个好的教师评价方案有以下特点：首先，切实可行，方案能从实际出发，着眼于切实可行，没有难以付诸实施的“口号”和脱离现实的要求，所定的评价目的明确，指标体系合理，方法措施具体。其次，周密完整，方案内容细致详细，方案布置完备，自始至终都有具体程式。最后，时限明确，各项工作，开始时间、结束时间，都有明确的时限规定，保证整个评价工作协调一致，按时完成。

(3)制定评价指标体系。这是教师评价准备阶段中一项比较复杂的工作，其专业性和技术性也较强。它关系到评价的信度和效度，要由有经验的领导及专家来完成。

2. 实施阶段

教育评价的实施阶段，就是指实际进行评价活动的阶段，它是整个评价程序的中心环节，也是评价组织管理工作的重点。教育评价实施阶段的工作主要有下列几项：

(1)做好宣传动员工作。评价组织者要进行广泛深入细致的宣传教育工作，统一评价者和被评价者的思想认识，明确评价的目的和作用，这对实施评价具有战略意义。因此，首先要使有关评价的全体人员及教师充分了解评价的意义，激发他们内在的积极性。这不仅为进行教育评价提供了条件，而且还为发挥评价作用、改进教育工作奠定了基础。其次，要使有关评价的工作人员掌握评价的方法和步骤，了解各自的工作在实施评价中的作用，并能按科学的评价程序参加评价活动。最后，要使全体人员切实了解这次评价活动的具体进程，便于得到他们的协助，使教育评价活动健康地进行，顺利地实现教师评价的目的。

(2)实施评价。这是实施评价阶段的一个重要步骤。做好教师评价工作的关键，就在于被评者的密切配合。要求被评者不仅做到实事求是地、全面地提供各种材料，而且要为评价者提供有利的工作条件。同时，在这一步骤中，评价者要注意加强监督、检查，防止和杜绝各种弄虚作假的不良行为的发生。

(3)收集评价信息。收集评价信息是进行教师评价的基础性工作。评价信息是进行评价的客观依据，是作出科学结论的必要条件。在收集信息时要注意保证信息的全面性、准确性以及具有足够的信息量。

(4)整理信息 。要把收集到的全部关于教师评价信息，反复加以核实，对评价信息的全面性、准确性、适应性以及收集评价信息方法的可靠性，认真进行检查、分析和处理，以归类、审核、建档的形式为评价做好准备。

3. 结果的分析与处理阶段

评价结果分析与处理是评价活动的最后一个阶段，它的质量关系到教师评价的作用能否充分发挥。因此，这也是一个很重要的阶段，教师评价活动的这一阶段主要有以下几项任务：

(1)形成综合判断。形成综合判断就是从总体上对被评教师作出关于其工作的定性或定量的综合意见。在必要时，对被评教师作出优良程度的区分或对被评教师作出是否达到应有标准的结论。

(2)分析诊断。为了更好地帮助被评教师改进工作，在形成综合判断的基础上，还需要对评价过程得到的信息进行细致的分析，对被评教师的工作的优缺点进行系统的评论，以帮助被评教师能认清存在的问题及症结所在，从而有针对性地改进工作。

(3)估计本次评价活动的质量。在对被评教师的全部评价工作结束以后，根据评价结果和碰到的问题,估计本次评价活动的质量。这是一项很重要的工作,第一,如果评价活动本身质量不高的话,贸然地根据这一活动得到的不十分可靠、不十分准确的信息作出决策,这一决策就很可能失误;第二,对评价活动本身质量的估计也为我们发现评价方案存在的问题、修改评价方案提供了科学的依据。

(4)向有关方面反馈评价信息。由评价获得的信息一般需要向三个方面进行报告:第一,向有关领导部门报告,为上级的决策提供依据。当然,这里需要强调的是由评价获得的信息是领导决策的一个重要依据,但它不应该成为决策的唯一依据。上级的决策需要考虑众多的因素,评价的结果只是其中的一个因素。当然,在一般情况下,这是一个极其重要的因素。第二,向被评教师进行反馈,使他们能有针对性地改进工作。第三,在有些情况下,还需要在一定范围内公布评价的结果,使同行能相互借鉴、相互督促和相互鞭策。到这里为止,评价活动可以说就基本结束了,然而,这时正是评价活动发挥其作用的开始。领导部门决策的修改、同行的督促与鞭策、自身对存在问题的明确,都为被评教师改进工作、使自己的工作走上一个新的台阶创造了良好的条件。

附录

课堂教学是一门科学，也是一门艺术

——与青年教师谈讲课

聊城大学　孟广武

［编者按］　课堂是教师工作的主阵地，同时也是学生学习的主渠道。课堂教学是教育工作中最活跃、最敏感的领域，是学校整个教学工作的关键环节。为了提高青年教师投身教学研究与改革的积极性，加强青年教师的相互交流和学习，努力提高课堂教学质量和教学水平，教务处举办了我校第一届“教学新星”教学竞赛，并由全国优秀教师、省级教学名师、数学科学院院长孟广武教授写了《讲课是一门科学，也是一门艺术》一文，与青年教师谈怎么上好课。现刊发如下，以飨读者（有删节）。

青年教师初登讲台，往往热情很高，而经验不足。非师范专业的教师甚至连教学的基本套路也不清楚。如何尽快地通过教学关，对青年教师是件大事。因此，青年教师在从教伊始，就要尽快熟悉教学规律、掌握教学技巧、精通教学艺术，使自己及早成为教学新星，为将来成为教学名师打下坚实的基础。下面结合自己从教二十多年的经验和体会，与青年谈谈怎样把课上好。

从教二十多年来，我一直以“把课讲活”作为讲课的第一准则，积极探索，不断积累，取百家之长，逐渐形成了自己的讲课风格。

一、片纸不带上讲台

要想使课活起来，首要的一条就是不要照着书或讲义往黑板上抄。道理很简单,因为这样一抄,势必显得呆板,不流畅,而且学生会认为你对所讲内容并不很熟悉,失去对你的崇拜感,从而对你的课不感兴趣,或干脆没兴趣。一旦造成这种局面,你的课恐怕很难受到学生的欢迎。与此相反,当你上课时,空身进教室,片纸不带上讲台,讲起来如行云流水,轻松自如,这样从气势上一下子就把学生给镇住了,使学生对你肃然起敬,并觉得你很有学问,自觉不自觉地就会对你的课产生兴趣。当然,要做到片纸不带上讲台是很不容易的,偶尔几次我想问题不大,但要一门课全拿下来,就不那么简单了。这首先要有信心,相信自己有这种能力,把自己逼到绝路上,咬牙坚持下来。留校后我平生第一次登上高等学府的神圣讲台,那已经是 22 年前的事情了。今天回想起来,还有很多的感慨。那是给 82 级讲《微分几何》,起先几次把讲稿偷偷放在口袋里,以防万一,三次课下来,胆也就大了。特别需要注意的是,遇到较复杂的内容时,一定要坚持住,否则前功尽弃。要做到片纸不带上讲台,就要把课背得滚瓜烂熟,就要对整本书的内容(包括习题)了如指掌,真正做到胸有成竹。你们现在年轻,精力充沛,应该争取做到这一点。退一步,可以带着教案,但不要看,我希望你们做到这一点。

二、语言要富有色彩和情趣

课堂语言是能否把课讲活的一个重要因素。要过好语言关,就必须注意修辞,使用富有文学色彩的语言,这样才能引起学生的兴趣。我在讲《微分几何》测地线一节时,用了下面一段话作为课的引入:夏日的黄昏,夕阳西下,当你漫步在空旷的田野上时,一幅优美的图画会悄然映入你的眼帘:那沐浴在晚霞中的高压线,像一幅巨大的琴弦,泛着金光,伸向远方,一直消失在朦胧的地平线上。在欣赏这粗犷之美的景色时,你是否想过这样的问题:远距离的高压输电线沿怎样的路径架设才能使用料最省?这实质上是一个测地线问题。我认为,这段话并没有多少文采,与文学作品比起来,小巫见大巫。可就是这段稍加修饰的话,一个学生竟在一年之后几乎一字不漏地背了出来。这使我受到很大的震动,同时也更加清楚地认识到,只要注意语言的色彩,便可以大大调动学生的学习积极性,增强授课效果。

课堂语言要富有文采是一方面,另一方面语言还要有情趣。如果一味强调文采,说话文绉绉的,学生也未必愿听。大家知道,课是讲给人听的,既然如此,那就有个人家愿听不愿听的问题。纪律的约束可以使学生来听你的课,但这仅仅保证他人在场,却无法保证心在场。要达到听你的课是一种享受而不是一种负担的境界,很重要的是课堂语言要富有情趣,吸引人。当然,这对数学课是很难的,因为我们一没有人物的悲欢离合,二没有曲折离奇的故事情节,这就逼着我们“鸡蛋里面挑骨头”,找些具幽默感的语言,以冲淡数学中的枯燥乏味。要增强自己的幽默感,恐怕还是要多读些书。知识丰富了,语言也就不那么呆板了,幽默也就有了。

三、语气要有起伏

有一次我听人讲课,课讲得有板有眼,书上的东西也能讲清楚。但我发现有好多学生没听老师讲,这是怎么回事呢?原来老师讲课用的是一个声调,一节课下来,平平缓缓没有变化。这说明声调缺乏起伏的课也不受学生欢迎。我在讲课时,很注意这个问题。重点的地方,提高声调,放慢节奏,发音时抑扬顿挫,逐字逐句地"喷读",就类似于电影艺术家李默然那种念台词法,使课堂气温升高,牢牢抓住学生的注意力,让其直着脖子听你讲,不让一个学生走神,并尽量把学生的笑脸讲出来。重点的地方一过,想法让学生松弛下来,这时即便听到几声交头接耳也予以容忍。还可以讲一点数学上的趣事让学生换换脑筋。当然,说这些话要有尺度,见好就收,切不可走火入魔,以致你讲正题时学生的心收不回来。必须指出,千万不要用讲重点的方式来讲非重点。如果不注意这点,就可能使学生的神经一直处于一种高度紧张、高度兴奋的状态。时间一长,势必"疲软",再讲重点时,学生的神经调整不到最佳状态,影响授课效果。有些课听下来累就是因为教师一次课下来,老是用高亢的声调刺激学生的神经,这样的课时间一长也不受学生的欢迎。

四、设置悬念

在中国的章回小说中,"且听下回分解"是蛮有味道的。在评书连播中,每天快要结束时,总要设置一个悬念,来个"明天接着说"。从广义上来讲,讲课也罢,说书也罢,反正都是讲给人听的。既然如此,那为什么不可以把评书中的悬念技巧移植到讲课上来呢?多年来,我不时在讲课中运用这种技巧,效果挺好。一般是这样,快到课间休息特别是快到一次课结束时,设法搞点悬念出来,让学生放心不下。例如,在《解析几何》中,有一节是矢量的数性积,在讲完数性积的定义、运算规律和几个例题后,正好快到课间休息了。这时,我设置了如下悬念:我们曾说过,用数性积可以求得两点间的距离和两矢量的夹角,还可以用以证明一些常用的不等式等等,所有这些都将依赖于数性积的分量表达式,它是矢量代数中极为重要的一个公式。那么如何来求这个表达式呢?它又具有怎样的形式呢?下节课接着讲。这时我发现好多学生脸上露出了微笑。

需要注意:(1)设置悬念时,不要当着学生的面看表,一定要偷着看。因为你一抬手腕,学生马上意识到快要下课了,脑子一下子就走失了,光想休息,这时你的悬念再悬,他也听不进去了。(2)抛出悬念时,语气要正规,声调要稍高,造成一种紧张感。总之，悬念要抖得响、抖得脆，起到吸引学生往下听、激发求知欲的作用。

五、功夫在书外

从根本上讲，要把课讲活，光凭耍嘴皮子是不行的，还要有科学研究作后盾，这就是功夫在书外的含义。科研做好了，就能居高临下，就敢对教材不合理的编排进行变更，讲起来就能左右逢源，轻松自如，同时也可以有意识地培养学生的创新能力。对这样的课学生是佩服的。记得在给 86 级讲《灰色系统论》选修课时，比较轻松，得心应手，有时干脆讲现成的论文，或把自己的一些成果介绍给学生，并指出一些尚未解决的问题，鼓励学生大胆探索，使学生有一种自己也能做研究的自豪感。学生表现出很高的热情，学起来兴趣很浓，结果在作毕业论文时，有 16 个学生做灰色系统理论方面的论文，有些学生做得很不错，被选入优秀毕业生论文。

在讲课中，要随时培养学生的能力。我在讲一些定理的证明时，并不把全部条件列出来，只拣重要的写。就这样往下推，证不下去了，找出原因，试着添上一个条件，继续往下证，这样定理证完了，条件也就列全了。然后分析，削弱条件会有什么结论，举一些反例，并明确告诉学生，这是创造定理的一般程序。我觉得这样处理，显得灵活，时而山穷水尽，时而柳暗花明，有一种跌宕起伏之感。学生的思维也能较好地调动起来，更重要的是学生无形中看到发明创造的思维方式，学会发散思维和收敛思维的招式，这样处理，学生是会欢迎的。

六、讲课是一个系统工程，要力争达到整体最优

一次课由若干环节组成，如备课、讲授、板书、辅导等等，这些形成一个系统。衡量一次课的优劣，实际上是看这个系统的整体效能如何。因此，必须按系统工程的观点，采取一系列措施寻求系统最优化。要做到这一点，就必须找出影响讲课系统的主要因素。我认为这个主要因素就是能否把课讲活。事实上，授课效果在很大程度上取决于学生是否对你的课感兴趣，而这又决定于你的课是否轻松自如。因此，要追求好的教学效果，就必须把主要精力放在把课讲活上。如果摆不正这种关系，授课效果就不理想。我在多年的教学中始终把课讲活作为第一准则，不愿为一些次要因素花过多的时间和精力，注重系统的整体功能，即让学生在轻松愉快的课堂气氛中把东西学会。

七 、提高驾驭教材的能力

把课讲活的关键是具有高超的驾驭教材的能力。讲解比较复杂的定理和公式时,必须做到清晰、透彻、简单、明了,千万不要拖泥带水,黏黏糊糊。一句话,要做到把最难、最复杂的东西讲得简单明了。这就要求我们必须深入挖掘教材的内涵,深刻领会数学内容的本质。

八、语言要生动形象,可以适当生活化

使用生动形象甚至生活化的语言,可以极大地提高学生的学习兴趣,可以帮助学生加深对数学知识的理解和记忆,甚至可以起到培养学生的品德的效果。这里试举两例:

(1)函数的极值。函数的极大值可能比极小值还要小,这反映了一个做人的道理:人外有人,天外有天。你在一个小地方是个能人,但到了更大的地方,你可能比人家最差还要差。我相信这样来讲,学生对极值之局部性的理解将会非常深刻,有可能记一辈子,同时也明白了许多做人的道理。

(2)概率论中有一个定理是说:小概率事件重复进行,其发生的概率趋向于1。这反映在现实生活中就是:多行不义必自毙。

还有很多的例子,如发电厂的冷却塔是单叶双曲面;悉尼歌剧院的顶是马鞍面;慕尼黑体育场的顶棚是极小曲面;一些高楼大厦的楼梯是正螺面;积分的实质就是以直代曲——由砖砌成的圆形烟筒,局部是直的,整体却是圆的;在射影几何中,两条直线在无穷远处相交——两条铁轨是平行的,但向远方眺望时,看上去两条铁轨却相交在一起,这实际上就是绘画的透视原理;负负得正,就是哲学上的否定之否定;等等。

(原载《聊城大学报》2007 年第 44 期)

主要参考文献

1. [美]约翰·杜威著,王承绪译:《民主主义与教育》,人民教育出版社 1990 年版。

2. [日]佐藤正夫著,钟启泉译:《教学论原理》,人民教育出版社 1996 年版。

3. [英]迈克尔·波兰尼著,许泽民译:《个人知识》,贵州人民出版社 2000 年版。

4. 陈旭远:《课程与教学论》,东北师范大学出版社 2002 年版。

5. 单中惠主编:《西方教育思想史》,山西人民出版社 1996 年版。

6. 韩延明:《大学教育现代化》,山东教育出版社 1999 年版。

7. 华东师大教育系、杭州大学教育系编译:《现代西方资产阶级教育思想流派论著选》,人民教育出版社 1980 年版。

8. 黄甫全、王本陆主编:《现代教学论学程》,教育科学出版社 1998 年版。

9. 黄甫全、王嘉毅主编:《课程与教学论》,高等教育出版社 2002 年版。

10. 李剑萍:《教育学导论》,人民出版社 2000 年版。

11. 刘宝存:《大学理念的传统与变革》,教育科学出版社 2004 年版。

12. 卢晓中:《当代世界高等教育理念及对中国的影响》,上海教育出版社 2001 年版。

13. 陆有铨:《现代西方教育哲学》,河南教育出版社 1993 年版。

14. 潘懋元、王伟廉主编:《高等教育学》,福建教育出版社 1995 年版。

15. 潘懋元:《潘懋元论高等教育》,福建教育出版社 2000 年版。

16. 逄锦聚:《大学教育教学论》,高等教育出版社 2005 年版。

17. 钱伯毅:《大学教学论》,中国科学技术大学出版社 1991 年版。

18. 王策三:《教学论稿》,人民教育出版社 2000 年版。

19. 王文科:《课程与教学论》,台湾五南图书出版公司 1999 年版。

20. 吴文侃:《比较教学论》,人民教育出版社 1999 年版。

21. 肖化移:《审视高等职业教育的质量与标准》,华东师范大学出版社 2006 年版。

22. 张楚廷:《大学教学学》,湖南师范大学出版社 2002 年版。

23. 张华:《课程与教学论》,上海教育出版社 2000 年版。

24. 《武大出台措施鼓励双语教学》,载《中国高教研究》2005 年第 11 期。

25. 蔡克勇:《加强创业教育——21 世纪的一个重要课题》,载《清华大学教育研究》2000 年第 1 期。

26. 曹士云:《高校本科毕业论文指导与管理若干误区的审视与反思》,载《黑龙江高教研究》2005 年第 11 期。

27. 陈军:《以科技活动为载体推进创新教育》,载《教学研究》2004 年第 5 期。

28. 陈伟奋:《双语教学不能一哄而上》,载《教学与管理》2002 年第 25 期。

29. 郝艳青:《对双语教学的质疑和反思》,载《现代教育论丛》2003 年第 4 期。

30. 何俊生:《论大学政治理论课堂教学方法的变革》,载《陕西师范大学学报(哲学社会科学版)》2005 年第 7 期。

31. 何克抗:《建构主义——革新传统教学的理论基础》,载《电化教育研究》1997 年第 3 期。

32. 黄安余:《双语教学理论探讨》,载《教育探索》2005 年第 4 期。

33. 黄晨淘:《案例教学探讨》,载《教育与职业》1989 年第 7 期。

34. 季诚均:《关于大学理念发展的历史考察》,载《高等师范教育研究》2003 年第 2 期。

35. 贾宝余:《西方大学的传统及其对我国大学发展的影响》,载《中国大学教学》2005 年第 3 期。

36. 李俊伟、楼策英:《推行学分制管理的探索与实践》,载《中国高教研究》2007 年第 6 期。

37. 李如密:《现代教学手段的发展趋势及其影响》,载《课程·教材·教法》1997 年第 3 期。

38. 林爱菊、周敬业:《双语教学的现实语境》,载《教育评论》2005 年第 1 期。

39. 刘海燕、蔡则祥:《体系化——实践教学的必由之路》,载《教育与职业》2006 年第 10 期。

40. 刘黎清:《论大学课堂教学的有效性》,载《黑龙江高教研究》2007 年第 5 期。

41. 马勇军:《化学教育类课程的整体改革理论与实践》,载《高等理科教育》

2007 年第 1 期。

42. 邱川弘:《建设实训基地的要素与实现》,载《实验技术与管理》2004 年第 6 期。

43. 孙莱祥、张晓鹏:《我国网络教学存在的问题及对策》,载《中国高等教育》2001 年第 1 期。

44. 孙纬君:《大学课堂:不可高枕无忧——由北京市大面积开展本科课堂教学检查引发的思考》,载《中国高等教育》1999 年第 8 期。

45. 唐松林、左彩虹:《学术沙龙与知识创新——兼对大学课堂教学组织形式的反思》,载《高教探索》2007 年第 4 期。

46. 王荣党:《大学生社会实践的理论渊源》,载《学术探索》2000 年第 3 期。

47. 吴林根:《大众化高等教育背景下大学实践教学体系的构建》,载《高教论坛》2004 年第 6 期。

48. 吴绍春:《美国林肯大学课堂教学观感》,载《中国大学教学》2001 年第 6 期。

49. 吴新华:《如何在语文教学中开展研究性学习》,载《教育探索》2002 年第 3 期。

50. 姚玉环:《研究性教学:教学与科研互动的有效途径》,载《中国电力教育》2005 年第 4 期。

51. 叶国灿:《案例教学的一点体会》,载《高等农业教育》1988 年第 4 期。

52. 张建林:《从两个实践模式看本科基础课研究性教学的实施》,载《中国大学教学》2006 年第 11 期。

53. 张有录:《大学课堂教学中多媒体应用的问题与对策》,载《电化教育研究》2006 年第 5 期。

54. 赵志鸿:《对本科教学工作水平评估的思考》,载《教学管理》2005 年第 5 期。

55. 真虹:《中美大学课堂教学比较研究》,载《高教发展与评估》2007 年第 2 期。

56. 朱文:《案例教学方法研究》,载《西南民族大学学报(人文社科版)》2003 年第 10 期。

57. 邹海贵、常立农:《大学生科技创新活动的内涵、特征及价值探析》,载《南华大学学报(社会科学版)》2002 年第 12 期。

58. 梁上燕:《高校开放式实验教学研究》,西北师范大学硕士学位论文,2002 年。

59. 教育部、财政部:《关于实施高等学校本科教学质量与教学改革工程的意见》(教高[2007]1 号)。

60. 教育部:《关于"十五"期间普通高等教育教材建设与改革意见》(教高[2001]1 号)。

61. 教育部:《关于加强高等学校本科教学工作提高教学质量的若干意见》(教高[2001]4 号)。

62. 教育部:《关于进一步加强高等学校本科教学工作的若干意见》(教高[2005]1 号)。

63. 教育部:《关于进一步深化本科教学改革全面提高教学质量的若干意见》(教高[2007]2 号)。